Kazimierz Pułaski
w polskiej i amerykańskiej
świadomości

Casimir Pulaski
in Polish and American
Consciousness

Proceedings from the Polish–American
scientific conference
in Warka–Winiary
8–10 October, 1997

Editors
Janusz Maciejewski,
Ewa Bem–Wiśniewska and Jacek Wójcicki

WYDAWNICTWO
—DiG

Warsaw 1998

Kazimierz Pułaski
w polskiej i amerykańskiej
świadomości

Materiały z polsko-amerykańskiej
konferencji naukowej
w Warce-Winiarach
8-10 października 1997 r.

pod redakcją
Janusza Maciejewskiego,
Ewy Bem-Wiśniewskiej i Jacka Wójcickiego

WYDAWNICTWO
—DiG

Warszawa 1998

CIP — Biblioteka Narodowa
Kazimierz Pułaski w polskiej i amerykańskiej świadomości:
materiały z polsko-amerykańskiej konferencji naukowej w Warce-
-Winiarach, 8–10 października 1997 r. / pod red. Janusza Maciejewskiego,
Ewy Bem-Wiśniewskiej i Jacka Wójcickiego. — Warszawa: „DiG", 1998

Organizacja konferencji:
Uniwersytet Warszawski — Wydział Polonistyki — Instytut Literatury Polskiej
— Pracownia Literatury Okolicznościowej i Użytkowej (Oświecenie — XX wiek)

Publikacja dofinansowana przez Komitet Badań Naukowych
i Browary Warka Sp. z o.o. z siedzibą w Warce

ISBN 83-7181-050-4

Teksty tłumaczyli: Dariusz Wiśniewski, Peter Obst,
Aleksandra Rodzińska-Chojnowska

Redakcja wersji angielskiej: Ewa Bem-Wiśniewska

Projekt okładki: Sławomir Górzyński

Opracowanie graficzne: Wioletta Grochal

Skład i łamanie:
PL 00-322 Warszawa

WYDAWNICTWO
—DiG
Krakowskie Przedmieście 62
tel./fax (22) 828-52-39
tel. 828-18-14, 828-64-97, 828-64-99,
e-mail: Biuro@dig.com.pl; http://www.dig.com.pl

Nakład 1000 egz.
Do druku oddano i druk ukończono w 1998 r.
w Drukarni Wydawnictw Naukowych w Łodzi S.A.

Wstęp

W ubiegłym roku w Warce, w mieście rodzinnym Kazimierza Pułaskiego, odby-
ła się konferencja poświęcona jego pamięci — zorganizowana jako nieświętowany
dotąd jubileusz 250 rocznicy jego urodzin. W USA 11 października (data śmierci
po bitwie pod Savannah) obchodzi się od dawna jako Dzień Pułaskiego — odbywają
się słynne parady ku jego czci, w niektórych stanach jest to czas wolny od zajęć.
Jak się jednak okazuje, nasza wiedza o okolicznościach jego narodzin i śmierci nie
jest jeszcze pełna. Wbrew istniejącym dotychczas przekonaniom należy zmienić
w podręcznikach historii datę urodzenia bohatera konfederacji barskiej i amerykańskiej wojny o niepodległość. Niedawno odnaleziona metryka chrztu dowodzi,
że urodził się w 1745 r., nie zaś w 1747 r., zatem po jubileuszu 250-lecia (dotychczas
nie celebrowanego) obchodzić się będzie rocznicę 253. Uczeni polscy i amerykańscy zebrali się nie tylko po to, by poddać analizie legendę Pułaskiego w literaturze
i świadomości dwóch społeczeństw, ale także, by wyjaśnić okoliczności jego śmierci. Wiadomo, że zmarł od ran na pokładzie brygu Wasp. Czy jednak pochowano go
w morzu, jak podawała dawniejsza tradycja, czy też jego prochy spoczywają w trumnie odnalezionej ostatnio pod pomnikiem generała w Savannah — jak chcą tego
współcześni badacze? Edward Pinkowski z USA pragnie to udowodnić za pomocą
analizy DNA, porównując materiał genetyczny odnalezionych szczątków oraz DNA
potomków Pułaskiego pochowanych w Polsce.

Teksty zebrane w tym tomie przedstawiają dopiero pewne perspektywy badawcze, stawiają pytania, na które trzeba będzie w przyszłości odpowiedzieć,
trwają przy tym w istotnej między sobą dyskusji. Dialog to niezmiernie interesujący — ujawnia odmienność problematyki badawczej, metod, kryteriów ocen. W konfrontacji sądów badaczy Oświecenia i Romantyzmu oraz animatorów życia Polonii amerykańskiej objawiła się złożoność postaci Pułaskiego w tradycji kulturowej
Polski i Ameryki.

W skład tomu wchodzą referaty wygłoszone w czasie konferencji. Podczas dyskusji, jaka miała miejsce w pałacyku Muzeum Pułaskiego w Warce, bardzo wyraźnie zarysowały się różnice w spojrzeniu na postać Pułaskiego w wypowiedziach
badaczy z różnych stron świata i będących przedstawicielami odmiennych dyscy-
plin. Zdecydowanie inaczej jawi się Pułaski Polonii amerykańskiej, odmiennie
badaczom polskim — podstawowa, rzucająca się w oczy dysproporcja wywodzi się
z podejścia emocjonalnego. Polonia widzi Pułaskiego jako żywego, ważkiego, po-

trzebnego bohatera; polscy literaturoznawcy i historycy jako postać niegdyś ważną, lecz obecnie o wartości przebrzmiałej, którą należy zająć się trochę z naukowego obowiązku, trochę z powodu historycznej rocznicy. Przy okazji ujawniła się wyraźnie anachroniczność pewnych wzorców osobowych, które zanikły już w ubiegłym wieku i poszukiwanie ich w literaturze współczesnej nie może skończyć się powodzeniem.

Tom rozpoczyna *Genealogia rodu Pułaskich* autorstwa Sławomira Górzyńskiego — w artykule, poza opisem historii rodu, znajduje się informacja o innej niż dotychczas podawano dacie urodzenia Kazimierza Pułaskiego. Informacja ta, znana dotychczas z artykułów prasowych, lub podnoszona w nielicznych tekstach naukowych, nie była rozpowszechniana w encyklopediach i słownikach biograficznych. (Błąd jest nawet w *Polskim słowniku biograficznym*, choć tom wydany jest niedawno.)

Kolejne artykuły, przyjmując perspektywę literaturoznawczą, przynoszą interpretacje źródeł i ustalenia faktograficzne. Tekst *Początki legendy. Kazimierz Pułaski w okolicznościowej literaturze konfederacji barskiej* Janusza Maciejewskiego zawiera analizę legendy Pułaskiego w czasach konfederacji, jej przemiany i zależność od wydarzeń historycznych (np. aktu porwania króla Stanisława Augusta), liczne cytaty z mało znanych materiałów.

W czasie konferencji wygłoszony został również interesujący — choć nie dotykający bezpośrednio Pułaskiego, komunikat Zbigniewa Sudolskiego *Konfederat barski na zesłaniu* o znalezionych niedawno w archiwach wileńskich wspomnieniach młodego filomaty, który zesłany za działalność spiskową spotyka na wygnaniu leciwego konfederata barskiego. Konfrontacja postaw i widoczna fascynacja młodego człowieka pozwala na przypuszczenie, że jesteśmy u źródeł legendy romantycznej, rzec można *in statu nascendi*. Potwierdza to raz jeszcze nośność pewnych toposów kultury sarmackiej, której syntezą ideową była konfederacja barska — stały się one integralną częścią propozycji romantycznej. Warto zatem odnotować te związki również dlatego, że popularyzacja pewnego nurtu świadomości narodowej przez romantyków spowodowała, że wiele jej treści złożyło się na system wartości utrwalony przez pozytywizm, obecny, czasem niedostrzegalnie, a często nieświadomie, w kulturze współczesnej. Tekst Zbigniewa Sudolskiego zostanie ogłoszony osobno.

Artykuł *Kazimierz Pułaski w romantycznej legendzie literackiej* Stanisława Makowskiego rozwija wątek obecności Kazimierza Pułaskiego — konfederata walczącego z zagrożeniem rosyjskim — w tekstach romantycznych. Autor rejestruje funkcjonujące różne wersje legendy, która rozwijała się w zależności od zamierzeń ideowych utworu, od aktualnych potrzeb politycznych, często pełniła więc funkcję użytkową.

Nowe rekonstrukcje badawcze przynoszą teksty, które odsłaniają zagadkę zadziwiającej nieobecności malowniczej postaci Pułaskiego w czasach nam współczesnych. Wypowiedź Magdaleny Rudkowskiej *Czy to już koniec, panie Pułaski?*

O obecności Kazimierza Pułaskiego w literaturze polskiej XIX i XX w. pokazuje, że postać Pułaskiego w literaturze późniejszej niż romantyczna przestaje odnosić się do określonego systemu wartości, natomiast niesie często treści przypadkowe. Jacek Wójcicki w artykule *Kazimierz Pułaski w pamiętnikarstwie polskim* analizuje przyczyny, dla których Pułaski nie stał się popularnym bohaterem pamiętników.

Zupełnie inna perspektywa wyłania się jako rezultat wypowiedzi badaczy amerykańskich, dla których Pułaski jest przede wszystkim jednym z bojowników o niepodległość Stanów Zjednoczonych. *Fenomen Kazimierza Pułaskiego w środowisku Polonii amerykańskiej* — w tym tekście Regina Gorzkowska, dziennikarka pracująca dla „Nowego Dziennika", pisma polonijnego wychodzącego w Nowym Jorku, daje zarys funkcjonowania legendy Pułaskiego w Stanach Zjednoczonych, która jest tam istotna głównie dla środowisk polonijnych. Autorka rejestruje obszerne nazewnictwo odnoszące się do Pułaskiego, zauważając jednak pozorność i przypadkowość tej sytuacji.

Profesor Saint Mary's College w Indianie, David Stefancic, zajmujący się historią Polski i Europy Środkowej, w tekście *Casimir Pulaski — nieznany bohater amerykański* relacjonuje stan wiedzy o Pułaskim dostępny dla przeciętnego ucznia lub studenta amerykańskiego (celowo wykluczony jest wątek polonijny), ubolewając przy tym, jak niewielka to propozycja. Warta podkreślenia jest odnotowana przez autora zależność sposobu funkcjonowania legendy Pułaskiego w Ameryce od tego, jaki jest aktualny stosunek do Polski i Polaków.

Wypowiedź Edwarda Pinkowskiego *Prochy generała Pułaskiego* zawiera zarówno szczegółową opowieść o prowadzonych przez autora (historyka–amatora) poszukiwaniach, jak i historię odnalezionych niedawno pod pomnikiem Pułaskiego w Savannah prochów, o których przypuszcza się, że są szczątkami generała. Autor prezentuje argumenty historyczne i genetyczne, które mają dowodzić tych racji. Należy pamiętać, że Edward Pinkowski ma za sobą lata badań nad Pułaskim w archiwach amerykańskich dotyczących Pułaskiego. Tekst ten, napisany w odmiennej niż naukowa poetyce, nosi na sobie wyraźny ślad amatorstwa; niemniej amator to przecież miłośnik, który kochając, potrafi niekiedy znaleźć więcej prawd niż ci, którzy nie szukają sercem.

Wypowiedzi autorów polonijnych wyraźnie wskazują, że Pułaski pełni określoną rolę w strukturze tej społeczności w Stanach Zjednoczonych — każda grupa etniczna ma tu swojego bohatera, który pozwala trwać w okowach tożsamości narodowej. USA jest krajem emigrantów, każdy skądś się wywodzi i chce być z tego dumny, słusznie więc zauważa Stefancic: *rozpaczliwie poszukiwaliśmy polskich bohaterów, by móc się nimi szczycić.* Niewątpliwie Polonia czasami traktuje Pułaskiego utylitarnie — ma tak niewiele postaci historycznych, na które można się powołać! Pułaski obok Kościuszki jest jedynym Polakiem, który jest rozpoznawalny dla większości Amerykanów — jako jeden z tych, którzy współtworzyli jej historię.

Dyskusja, która toczyła się wokół referatów w Warce, poświęcona była zwłaszcza legendzie Pułaskiego, istniejącej, jak się okazuje, w sposób spolaryzowany, a także roli dowódcy spod Częstochowy i Savannah w kulturze polskiej. Inne to są role, inne to mity, inne fakty dla kultury polskiej, inne dla polonijnej — dopiero z perspektywy amerykańskiej widać, że dawne wady mogą stać się cnotami. Niemniej, obcując z dowolną legendą, zawsze jesteśmy świadkami manipulacji — każdy bowiem robi z legendy właściwy dla siebie użytek, co zgodnie wykazują wszyscy badacze. W literaturze Pułaski bywał żołnierzem z Podola, góralem z Karpat, towarzyszem ucieczki Beniowskiego — rzadko kiedy bywał sobą. Nazwisko Pułaskiego nie odnosi się do żadnego literackiego toposu, nie niesie ze sobą jednoznacznej symboliki.

W referatach polskich autorów daje się zauważyć brak rozróżnienia na amerykańską i konfederacką część legendy, co raz jeszcze potwierdza supozycję, że dotychczas Polacy mało interesowali się życiem Pułaskiego po tym, gdy opuścił granice Rzeczypospolitej. Zaliczono go do grona wygnańców, których rolą jest tęsknić za ojczyzną — mogli też dokonywać szlachetnych czynów, które wchodzą w obręb rytuałów polskiego wychodźstwa, i tak też traktuje się dokonania Pułaskiego w Ameryce. Zginął za cudzą wolność, zatem bardzo dobrze, taki powinien być Polak! Pamiętali mu to jeszcze romantycy, ale później fakt ten zdawał się mieć dla rozważań nad historią ojczystą wymiar wyłącznie spektakularny.

Natomiast współczesna Polonia amerykańska w swojej wersji historii nie bierze w ogóle pod uwagę barskiej przeszłości Pułaskiego, nie ma tu odwołania do polskich tradycji powstańczych. Konfederacja barska — cóż to było? — chyba walczyli z Rosją?! Wiadomo, że Pułaski był bojownikiem walki o wolność, który musiał uciekać z kraju, niemniej brak tu jakiegokolwiek osadzenia w realiach.

Pułaski żył zaledwie 34 lata, ale starczyło mu czasu na dwa życiorysy, zupełnie można by rzec, rozłączne — kiedy bowiem słyszymy rozmawiających o Pułaskim historyków polskich i polonijnych, okazuje się, że mowa o dwóch różnych osobach. Jeden był konfederatem barskim, potomkiem znanej rodziny — bronił Częstochowy, porywał króla, walczył z Drewiczem, śpiewano o nim pieśni. Drugi przybył znikąd, nie mówił po angielsku, lecz umiał prowadzić do bitwy żołnierzy — ojciec amerykańskiej kawalerii, bił się pod Brandywine, zbyt wcześnie dał się zabić pod Savannah, postawili mu tam pomnik.

Nie mają racji ci, którzy sądzili, że postać Pułaskiego nie posiada już zdolności do inspiracji literackiej. Andrzej Pastuszek, autor tak znanych dzieł, jak tom *Zgubiłeś mnie w śniegu*, czy scenariusz *Indeksu*, żyjący od 17 lat na emigracji w Ameryce, przygotowuje właśnie film o Pułaskim. Znów powstaje nowa legenda, w której trudno rozróżnić nici starych i nowych wątków emigracyjnych; toposy sarmackie, romantyczne, amerykańskie mieszają się skutecznie ze sobą: *Wizyta Pułaskiego w sztabie generała Waszyngtona (...) niecałe 20 mil na północ od Filadelfii. 20 sierpnia 1777 roku. Pułaski: „Wasza ekscelencjo, generale Waszyngton. Drogo zapłaciłem za walkę za wolność mojego kraju. Niestety, Polska dla mnie już nie istnieje. Teraz walcząc o wolność Stanów, pragnę zasłużyć sobie na nową ojczyznę. Życie lub śmierć jest moim mottem, ekscelencjo"*[1]. Oczywiście ta wypowiedź to *credo* współczesnego polskiego emigranta, niemniej włożona w usta Pułaskiego. Wydaje się, że starościc warecki jeszcze nie raz znajdzie się na łamach literatury, i to właśnie w Ameryce.

* * *

Miarą wagi postaci Kazimierza Pułaskiego dla Polonii stał się dzień 30 kwietnia 1998 r., kiedy Senat Stanów Zjednoczonych obradował nad ratyfikacją postanowienia o przyjęciu Polski do NATO. Dyskusja nad tym trwała od miesięcy, kilkakrotnie odkładano termin głosowania — zwolennicy ustawy już nieraz mieli nadzieję, że zostanie ona dopuszczona do ostatecznego rozstrzygnięcia, ale senatorowie przeciwni temu rozwiązaniu wynajdywali nowe przeszkody. Wiadome było, że kiedy stanie na parkiecie, wygra — nikt jednak nie wiedział, kiedy nadejdzie ten czas, gdy zamilkną wreszcie wszyscy przeciwnicy. W każdej chwili oczekiwano decyzji.

Tego dnia czuło się jednak, że zbliża się głosowanie — i aczkolwiek nikt nie wątpił, że jego wynik będzie dla Polski pozytywny, ważne jednak było, ilu ze stu senatorów wypowie się ZA. W pełnej napięcia atmosferze zabierali kolejno głos zwolennicy i przeciwnicy ustawy, debata toczyła się już siódmą godzinę, kiedy wystąpiła Barbara Mikulski, senator ze stanu Maryland, w sposób oczywisty związana z Polską; w tej sprawie należąca do czołowych statystów działających na rzecz naszego członkostwa w Sojuszu Północnoatlantyckim. Wygłosiła ona bardzo przekonujące przemówienie, w którym mówiła o polskiej drodze do wolności. Wśród wielu argumentów (wspierających się na burzliwej historii Polski) ważkim elementem stało się przywołanie postaci Pułaskiego i Kościuszki: *Polska tak mocno popierała sprawę demokracji, że gdy my toczyliśmy naszą wojnę o niepodległość, Polska przysłała tu dwóch swoich bohaterów, Kościuszkę i Pułaskiego, aby wzięli udział w wojnie o wolność Ameryki. Pułaski był dzielnym żołnierzem, który dowodził w bitwie pod Savannah, Kościuszko wspaniałym taktykiem, który kierował również budową West Point*[2].

Trudno orzec, czy był to argument decydujący, ale z pewnością dla wszystkich Amerykanów przejrzysty. Następne mowy już nie miały takiego żaru — o godzinie 22.25 Senat Stanów Zjednoczonych uchwalił ustawę ratyfikacyjną stosunkiem głosów 80 ZA, 19 PRZECIW (1 nieobecny).

---

[1] A. Pastuszek, *Pułaski* (fragment scenariusza, scena 10), „Nowy Dziennik", Nowy Jork, 15 maja 1998.

[2] „Congressional Record", 30 April, 1998, s. 3856.

W świetle późniejszych wydarzeń, kiedy prezydentura Clintona stanęła w obliczu poważnego kryzysu i zagrożenia *impeachmentem*, stało sie jasne, że czas na przeprowadzenie głosowania nad ustawą był tym jedynym możliwym, późniejsza dyskusja, ze względu na osłabienie Białego Domu pod koniec roku, byłaby znacznie trudniejsza i przyjęcie Polski do NATO mogłoby przesunąć się nie tylko o miesiące, ale nawet o lata. Niespodziewanie więc Pułaski znów był obecny w historycznym dla Polski dniu.

Waszyngton, listopad 1998

Ewa Bem–Wiśniewska

Sławomir Górzyński

Pułascy herbu Ślepowron

Rodzina Pułaskich z Pułazia w ziemi bielskiej pieczętuje się herbem Ślepowron. Przedstawia on w polu błękitnym podkowę srebrną z takimże zaćwieczonym krzyżem kawalerskim, na którym ślepowron czarny z pierścieniem złotym w dziobie; w klejnocie, nad hełmem w koronie, taki sam ślepowron z pierścieniem. Znanych jest kilka przedstawień pieczętnych z tym herbem, pochodzących ze średniowiecza, najstarsze z 1352 r. Jana, wojewody sieradzkiego. W zapiskach sądowych dotyczących nagany szlachectwa nazwa rodu i herb wymieniony jest w 1398 r., opisany został także w *Klejnotach Długoszowych* i w tzw. herbarzyku Ambrożego pochodzącym z początku XVI w.

A co o nim powiada legenda? Paprocki, a za nim Niesiecki, powtarza historię jakoby członek rodu Korwinów, *pojąwszy za żonę dziedziczkę z domu Pobogów, do swego herbu dodał kruka.* Do tego obaj autorzy przytaczają jeszcze dzieje rzymskie oraz historię o królu Węgier od 1458 r., Macieju Korwinie (1440–1490). Te wszystkie historie mają nas upewnić o starożytnym pochodzeniu rodu, wywodzącym się z czasów antycznych, o przodkach krwi królewskiej. Cóż, legendy muszą być piękne i dobrze jeśli się w nich pojawiają monarchowie, waleczni wodzowie, sławni mężowie. Prawda jest na ogół jednak o wiele prostsza i banalniejsza. Ród Ślepowronów to głównie drobna szlachta mazowiecka. Herbu tego używało około trzystu pięćdziesięciu rodzin, na ogół ze sobą nie spokrewnionych. Część z nich z czasem doszła do pokaźnych majątków i wielkiego znaczenia w Rzeczypospolitej. Znalazły się tu takie rodziny, jak: Gosiewscy (m.in. hetman polny i podskarbi wielki litewski), Kamieńscy (m.in. generał wojsk polskich, kawaler Legii Honorowej i Krzyża Virtuti Militari, zginął pod Ostrołęką w 1831 r.), Kossakowscy (hrabiowie austriaccy od 1784 r.), Krasińscy (wśród nich trzeba pamiętać o generale Wincentym i jego synu, poecie Zygmuncie; hrabiowie pruscy – 1798 r. i francuscy – 1811 r., rosyjscy – 1837 r., austriaccy – 1848 r.), Kuczyńscy (m.in. kasztelan podlaski Wiktoryn i Dominik, kasztelan, senator Królestwa Polskiego w 1815 r.), Młodziejowscy (godność senatorską otrzymał Jan, biskup nominat chełmski), Szymanowscy i oczywiście Pułascy.

Rodzina Pułaskich pochodzi z ziemi bielskiej, położonej w północnej części Podlasia nad rzekami Narwią i Biebrzą. Według spisu z 1667 r. było tam 885 wsi i 12 miast, a raczej miasteczek. Dominowała drobna szlachta cząstkowa. Na 6300 części (w 1775 r.) w 436 wsiach przypadały jedynie 73 większe dobra. A więc jedna wieś miała 14–15 właścicieli! Tak ogromne rozdrobnienie spowodowało, że z czasem wieś bywała dzielona między wielu współwłaścicieli, a jej poszczególne części przybierały dodatkowe określenia. I tak np. wieś Łapy, znana od XV w., była podzielona na 12 części, tworzących z czasem odrębne „włości". W 1775 r. w tych 12 wsiach było 180 właścicieli, z czego aż 156 nosiło nazwisko Łapińskich. Ogółem z ziemi bielskiej, według badań Zygmunta Glogera, wywodziło się 240 rodzin. Pieczętowały się głównie herbami Lubicz i Ślepowron.

Do Ślepowronów należeli także Pułascy. Dziedziczyli oni we wsi Pułazie. Nazwa ta znana jest od XV w., z czasem powstało kilka części, tj. Pułazie-Grochy, -Gołembie, -Świerze, -Woymy i Pułazie-Kostry lub Kostry-Pułazie. Ta ostatnia nazwa sprawia najwięcej kłopotów, mianowicie w Kostrach dziedziczyli członkowie rodziny Kostrów, również herbu Ślepowron. Częste związki rodzinne pomiędzy obiema rodzinami utrudniają ustalenie genealogii rodziny Pułaskich, a także stwarzają problemy przy rozróżnieniu nazw wsi. Ponadto w połowie XVII w. jeden z Pułaskich – Adam, syn Tomasza, dziedziczący Kostry-Pułazie pisał się Kostro-Pułaski. Z reguły jednak liczni członkowie tej rodziny piszą się z Pułazia Pułascy (ale nigdy Puławscy).

Ogromne zniszczenia w księgach sądowych ziemi bielskiej, uniemożliwiały już w XIX w. badaczom ustalenie, skąd przybyła do ziemii bielskiej rodzina Pułaskich. W tradycji rodzinnej, jakże często przecież zawodnej, mieli przybyć z Litwy. Czy tak było istotnie, pewnie nigdy nie ustalimy. Równie trudno określić, jakie związki były pomiędzy osobami występującymi w najstarszych księgach sądowych. Wiadomo natomiast, iż już w początku XVI w. Pułazie rozdzielone było na kilka wcześniej wspomnianych części. Dodatkowym problemem jest występowanie w aktach kilku Pułaskich bez bliższego określenia, przedstawicieli typowej drobnej szlachty.

Dopiero w XVII w. znajdujemy stolnika bielskiego — Rafała Pułaskiego, który w 1621 r. pod Chocimiem był rotmistrzem husarskim. Wspomina o nim także Niesiecki. Warto podkreślić, że w tej samej chorągwi służyło także jego dziewięciu synów! Raz jeszcze podczas konfederacji barskiej mieli znaleźć się Pułascy pod wałami Chocimia. Rotmistrz Rafał zmarł w 1647 r., a jego synowie stali się założycielami kilku odrębnych linii rodziny. Po Wojciechu pochodzi tzw. linia radenicka (nazwa ta wiąże się z posiadaniem w tej linii starostwa radenickiego), wygasła w 1755 r. Było w niej kilku żołnierzy. Sam Wojciech, najpierw porucznik, a następnie pułkownik Jego Królewskiej Mości, brał udział w wyprawie Czarnieckiego do Danii w 1658 r. W tym samym okresie w wojsku Rzeczypospolitej służyło kilkunastu innych Pułaskich, m.in. podczas obrony klasztoru Jasnogórskiego przed Szwedami w 1655 r. (tak barwnie opisanej przez H. Sienkiewicza w *Potopie*), w sto dwadzieścia lat później sławą okrył się tam Kazimierz Pułaski, broniąc go przed wojskami rosyjskimi. Po wspomnianym wcześniej Wojciechu pozostało czterech synów: Szymon, prawdopodobnie Walenty i Kazimierz, imię czwartego jest nieznane, oraz córka Jadwiga (żona Stefana Olszewskiego). Po Szymonie pozostało pięciu synów: Paweł, towarzysz pancerny, zginął ok. 1706 r., Jakub, towarzysz husarski, zmarł w 1722 r., Mateusz, towarzysz pancerny, i Franciszek Szymon. Ten ostatni urodził się zapewne w latach sześćdziesiątych, był porucznikiem w chorągwi pancernej, pisarzem wojskowym wojsk koronnych, a w końcu podczaszym podlaskim i pułkownikiem wojsk Jego Królewskiej Mości. Wziął udział w wyprawie Jana III Sobieskiego pod Wiedeń i w konfederacji tarnogrodzkiej w latach 1715-1717 (zawiązanej pod laską Stanisława Ledóchowskiego, występującej przeciwko dążeniom Augusta II do wprowadzenia władzy absolutnej przy pomocy wojsk saskich). Pozostawił, wydane przez jego syna Baltazara, dziełko *Krótka annotacya sejmów warszawskich, grodzieńskich, także elekcyi i koronacyi Najjaśniejszych królów polskich: Jana Kazimierza, Michała, Jana III i Augusta II, tudzież za panowania ich kampanii i corocznie wypraw odprawianych publiczniejszych dziejów i rewolucji ab anno 1648 ad annum 1733*, Lublin 1740. Żoną Franciszka Szymona była Rozalia Winklerówna. Miał z nią dwóch synów: Karola — jezuitę, i Baltazara, starostę radenickiego, oraz córkę Elżbietę zamężną za Wawrzyńcem Świderskim. Franciszek Szymon był człowiekiem majętnym, najlepiej o tym świadczy posag jego córki, wynoszący 80 000 złotych. Zmarł w 1738 r. Jego syn Baltazar był dwukrotnie żonaty: z Agnieszką Tereszowską, następnie z Zofią Andrzejewską. Z pierwszą żoną miał dwie córki — Teresę (jej mężem był Antoni Kuczewski herbu Łada) i Kunegundę 1°v. za Ignacym Karniewskim i 2°v. za Rochem Ogrodzieńskim (zob. tablica 1).

Prawdopodobnie do potomków wspomnianego wyżej Rafała odnosi się wywód legitymacyjny z 1844, 1845 i 1865 r. przeprowadzony w Królestwie Polskim. Obrazuje go najlepiej tablica genealogiczna.

Mimo iż linia *konfederacka*, do której należy Kazimierz, wywodzi się od Szczęsnego z Pułazia Pułaskiego, żyjącego ok. 1500 r., to jednak związki pomiędzy różnymi gałęziami rodziny Pułaskich były silne, na co wskazuje fakt, iż świadkiem ślubu Teresy, a następnie opiekunem małoletniej Kunegundy (obu córek Baltazara), był Józef Pułaski, starosta warecki. O początkach tej linii w XVI w. wiemy mało. Szczęsny był ojcem Marcina, Pawła i Jakuba. Mikołaj, syn Marcina, był ojcem Wawrzyńca, właściciela Kostry-Pułazia. Jego synem z kolei był Aleksander, ojciec Tomasza i Stanisława. Po zmarłym bezpotomnie Stanisławie jego dobra przeszły na bratanka Adama, piszącego się Kostro-Pułaski. Ożenił się on z Agnieszką Zaleską. Być może, jego bratem był Kazimierz. Po Adamie i Agnieszce Pułaskich pozostali synowie: Albert, zmarł bezpotomnie w 1698 r., Maciej (miał synów Wawrzyńca i Krzysztofa) i Wawrzyniec, ożeniony z Maryanną Kostrówną herbu Ślepowron (nie pierwszy to związek między tymi rodzinami), córką Bernarda podsędka bielskiego. Wywrzyniec był właścicielem części w różnych Pułaziach (Kostro, Podsędkowięta), a także w Lubowiczu-Byziach. Po nim pozostało dwóch synów: Stefan i Jakub oraz córka Joanna. W 1694 r. bracia ci występują już samodzielnie, a więc zapewne ojciec ich już nie żył. Stefan zapoczątkował oddzielną gałąź rodziny. Ożeniony był z Anastazją Koćmierowską. Synami jego byli Jan, miecznik mielnicki, i Ignacy, miecznik mielnicki, a następnie skarbnik bielski. Córki wyszły za mąż: za Łuniewskiego — Dorota, a za Wawrzyńca Wyszyńskiego — Maryanna. Pierwszy syn Ignacego — Dominik zginął podczas konfederacji barskiej, a drugi — Walenty służył pod Kazimierzem Pułaskim. Po nim z kolei zostały córki. Synowie Jana, ożenionego z Justyną Zarembianką, wzięli również udział w konfederacji barskiej. Byli to Dionizy i Franciszek, mieli rangę rotmistrzów przemyskich (po Franciszku Dionizy). Pierwszy zmarł bezpotomnie jako miecznik mielnicki. Średni syn Jana — Piotr zostawił czterech synów — trzech zmarłych bezpotomnie: Józefa, Gracjana i Wiktoryna, po czwartym Tomaszu został syn Leon. Po tym ostatnim idą Pułascy dziedziczący w XIX w. na Pułaziu. Najmłodszym synem Jana był konfederat Franciszek, komornik bielski, zmarł od ran odniesionych pod Ustrzykami w Lesku 16 VIII 1769 r., pochowany w tamtejszym kościele.

Synem Wawrzyńca, a wnukiem Adama był Jakub — towarzysz w chorągwi pancernej Jana Sobieskiego, cześnika koronnego. Ożeniony był z Małgorzatą Zarembianką herbu Prawdzic, córką Ludwika i Teresy Lipskiej herbu Grabie. Zmarł po 1711 r. Zapewne dwaj jego synowie Marcin (urodzony 12 XI 1700 r.) i Tomasz (urodzony 4 XII 1701 r.) zmarli młodo, ponieważ jedynym spadkobiercą był urodzony 17 II 1704 r. Józef. Odziedziczył on części na Pułaziu i inne dobra. W 1724 r. został komornikiem wieluńskim i burgrabią nurskim, był towarzyszem królewskiej chorągwi husarskiej, a w 1732 r. otrzymał starostwo wareckie, następnie pisarstwo wojskowe i koronne, wielokrotnie posłował na sejmy. Jako prawnik prowadził sprawy m.in. rodzin: Branickich, Radziwiłłów, Lubomirskich, a przede wszystkim Czartoryskich. Dzięki tej działalności zebrał pokaźny majątek ziemski, przyjmując wynagrodzenie w dobrach ziemskich i dzierżawach. Dzięki temu mógł z czasem nabywać dobra na własność. Należały do niego: Grabów, Piaseczno, Zakrzewo, Doleck i Jaruzal, Barków, Kuropiec, Machnowce, Kalityńce, Dachnówka, Żurawlińce, Derezno, Hołubecze. W posagu żona wniosła kilka kluczy. Posiadał drewniany dwór w Warszawie oraz kilka zajazdów zwanych wareckimi. Po raz pierwszy wybrany został posłem na sejm w 1733 r. i podpisał elekcję Stanisława Leszczyńskiego. Brał udział w konfederacji dzikowskiej, podpisał akt konfederacji generalnej w 1734 r. Po uznaniu Augusta III królem uczestniczył w jego powitaniu u marszałka Bielińskiego w Otwocku. Brał udział w sejmie grodzieńskim w 1744 r., a w 1748 r. był posłem z ziemi ciechanowskiej na sejm „Boni Ordinis", gdzie występował jako czołowy przedstawiciel stronnictwa ks. Czartoryskich. Występował wówczas w sprawach reform skarbowych państwa. W 1754 r. zerwał ze stronnictwem Czartoryskich, jednak nie przeszedł na stronę Potockich, a raczej znalazł się blisko hetmana J. K. Branickiego. Następne lata poświęcił pomnażaniu swoich dóbr. W 1764 r. wraz z synami i dwoma stryjecznymi bratankami podpisał elekcję Stanisława Poniatowskiego. Ale nie wpłynęło to na jego stosunki z ks. Czartoryskimi, pozostał bowiem wierny stronnictwu saskiemu. Przystąpił do konfederacji radomskiej w 1767 r. Jednak już w roku następnym stał się jednym z głównych twórców konfederacji barskiej. Został wybrany marszałkiem związku wojskowego. W związku z tym prowadził szeroką korespondencję z dworami obcymi. Apelował do papieża, aby ten poparł *tę wojnę Bożą*. Na tle stosunku do działań militarnych wojsk konfederacji doszło między Józefem Pułaskim a Michałem Krasińskim i Potockim do zatargów. W grudniu 1768 r. został przez nich uwięziony. Zmarł około 20 IV 1769 r. w Kopance nad Dniestrem. Łożąc duże sumy na organizowanie konfederacji, mocno uszczuplił swój majątek. Było to powodem późniejszych licznych procesów prowadzonych przez jego syna Antoniego. Ze związku z Marianną Zielińską herbu Świnka, córką Andrzeja podczaszego łomżyńskiego, i Anny Radzimińskiej herbu Lubicz, miał czterech synów i sześć córek. Wiktoria (nie Marianna) jako kanoniczka Zgromadzenia Marywilskiego w Warszawie (kanoniczka warszawska) — Anna urodzona 20 XII 1740 r., zmarła po 29 I 1819 r.; Joanna urodzona w 1742 r., krótko kanoniczka warszawska (między 1763 a 1765 r.), za Atanazym Walewskim herbu Kolumna, kasztelanicem łęczyckim, szambelanem króla Stanisława Augusta, miała z nim syna Ksawerego, zmarła w 1791 r. (drugą żoną Atanazego Walewskiego była Maria Łączyńska); Józefa za Marcinem Sławoszewskim herbu Godziemba, regimentarzem konfederacji barskiej, potem szambelanem króla Stanisława Augusta; Monika za Stanisławem Rohozińskim herbu Leliwa; Paulina (ochrzczona 14 II 1750 r.) za Antonim Suffczyńskim herbu Szeliga, kasztelanicem czerskim; ostatnia Małgorzata za generałem wojsk koronnych Adamem Skilskim herbu Prawdzic (również uczestnikiem konfederacji barskiej).

W biogramie Józefa w *Polskim słowniku biograficznym*[1] wymieniona jest jeszcze Teresa ochrzczona w 1754 r. — można sądzić, iż jest to któraś z wyżej wymienionych sióstr. W tym miejscu warto przypomnieć, kim byli przodkowie owych trzech braci i ojca konfederatów barskich. Możliwe jest to dzięki temu, iż ich siostra Wiktoria, wstępując do Zgromadzenia Kanoniczek świeckich od Niepokalanego Poczęcia Najświętszej Maryi Panny Kapituły Marywilskiej — jak brzmiała oficjalna nazwa tej fundacji — złożyła, wymagane statutem, świadectwo pochodzenia szlacheckiego, wywodząc się z ośmiu przodków szlacheckich. Na podstawie literatury heraldyczno–genealogicznej udało się dokonać wywodu o jedno pokolenie wstecz. Wśród przodków ze strony ojca są to głównie przedstawiciele drobnej szlachty mazowieckiej, przez prababkę Kazimierza Teresę Lipską z rodzinami senatorskimi wielkopolskimi. Ze strony matki, Marianny Zielińskiej herbu Świnka, były to koligacje senatorskie, tak z rodzinami mazowieckimi, jak i kujawskimi. Najlepiej obrazuje to wywód przodków w formie tablicy genealogicznej (zob. tablica 2).

Syn Józefa — Franciszek Ksawery Piotr August Stanisław z Pułazia Pułaski, urodzony 26 XI 1743 r. w Grabowie, w ziemi czerskiej. Powtórny chrzest Franciszka odbył się 6 III 1745 r. w Warszawie w kościele św. Krzyża. Chrzestnymi byli August ks. Czartoryski, wojewoda ruski, Antonina Rudzińska, kasztelanowa czerska, oraz Michał ks. Czartoryski, podkanclerzy Wielkiego Księstwa Litewskiego, z Konstancją z ks. Czartoryskich Poniatowską, wojewodziną mazowiecką, w trzeciej parze byli Adam ks. Czartoryski, wojewodzic ruski, i Eleonora z Potockich Nakwaska, wojewodzina rawska. Franciszek używał tytułu starosty augustowskiego, był pułkownikiem województwa podolskiego i marszałkiem przemyskim w konfederacji barskiej. Odebrał staranne wykształcenie w Collegium Nobilium w Warszawie (1754––1759). Od 1764 r. brał żywy udział w polityce, przy boku ojca, m.in. już podczas przygotowań do konfederacji wysłany został do chana na Krym z informacją

---

[1] *Polski słownik biograficzny*, t. 29, Wrocław 1986, s. 380–386.

o organizowanym związku. Był jednym z twórców konfederacji na Podolu, po upadku Baru przeszedł do Turcji. 23 XI został powołany na konsyliarza generalnego Rady Wojennej. Stoczył wiele, na ogół pomyślnych, potyczek z wojskami rosyjskimi. Jednak na tle sporów jego ojca z Generalnością, dochodziło kilkakrotnie do wystąpień i wzajemnych oskarżeń, głównie z marszałkiem M. Krasińskim. Jego wyprawa z bratem na Litwę nie przyniosła zadowalających rezultatów, głównie przez niechętne stanowisko magnatów. Z Litwy powrócił do Korony i brał udział w skonfederowaniu ziemi łomżyńskiej. Franciszek Pułaski zginął w kilka miesięcy później, po kolejnej nieudanej wyprawie na Litwę, we Włodawie 15 IX 1769 r., kiedy to starał się przyjść bratu Kazimierzowi z odsieczą.

Kolejnym synem Józefa był Kazimierz Michał Władysław Wiktor, urodzony w 1745 r., ochrzczony 6 III t. r. w kościele św. Krzyża w Warszawie. Rodzicami chrzestnymi byli czołowi przedstawiciele Familii — stronnictwa skupionego wokół rodziny ks. Czartoryskich: Stanisław Poniatowski (ojciec przyszłego króla Stanisława Augusta), wojewoda mazowiecki, Maria Zofia ks. Czartoryska, wojewodzina ruska, oraz Kazimierz Rudziński, kasztelan czerski, i Eleonora Monika z Waldsteinów ks. Czartoryska, podkanclerzyna litewska, w trzeciej parze byli Tomasz Zieliński, podkomorzy łomżyński, stryj matki, i Ludwika Maria Poniatowska, wojewodzianka mazowiecka. Kazimierz, konfederat barski, generał wojsk amerykańskich, jest najsławniejszym przedstawicielem rodziny Pułaskich. Podczas krótkiego pobytu w Paryżu przedstawił się jako hrabia i tak też wydrukowano jego nazwisko jako autora publikacji. Również tytułu hrabiowskiego użyto w nazwisku Pułaskiego na jego pomniku w Waszyngtonie. Zmarł od ran w dwa dni po bitwie pod Savannah 9 X 1779 r. Szerzej na temat okoliczności śmierci od ran oraz zagadki miejsca pochówku podejmuje szczegółowo tekst Edwarda Pinkowskiego. Kongres już 29 t. m. powziął uchwałę uczczenia Pułaskiego pomnikiem, który stanął jednak dopiero w 1854 r. w Savannah.

Trzecim, najmłodszym z braci, był Antoni. Urodził się 9 III 1747 r. Po raz pierwszy wystąpił publicznie, podpisując elekcję Stanisława Poniatowskiego. Używał tytułu starosty czereszeńskiego, w 1767 r. pełnił funkcję asesora. Był jednym z pierwszych, którzy złożyli przysięgę na wierność przyszłej konfederacji, jeszcze w 1767 r. Tak jak bracia, brał udział w walkach z armią rosyjską, m.in. opanował Winnicę, ściągał chorągwie nadworne do Baru. Po przekroczeniu granicy posłował do chana Gereja. Do niewoli rosyjskiej dostał się 7 III 1769 r. i został odesłany wraz z innymi jeńcami do Kazania przez Dubno, Połonne i Kijów. W Kazaniu żył dość swobodnie, bywał u gubernatora A. Samaryna i innych, których żony osładzały mu ciężar łańcuchów i *dostarczały środków na wszelkie wydatki. Wystrychnięci mężowie* postarali się w końcu o przeniesienie go do Orenburga. Amnestia z 1773 r. nie objęła go. Do kraju powrócił dopiero, gdy, po zaciągnięciu się do wojska rosyjskiego, wziął udział w rozgromieniu Pugaczowa. Przebywając w drodze powrotnej w Petersburgu, uzyskał zdjęcie sekwestru ze swoich dóbr. W listopadzie 1775 r. był już w Warszawie. Od tego czasu stał po stronie króla, który też nadał mu stopień pułkownika oraz spłacił kilka tysięcy dukatów długu. Był kilkakrotnie wybierany na posła. W 1778 r. wystąpił o zgodę na przyjazd brata Kazimierza do kraju, aby ten mógł stanąć przed sądem sejmowym i oczyścić się z zarzutów, związanych z porwaniem króla. W związku ze śmiercią Kazimierza w Ameryce nie doszło do rozprawy. Mimo to w 1793 r. wyrobił nową konstytucję sejmową, która kasowała i za niebyły uznała cały dekret, wydany w związku z zamachem na króla. Podczas sejmików występował jako stronnik królewski. W połowie lat osiemdziesiątych znalazł się w obozie hetmana Branickiego. Otrzymał rotmistrzostwo w kawalerii narodowej, a w 1788 r. dowództwo chorągwi. 24 II 1791 r. obdarzony został Orderem Świętego Stanisława. W 1791 r. występował przeciwko konfederacji zawiązanej w Warszawie i dotychczasowym reformom. To na jego wniosek Generalność konfederacji targowickiej anulowała wszelkie postanowienia Sejmu Czteroletniego (19 III 1793 r.). 14 V 1793 r. otrzymał Order Orła Białego. Przez cały okres trwania tej konfederacji współpracował blisko z ambasadorem rosyjskim Sieversem. Mimo swych *zasług* nie doczekał się buławy hetmańskiej, o którą zabiegał. Po rozbiorach zamieszkał w swoich majątkach na Wołyniu, nie pełnił żadnego urzędu. Zmarł w Korotyszczach 26 II 1813 r. Jego żona (poślubiona w 1778 r.) Antonina Orańska herbu Kościesza, córka Stanisława, chorążego nowogrodzkiego, wniosła mu w posagu kilka kluczy, a po ojcu odziedziczył dobra na Wołyniu – Horbasze, Derażne i Hołubacze.

Ich synem był Kazimierz Adam, urodzony 25 XII 1784 r., sztabrotmistrz gwardii (wziął dymisję w 1803 r.), aresztowany w 1826 r. za udział w Towarzystwie Patriotycznym. Był więziony w Warszawie i twierdzy Pietropawłowskiej. Otrzymał w spadku jedynie klucz Oratowski, wniesiony w posagu przez matkę. W 1803 r. ożenił się z Joanną Nepomuceną Świętosławską herbu Pomian, córką Wojciecha, chorążego krzemienieckiego. Zmarł w Troszczy w 1856 r. Z tego małżeństwa pozostały trzy córki: Eufemia – za Bolesławem Burzyńskim herbu Trzywdar, zm. 1850 r.; Antonina – druga żona tegoż Burzyńskiego, zm. 1868 r., trzecia – Ludwika zmarła w stanie panieńskim. Jedyny jego syn, Adam Eliasz, urodzony w 1806 r. w Oratowie, dziedzic dóbr Oratowskich oraz Boruszkowieckich na Wołyniu (po matce). Żonaty był z Joanną Gadomską herbu Rola, córką Ignacego, dziedziczką dóbr Zawadyńce na Podolu. Zmarł w 1882 r. Ten miał dwie córki – Amelię za Adamem Gadomskim i Marię za Józefem Żurakowskim herbu Sas.

Synem Adama był Kazimierz Ferdynand urodzony 1846 r. w Boruszkowicach, dziedzic dóbr Zawadyńce w powiecie kamienieckim (po matce). Autor wielu prac historycznych i archeologicznych, kilkudziesięciu monografii rodzin podolskich wydanych drukiem. (Jedną z nich wydałem przed kilku laty z rękopisu, który cudem uniknął zniszczenia w czasie wojny[2].) Wziął udział w powstaniu styczniowym, internowany w Austrii. Po uwolnieniu studiował w Pradze i Wiedniu. Archiwum rodzinne i duża część jego zbiorów uległa zagładzie w dworze w Zawadyńcach, spalonym podczas rewolucji w 1918 r. Zmarł 5 I 1926 r. w Poznaniu. Z mał-

---

[2] K. Pułaski, *Kronika polskich rodów szlacheckich Podola, Wołynia i Ukrainy. Monografie i wzmianki przez...*, opr. naukowe T. Epsztein i S. Górzyński, t. I–II, Warszawa 1991.

żeństwa z Jadwigą Jakubowską herbu Topór, córką Karola, marszałka szlachty powiatu winnickiego pozostało trzech synów: Józef Kazimierz, Franciszek Jan i Adam Pius oraz córka Helena Jadwiga Teresa urodzona w 1889 r. w Zawadyńcach. Józef Kazimierz urodził się w 1873 r. w Zawadyńcach, dziedziczył dobra Boruszkowiec, żonaty był z Wandą Sadowską herbu Nałęcz, córką Szczęsnego. Miał z nią dwóch synów – Kazimierza i Szczęsnego oraz córkę Wandę. Drugim synem Kazimierza Ferdynanda był Franciszek Jan, urodzony 8 III 1875 r. w Żylińcach na Podolu. Historyk i historyk literatury, polityk i dyplomata. Był dyrektorem Biblioteki Polskiej w Paryżu. Autor wielu prac historycznych i bibliotekarskich. W 1917 r. został prezesem powstałego w Kijowie Stronnictwa Pracy Narodowej na Rusi, udzielającego pełnego poparcia Radzie Regencyjnej. W 1918 r. został marszałkiem Rady Stanu. Brał udział w pracach delegacji polskiej w Paryżu. W 1919 r. został posłem nadzwyczajnym w Waszyngtonie. Od 1927 r. przebywał w Paryżu, kierując pracami Biblioteki Polskiej do końca życia. Zmarł 10 V 1956 r. w Paryżu, pochowany został na cmentarzu Montmorency. Odznaczony Wielką Wstęgą Orderu Polonia Restituta, Komandorią Legii Honorowej i amerykańskimi orderami Cincinata i Kazimierza Pułaskiego. Z małżeństwa z Heleną Turowską miał dwie córki: Jadwigę (1906–1983) zamężną 1°v. za Andrzejem Ostrowskim i 2°v. za Franciszkiem Wrzoskiem. Zmarła ona 28 XI 1983 r. w Nowym Jorku, pochowana została w grobie ojca w Montmorency. Drugą córką była zmarła młodo Zofia (ok. 1911–1917). Trzecim dzieckiem Kazimierza był Adam Pius urodzony w 1879 r., dziedzic dóbr Zawadyniec (zob. tablica 3).

Nie są to bynajmniej wszystkie linie Pułaskich herbu Ślepowron występujące na ziemiach polskich. Jeszcze raz cytując źródła legitymacyjne (w większości dziś już nie istniejące), przypomnieć należy pochodzących od burgrabiego liwskiego w 1721 r. Wojciecha – Aleksandra, żonatego z Anielą Tchorznicką, jego syn Wojciech legitymował się w 1843 r. jako właściciel obszernych dóbr w guberni kaliskiej. Zapewne z tej samej rodziny pochodził Ludomił (1871–1953), ziemianin i senator RP, syn Ludomiła Henryk, bratanek Czesława, powstańca styczniowego, i Michała, właściciela dóbr Siąszyc. Ludomił był jednym z większych właścicieli ziemskich przed wojną, jego majątek Grzymiszew obejmował około 4250 ha. Spis właścicieli ziemskich z 1914 r. podaje jeszcze kilku Pułaskich (i Puławskich) w guberni kaliskiej (Ludwik, Tadeusz i Zygmunt), warszawskiej (Aleksander) i piotrkowskiej (Aleksander).

Rodzina z Pułazia Pułaskich herbu Ślepowron wydała wielu nieprzeciętnych przedstawicieli, którzy na trwałe wpisali się w historię Polski. Tylko w jednym pokoleniu, obok ojca, znalazło się trzech braci, którzy odegrali bardzo ważną rolę podczas konfederacji barskiej, jeden z nich – Kazimierz – stał się bohaterem dwóch narodów. Rodzina wywodziła się z typowej, drobnej szlachty podlaskiej. Część pozostała w tym stanie, ale niektóre linie doszły do godności i zaszczytów tak w Rzeczypospolitej Obojga Narodów, jak też w okresie odrodzonej Rzeczpospolitej. Byli wśród nich politycy, żołnierze, ale też wysokiej klasy naukowcy. Jest to rodzina, której losy i dzieje są ze wszech miar godne poznania.

Tablica 1. Potomkowie Rafała Pułaskiego h. Ślepowron

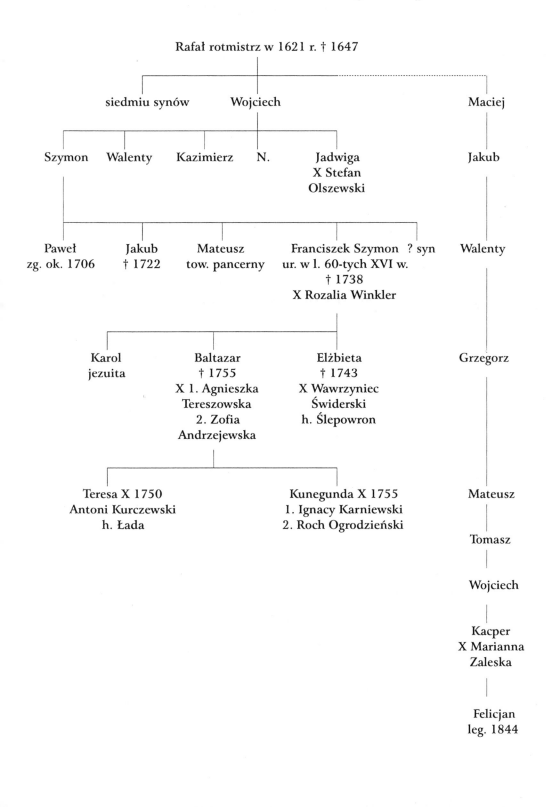

Tablica 2. Wywód przodków gen. Kazimierza Pułaskiego h. Ślepowron 1745–1779

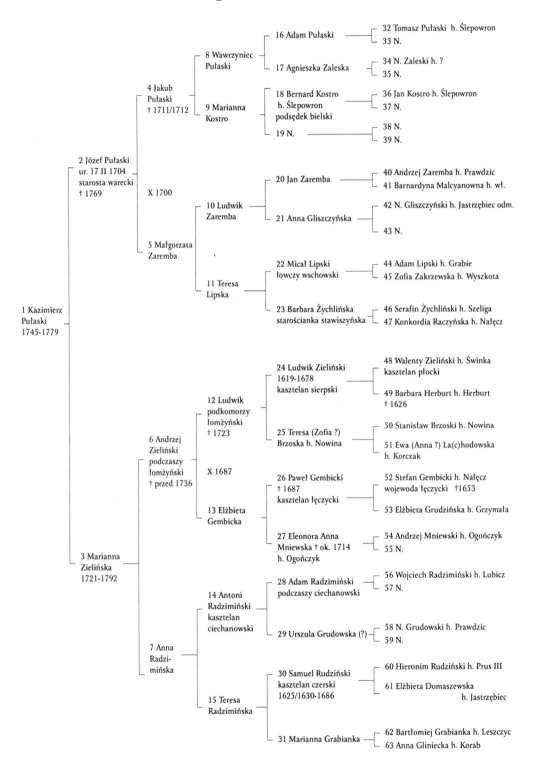

16 Adam Pułaski ── ⌈ 32 Tomasz Pułaski h. Ślepowron
⌊ 33 N.

8 Wawrzyniec Pułaski

17 Agnieszka Zaleska ── ⌈ 34 N. Zaleski h. ?
⌊ 35 N.

4 Jakub Pułaski † 1711/1712

18 Bernard Kostro h. Ślepowron podsędek bielski ── ⌈ 36 Jan Kostro h. Ślepowron
⌊ 37 N.

9 Marianna Kostro

19 N. ── ⌈ 38 N.
⌊ 39 N.

2 Józef Pułaski ur. 17 II 1704 starosta warecki † 1769

X 1700

20 Jan Zaremba ── ⌈ 40 Andrzej Zaremba h. Prawdzic
⌊ 41 Barnardyna Malcyanowna h. wł.

10 Ludwik Zaremba

21 Anna Gliszczyńska ── ⌈ 42 N. Gliszczyński h. Jastrzębiec odm.
⌊ 43 N.

5 Małgorzata Zaremba

22 Micał Lipski łowczy wschowski ── ⌈ 44 Adam Lipski h. Grabie
⌊ 45 Zofia Zakrzewska h. Wyszkota

11 Teresa Lipska

23 Barbara Żychlińska starościanka stawiszyńska ── ⌈ 46 Serafin Żychliński h. Szeliga
⌊ 47 Konkordia Raczyńska h. Nałęcz

1 Kazimierz Pułaski 1745-1779

24 Ludwik Zieliński 1619-1678 kasztelan sierpski ── ⌈ 48 Walenty Zieliński h. Świnka kasztelan płocki
⌊ 49 Barbara Herburt h. Herburt † 1626

12 Ludwik podkomorzy łomżyński † 1723

25 Teresa (Zofia ?) Brzoska h. Nowina ── ⌈ 50 Stanisław Brzoski h. Nowina
⌊ 51 Ewa (Anna ?) La(c)hodowska h. Korczak

6 Andrzej Zieliński podczaszy łomżyński † przed 1736

X 1687

26 Paweł Gembicki † 1687 kasztelan łęczycki ── ⌈ 52 Stefan Gembicki h. Nałęcz wojewoda łęczycki †1653
⌊ 53 Elżbieta Grudzińska h. Grzymała

13 Elżbieta Gembicka

27 Eleonora Anna Mniewska † ok. 1714 h. Ogończyk ── ⌈ 54 Andrzej Mniewski h. Ogończyk
⌊ 55 N.

3 Marianna Zielińska 1721-1792

28 Adam Radzimiński podczaszy ciechanowski ── ⌈ 56 Wojciech Radzimiński h. Lubicz
⌊ 57 N.

14 Antoni Radzimiński kasztelan ciechanowski

29 Urszula Grudowska (?) ── ⌈ 58 N. Grudowski h. Prawdzic
⌊ 59 N.

7 Anna Radzimińska

30 Samuel Rudziński kasztelan czerski 1625/1630-1686 ── ⌈ 60 Hieronim Rudziński h. Prus III
⌊ 61 Elżbieta Domaszewska h. Jastrzębiec

15 Teresa Radzimińska

31 Marianna Grabianka ── ⌈ 62 Bartłomiej Grabianka h. Leszczyc
⌊ 63 Anna Glíniecka h. Korab

Tablica 3. Potomkowie Szczęsnego Pułaskiego h. Ślepowron, żyjącego ok. r. 1500

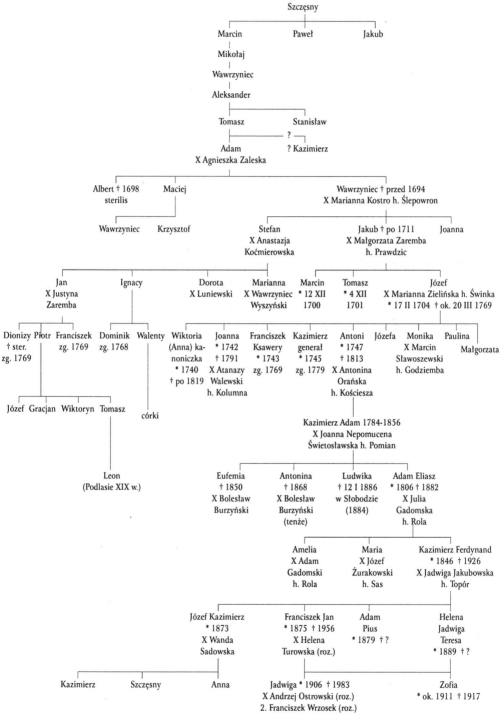

Janusz Maciejewski

Początki legendy.
Kazimierz Pułaski w okolicznościowej literaturze konfederacji barskiej

Legenda Kazimierza Pułaskiego powstała wcześnie, już w czasach konfederacji barskiej. To wówczas zdobył on rozgłos, choć był przecież jeszcze bardzo młody: miał na początku wojny konfederackiej 23 lata. Wystarczyło jednak, aby znalazł się na poczesnym miejscu w ówczesnej świadomości społecznej i trafił na karty literatury okolicznościowej. W połowie lat siedemdziesiątych był już więc znaną osobistością polityczną i w tej roli jechał do Ameryki. Choć epizod amerykański w późniejszych dziejach jego legendy będzie odgrywał ważniejszą rolę, w osiemnastowiecznej świadomości polskiej było inaczej. Także na jego wyjściową pozycję za oceanem wpłynęło w sposób znaczący to, że był jednym z najlepszych dowódców dopiero co zakończonej wojny wywołanej konfederacją barską. Konfederacją czynnie popieraną przez Francję, bronioną orężnie przez Turcję, głośną w Niemczech (sympatyzowała z nią Saksonia i Bawaria, paszkwile na nią pisał Fryderyk Pruski), znaną w innych krajach starego kontynentu.

Zryw barski nie miał wielkich charyzmatycznych przywódców, jak później insurekcja kościuszkowska, czy wcześniej konfederacja tarnogrodzka (jej marszałek Stanisław Ledóchowski jeszcze w okolicznościowej literaturze politycznej lat sześćdziesiątych pojawiał się jako bohater i chwalebny przykład z przeszłości Polski). Spośród czołowych postaci ówczesnej sceny politycznej nikt właściwie nie zagościł dłużej na poczesnym miejscu w świadomości społecznej lat 1767–1772. Karol Radziwiłł „Panie Kochanku" — niekwestionowany przywódca opozycji z lat 1764–1767 — skompromitował się zachowaniem w Radomiu zgodą na porwanie przez Repnina senatorów z sejmu 1767 r. i kluczeniem między Rosją a walczącymi Polakami w pierwszym półtoraroczu konfederacji barskiej. Wspomniani wyżej porwani senatorowie i poseł stali się sławni i przez wiele miesięcy byli bohaterami pozytywnymi okolicznościowej literatury politycznej. Pozostawali jednak w niewoli, daleko od rozgrywających się w kraju wydarzeń i stopniowo o nich zapomniano (przypomniano sobie ich dopiero z okazji powrotu w 1773 r.). Przez jakiś czas wielkim, popularnym przywódcą miał szansę stać się Andrzej Zamoyski. Jako jedyny zdobył się on na spektakularny gest wobec gwałtu rosyjskiego, składając na znak protestu pieczęć wielką koronną (mimo iż porwani byli jego przeciwnikami politycznymi). W okresie między październikiem 1767 a marcem następnego roku był głównym bohaterem pozytywnym powstającej w tym czasie twórczości okolicznościowej. Także po zawiązaniu konfederacji przez jakiś czas oczekiwano, że zgłosi do niej akces i stanie na jej czele. Ale — choć brał pod uwagę taką możliwość — ostatecznie kroku tego nie uczynił, zajął pozycję neutralną. Oczywistą rzeczy koleją zniknął z kart literatury politycznej.

Z innych ważnych wówczas aktorów teatru politycznego wielu znalazło się w tej literaturze, ale wyłącznie jako bohaterowie negatywni — i to niezależnie od fakcji, z jaką byli związani. Należeli do nich: król Stanisław August i jego wróg prymas Gabriel Podolski, Czartoryscy i Karol Radziwiłł, podskarbi koronny Wessel i większość biskupów. Wśród pozytywnych postaci opinia publiczna nie widziała nikogo z polityków. Nie napisano żadnego utworu nawet na cześć oficjalnych przywódców konfederacji, jej marszałków, regimentarzy[1], nawet tak zasłużonych jak Michał Pac, czy biskup Adam Krasiński. Temu ostatniemu poświęcono kilka wierszy doceniających jego rolę w konfederacji barskiej, ale zostały one napisane dopiero w czasie Sejmu Czteroletniego, gdy stanął na czele deputacji powołanej do ułożenia nowej konstytucji.

Ci, którzy byli na ustach wszystkich oraz trafiali do poezji i opowieści prozą, rekrutowali się z innych środowisk. Znalazł się wśród nich np. kapelan barski ksiądz Marek Jandołowicz, na krótko wprawdzie: tylko w początkach ruchu. Albowiem już wiosną 1768 r. wpadł w ręce Rosjan i resztę konfederacji przesiedział w niewoli. Wielką postacią legendy stał się on dopiero w okresie romantyzmu. Niemniej w pierwszych miesiącach walk był obecny w ówczesnych przekazach piśmienniczych. Jemu m.in. przypisywano autorstwo niezwykle popularnego w tym czasie wierszowanego proroctwa, tzw. *Profecji księdza Marka, karmelity*.

Ale przede wszystkim obecni byli w świadomości społecznej i wielbieni przez opinię publiczną dowódcy wojskowi. Tylko oni wkraczali do legendy barskiej — i to nawet tej, która zeszła „pod strzechy", do chłopstwa. W początku XIX w. zanotowano śpiewaną w kilku regionach Polski pieśń, zaczynającą się od słów *Jedzie Drewicz, jedzie*. Przytoczę dwa jej fragmenty dla uzmysłowienia, kto przede wszystkim zapisał się w świadomości społecznej, i to na tyle głęboko, że trafił do pamięci ludu.

Pierwszy fragment to początek utworu:

> *Jedzie Drewicz jedzie,*
> *Trzysta koni wiedzie*
> *Oj poczekaj panie Drewicz*
> *Nie Twoje to będzie*
>
> *Od bram Częstochowy*
> *Zabrzmiały podkowy*
> *Ho! Ho! Teraz panie Drewicz*
> *Nie uniesiesz głowy.*

---

[1] Tylko na samym początku ruchu, przez kilka powstających wówczas utworów przewinęły się nazwiska Michała Krasińskiego i Józefa Pułaskiego, potraktowanych przychylnie. Na tym się jednak skończyła kariera literacka oficjalnych przywódców konfederacji.

> *To Kaźmierz Pułaski*
> *Konfederat barski;*
> *Ty wiesz dobrze panie Drewicz*
> *Że to rębacz dziarski[2].*

We fragmencie tym zostają przywołane dwie postacie, które w świadomości narodowej najmocniej zrosły się z konfederacją barską: bohater pozytywny Pułaski i negatywny Drewitz, Niemiec w służbie rosyjskiej, którego nazwisko zeslawizowano na Drewicz. Był on słynny nie tylko ze zwycięstw, które odnosił w starciach z Polakami, ale przede wszystkim z wyjątkowego okrucieństwa. Mamy tu więc ekstrakt z legendy barskiej, zwłaszcza, iż występuje także Częstochowa, którą od 1770 r. uczynił Pułaski swą główną siedzibą i z którą związane było najgłośniejsze jego zwycięstwo w wojnie konfederackiej: wytrzymanie oblężenia i odparcie ataków tegoż groźnego Drewicza.

Następny fragment pieśni, który chcę tu przywołać, to trzy zwrotki ze środka utworu. Opowiadają one o końcu Drewicza po — domniemanym, a nieprawdziwym — jego ujęciu przez konfederatów (W trakcie walk kilkakrotnie rozchodziły się pogłoski o śmierci bądź wzięciu do niewoli dowódcy rosyjskiego, będące rezultatem pobożnych życzeń Polaków. Prawdopodobnie jedna z nich legła u genezy pieśni.):

> *Drewiczowe nogi*
> *Drewiczowe nogi*
> *Już nie będą zachodziły*
> *Pułaskiemu drogi.*

> *Drewiczowe oczy*
> *Drewiczowe oczy*
> *Już nie będą poglądować,*
> *Skąd Zaremba kroczy.*

> *Drewiczowe uszy*
> *Drewiczowe uszy*
> *Już nie będą podsłuchiwać,*
> *Skąd pan Sawa ruszy[3].*

Mamy tu wymienione trzy nazwiska najgłośniejszych dowódców wojskowych konfederacji: Kazimierza Pułaskiego, Sawy Czalenki (Calińskiego) i Józefa Zaremby. To oni zajęli miejsca przywódców w ówczesnej świadomości społecznej. Notabene trzeba przyznać, że sprawiedliwe również z perspektywy dzisiejszej wiedzy historycznej. Byli oni rzeczywiście oficerami wyróżniającymi się talentami wojskowymi. Przy tym walczyli, nie zaś intrygowali, jak wielu matadorów przebywających

---

[2] *Literatura barska (antologia)*, opr. J. Maciejewski, Wrocław 1976, s. 381.
[3] Ibid., s. 382.

wraz z Generalnością zagranicą. Nie ma na ich koncie także powodowanych prywatą rabunków czy zdrad, jak w przypadku innych, znanych partyzantów, np.: Józefa Bierzyńskiego, Michała Dzierżanowskiego czy Szymona Kossakowskiego.

Opinia publiczna wyodrębniła przede wszystkim trzech dowódców wojskowych konfederacji i dwóch z nich natychmiast otoczyła legendą: Sawę i właśnie Pułaskiego. Zaremba, choć cieszył się w trakcie konfederacji sławą (czego dowód w cytowanej wyżej pieśni), do legendy nie trafił z różnych powodów, które jednak biorę w tym miejscu w badawczy nawias. Znaleźli się tam zaś ewidentnie dwaj pozostali. Awans Sawy do legendy jest przy tym dość zaskakujący, gdyż nie był on szlachcicem. Pochodził z wolnych chłopów ukraińskich, kozaków. Wiele lat życia spędził w wojsku pruskim (m.in. w czasie wojny siedmioletniej), gdzie dosłużył się stopnia podoficera. Ta praktyka bardzo mu się przydała w konfederacji, bo wojennym doświadczeniem górował nad wieloma szlacheckimi dowódcami, umiał je spożytkować i zyskał uznanie szlachty, która nie tylko godziła się walczyć pod jego komendą, ale wybrała go na marszałka wyszogrodzkiego, zakładając, iż przez swe czyny wojenne już stał się szlachcicem, a oficjalna nobilitacja na najbliższym sejmie będzie czystą formalnością. Apogeum legendy stanowiła jego śmierć na polu walki. Sawa zginął w 1771 r., zostawiając na placu Pułaskiego, a nawet przekazując mu część swej sławy wraz z szablą, którą podobno na łożu śmierci darował właśnie jemu.

Tak więc ostatecznie spośród uczestników konfederacji, którzy zdobyli rozgłos i trafili do legendy, pozostał tylko Kazimierz Pułaski. Ten jego status znalazł potwierdzenie w literaturze. Żadnemu innemu bohaterowi nie poświęcono w niej tyle miejsca — i to już od lata 1769 r.

Zanim jednak omówię te utwory, muszę odnotować, iż wśród dowódców jeszcze dwaj inni (poza wyżej wymienionymi) weszli do literatury okolicznościowej. Zachował się utwór poświęcony stryjecznemu bratu Kazimierza, rotmistrzowi Franciszkowi Pułaskiemu (nie mylić z rodzonym bratem, także Franciszkiem), poległemu w sierpniu 1769 r.[4] Jest także spora grupa wierszy związanych ze śmiercią Kajetana Sapiehy w bitwie pod Lanckoroną w 1771 r. Ten ostatni wywodził się jednak ze znanego rodu magnackiego i traktujące o nim teksty noszą wszelkie znamiona poezji klientalnej, jaką w podobnej sytuacji poświęcano przedstawicielom takich rodów. Nie sprawiają wrażenia twórczości spontanicznej, do której niewątpliwie należały utwory o Sawie czy Pułaskim.

Awans na bohatera literatury okolicznościowej miał Pułaski z jednej strony nieco utrudniony przez swój młody wiek (Sawa czy Zaremba byli od niego dużo starsi). Z drugiej jednak strony jego wielkim atutem było to, że przejął on niejako część uznania, jakie w początkach ruchu zdobyli jego ojciec, a także bracia: dwaj

---

[4] *Napisy na katafalku w czasie pogrzebu Franciszka Pułaskiego rotmistrza konfederacji koronnej w potyczce z Moskalami postrzelonego w Lisku w kościele farnym 1769 odprowadzonego*, w: *Poezja barska*, opr. K. Kolbuszewski, Kraków 1928, s. 89–91.

rodzeni i stryjeczny. Ten pierwszy, Józef Pułaski, był głównym inspiratorem konfederacji, drugą po Michale Krasińskim osobą z jej kierownictwa i to jako marszałek związku wojskowego, a więc szef armii. To on mianował od razu wszystkich trzech swoich synów pułkownikami, choć uprzednio nie mieli żadnego doświadczenia militarnego. W dwóch zresztą przypadkach wybór ojca okazał się trafny. Bo wprawdzie o zdolnościach wojskowych najmłodszego, Antoniego Pułaskiego, nie można nic orzec, ponieważ szybko dostał się do niewoli rosyjskiej, ale zarówno Franciszek, jak i Kazimierz sprawdzili się jako dobrzy dowódcy. Sam Józef Pułaski, co prawda, jeszcze w 1768 r. wszedł w konflikt z Michałem Krasińskim oraz Joachimem Potockim, który objął urząd regimentarza i odebrał mu władzę nad wojskiem (został nawet przez nich aresztowany krótko przed swoją śmiercią). Kazimierz Pułaski miał zresztą z tego powodu trochę kłopotów i konfliktów z władzami konfederacji (stał bowiem twardo po stronie ojca), ale ostatecznie wyszedł z nich obronną ręką. Pamięć zaś, iż jest synem pierwszego wodza konfederacji sprzyjała popularności, podobnie jak świadomość, iż jest bratem Franciszka, który dał się już poznać jako dzielny dowódca i poległ bohatersko w walce z Rosjanami 15 września 1769 r., a także iż miał brata stryjecznego o tym samym imieniu, który również zginął na polu walki w sierpniu tegoż roku.

Ale oczywiście sławę zawdzięczał przede wszystkim własnej aktywności. Czynny był od początku walk konfederackich i choć pierwsze jego poczynania nie zawsze były udane i przynoszące mu uznanie (np. podpisanie odwołanego później recesu od konfederacji po kapitulacji Berdyczowa wiosną 1768 r.), stopniowo zdobywał opinię zdolnego dowódcy. Do września 1769 r. działał najczęściej razem ze starszym bratem Franciszkiem. Wspólnie wiele miesięcy na przełomie 1768 i 1769 r. bronili Żwańca i Okopów Św. Trójcy. Później walczyli jako partyzanci na Podkarpaciu, wzniecając tam powstanie i przyczyniając się do zawiązywania lokalnych konfederacji. Następnie wkroczyli na Litwę, witani jako bohaterowie. Odnieśli tam wiele zwycięstw i doprowadzili do zawiązania konfederacji w Wielkim Księstwie. Później Kazimierz działał na czele swego oddziału na północnym Mazowszu, które skonfederował i został wybrany na marszałka ziemi łomżyńskiej. Po śmierci Franciszka przeniósł się do Małopolski. W końcu 1770 r. został mianowany przez Generalność (po jej ukonstytuowaniu się) komendantem całego tzw. obozu małopolskiego. Z czasem swoją bazą uczynił Częstochowę, skąd robił wypady w dalekie nawet okolice, i w której na przełomie 1770 i 1771 r. przetrzymał zwycięsko długie oblężenie rosyjskie. W Częstochowie i zachodniej Małopolsce wytrwał do końca konfederacji.

Pułaski w literaturze jest obecny od 1769 r., od czasu swej eskapady litewskiej. To wtedy udowodnił, że jest doskonałym dowódcą, choć zarazem nie najlepszym negocjatorem, czego świadectwem stały się jego nieporozumienia ze świeżo wyłonioną Generalnością Wielkiego Księstwa, zakończone przekazaniem wojsk litewskich nowo obranemu regimentarzowi i odejściem ze swym oddziałem na Mazowsze. Rzecz jednak w tym, iż w owym konflikcie opinia publiczna jednoznacznie opowiedziała się po stronie Pułaskiego. Świadectwem tego jest obszerny utwór poetycki *Lament konfederatów w Zapuszczańskiem rozpuszczonych*.

Jest to w zasadzie opowieść o dziejach wojny konfederackiej na Litwie latem 1769 r. Nieznany autor ukrywający się pod kryptonimem Floryana Prawdorzeckiego pisze o gnuśności Wielkiego Księstwa w czasie, kiedy Korona drugi już rok walczyła za Wolność i Wiarę, i o przełomie, jaki nastąpił:

> *Na pomoc Litwie gdy mężnie Pułaski*
> *Przybył szczęśliwie z króla królów łaski (...)*
>
> *Czterykroć Moskwie razy dawał się we znaki,*
> *Iż rzecz niesłuszna pogrzebać Polaki*
> *Dobrze też żołnierz i litewski stawał,*
> *Póki Pułaski ordynanse dawał.*
> *Bez szkody swoich bił licznie Moskala,*
> *Tak ino wicher dęby mocne zwala.*
> *Biliby byli dobrze pod wodzem walecznym*
> *I nie podlegaliby klęskom ostatecznym.*
> *Bowiem chociaż Pułaski nie jest urodziwy,*
> *Ale ma serce mężne, ojczyźnie życzliwy.*
> *Młody, lecz zdaniem przewyższał sędziwych*
> *A dla Ojczyzny wielu nieżyczliwych.*
> *Nie jest pan z pana, lecz szlachcic prawdziwy,*
> *Dlatego Bogu, Ojczyźnie życzliwy.*
> *Przewyższa panów bojących się straty*
> *Dóbr swych rozległych, niedbałych utraty*
> *Wiary, wolności. Ba − podchlebujących*
> *Nieprzyjaciołom więcej sprzyjających.*
> *Miłe nam było z onym przebywanie*
> *Gorzkie, nie bez łez z tym wodzem rozstanie.*
> *Miłe, bo umiał i rządzić przezornie*
> *I z żołnierzami przestawać pokornie.*
> *Nie miał on dumy, nie pogardzał nikim*
> *Chciał się podobać bez występku wszystkim*[5].

Dalej autor opisuje nieporozumienia, jakie powstały wówczas, gdy po skonfederowaniu Litwy ukonstytuowała się jej władza: Generalność Wielkiego Księstwa na czele z marszałkiem Michałem Pacem i regimentarzem Józefem Sapiehą. Ten ostatni zażądał przekazania mu władzy nad sześciotysięczną już armią, która powstała przez dołączenie nowych ochotników do wkraczających na Litwę, w sumie kilkusetosobowych oddziałów braci Pułaskich i Bierzyńskiego, w tym przede wszystkim oddziałów wojsk komputowych na czele ze świetną chorągwią ułańską pod dowództwem pułkownika Bielaka. Spontanicznie walczyły one pod ich komendą, głównie Kazimierza Pułaskiego. Stan ten autor utworu chwali. Pisze:

---

5 *Literatura barska...*, op. cit., s. 300-301.

Bierzyński, Bielak, z wodzem jednomyślni
Byli ojczyźnie w dziełach swych pomyślni.
Było i innych nienagannych wiele,
Nie mogę ja ich tu wyliczyć śmiele (...)
Dość na tym, że nam mniejszej rangi braci
Codziennie były pociechy z postaci
Gorliwych wodzów, prowadzących rządnie,
Radzących o nas bez obłudy zgodnie[6].

Ale ta sielanka skończyła się, gdy „panowie" podzielili się naczelnymi urzędami konfederackimi i zapragnęli podporządkować sobie także wojsko. Oto jak autor *Lamentu* opowiada o sprawie:

Pułaski nie chcąc być w tej mierze sprzecznym,
Nie wątpiąc o ich umyśle statecznym
Taką rzecz do nich miał w polu otwartym:
„Mości panowie, nie chcę być upartym,
Ani przeszkadzam tym zapędom waszym –
Dozwolcie miejsca refleksyjom naszym.
Miejcie tytuły, jak sami żądacie.
Nieprzyjaciela nieco podać macie.
Tryb wam wojenny jeszcze nieświadomy
Kunszt wojownika wam nie jest wiadomy.
Ja tyle razy z niemi miałem bitwy
Szczęśliwie, póki doszedłem do Litwy,
Wiecie, że w Litwie za pomocą Boga
Bywała nieraz dla Moskala trwoga
Mam w Bogu ufność, iż będzie zniesiony
Drewicz, jeśli rząd będzie powierzony
Dla mnie nad wojskiem, tylko co do boju.
Wam nie przeszkodzę dzieł w czasie pokoju".
Niezgoda na to, mu odpowiadają
My mamy takich, co tak dobrze znają
Wojenną sztukę, że bez twojej rady
Nie pokażemy dla ojczyzny zdrady.
To być nie może, gdyby weterani
Od mołokosza komenderowani
Byli, ani też, aby nad panami
Szlachta bywała już komendantami[7].

---

[6] Ibid., s. 301.
[7] Ibid., s. 302-303.

W dyskusji przytaczanej przez autora *Lamentu* nie skończyło się na argumentach słownych, jeden z rozmówców sięgnął też do pistoletu.

> *Widząc Pułaski ten zapał haniebny,*
> *Rzekł: „Na Moskala ten oręż potrzebny.*
> *Co mamy z sobą dalsze czynić zwady,*
> *Dawać przyczynę do nieszczęsnej zdrady.*
> *Wolę pójść w kraj swój daleko sforniejszy*
> *Nie lękając się Moskala, choć mniejszy*
> *W sile zostanę, mam w Bogu ufania,*
> *Wszak jago łaska dotychczas ochrania".*
> *Wziął swoje wojsko z sobą i armatę,*
> *Poszedł bolejąc nad litewską stratą*
> *Ku swym granicom — jak słychać — szczęśliwie*[8].

Po odejściu Pułaskiego nowa Generalność nie potrafiła sprostać zadaniu. Po pierwszym niepowodzeniu w walce z Rosjanami, spychana przez nich ku granicy pruskiej, zdecydowała się wojska rozpuścić, a sama udała się na emigrację. (Dokonano tego w regionie między Puszczą Augustowską a granicą pruską zwaną Zapuszczańskiem — stąd ta nazwa w tytule wiersza.) Rozżaleni żołnierze uznali ucieczkę za granicę i rozwiązanie oddziałów za zdradę i tak rzecz kwalifikuje autor *Lamentu*, poświęcając koniec utworu ostrym wyrzekaniom na litewskich panów.

Cały wiersz jest wielkim oskarżeniem litewskiej Generalności i pochwałą Pułaskiego, który odtąd zaczyna zyskiwać w opinii konfederatów i obrastać w legendę, jako przykład nieskazitelnego i zwycięskiego rycerza. Wzmianki o nim, bądź o oddziałach podlegających jego komendzie (bo z czasem rosła liczba walczących pod jego rozkazami i wojsko swe rozdziełał na mniejsze, osobno działające grupy), coraz częściej zaczynają być obecne w różnego typu doniesieniach, gazetkach pisanych, utworach literackich. Nie muszą one być w całości poświęcone marszałkowi łomżyńskiemu. Dla utrwalenia jego nazwiska w świadomości społecznej wystarczy, jeśli w konkretnym utworze znajdzie się takie zdanie, jak np. to, które otwiera swoisty reportaż (jak byśmy go dziś nazwali), zatytułowany *Postępek szkaradny przez wojsko moskiewskie w mieście grodowym Bieczu die 5–go kwietnia 1770 wykonany, a przez tego, który na to patrzał opisany.* Zdanie to brzmi: *Imć Pan Kierkor, regimentarz J. W. Pułaskiego marszałka konfederacji ziemi łomżyńskiej, nocując z komendą w Bieczu, wyjechał w sto koni tylko przeciw Moskwie pod Siepietnicę*[9].

---

[8] Ibid., s. 303-304.

[9] *Postępek szkaradny przez wojsko moskiewskie w mieście grodowym Bieczu die 5-go kwietnia 1770 wykonany a przez tego, który na to patrzył, opisany,* opr. J. Maciejewski i M. Rudkowska, „Napis", seria III, 1997.

Apogeum sławy Kazimierza Pułaskiego wiąże się z obroną Jasnej Góry przed wojskami Drewicza między 31 grudnia 1770 a 15 stycznia roku następnego. Z odpartym przez niego wielkim szturmem w nocy z 8 na 9 stycznia związany jest kolejny utwór poetycki poświęcony naszemu bohaterowi: *Larum w czasie przypuszczonego przez Drewitza komendanta moskiewskiego do fortecy częstochowskiej szturmu 1771 r. przez konfederatów w fortecy uczynione.* Zaczyna się ono od rozpaczliwego wezwania (nawiązującego do popularnego od końca XVII w. wiersza – pobudki *Ocknij się Lechu*):

> *Wstawaj Pułaski, przetrzyj swe powieki,*
> *Bo jak nie wstaniesz, zginiemy na wieki!*
> *Bez twej komendy, łaskawy nasz panie,*
> *Gdzie sam nie będziesz, niedobrze się stanie.*
>
> *Już zdrajca Drewicz przystawia drabiny*
> *Wczas wstał, bo zaczął od drugiej godziny*
> *Już wrzeszczą, krzyczą: „za zdrowie czarycy*
> *Stupajtie skoro do tej kamenicy”.*
>
> *Już każdy wiedział z Drewicza komendy,*
> *Gdzie który miał pójść: na rondle i wszędy,*
> *Wiedział to Drewicz, że wojska niewiele*
> *Miał pan Pułaski i szedł sobie śmiele*[10].

Pułaski jednak oraz obrońcy Jasnej Góry czuwali. Atak Drewicza został odparty przy ogromnych stratach Rosjan. Moskal (dalej cytuję *Larum*):

> *Nie czekał kaffy, którą o dziewiątej*
> *Miał pić w fortecy, ale i o piątej*
> *Nie mógł wytrzymać, jak mężny Pułaski*
> *Zaczął go witać w imię Matki Boskiej*[11].

Anonimowy autor triumfuje więc. Pisze dalej:

> *Otóż masz teraz Drewiczu szalony*
> *Nie Bierzyński to, głupiec przekupiony,*
>
> *Coś go z triumfem wywiódł zza granicy*
> *Ale Pułaski bije, nie z mennicy*
> *Rachuje sumy, nie chce żadnej dani*
> *Drwi z ciebie równo, jak i z twojej pani.*

---

[10]   *Literatura barska...*, op. cit., s. 334.
[11]   Ibid., s. 334-335.

Bo on ma panią, imię Jej Maryja,
Twa pani Kaśka, kurwa, kanalija:
Bodaj przepadła z Poniatowskim panem.
Pułaski żyj zdrów, na wiek wieków. Amen[12].

Tego samego wydarzenia co *Larum* dotyczy obszerny, prozatorski *Diariusz oblężenia Jasnej Góry Częstochowskiej*, a ściślej mówiąc różne „dzienniki" (choć rzecz jasna przywołujące te same główne fakty), spośród których ich wydawca, Jacek Wójcicki, wyodrębnił i przygotował do druku trzy zasadnicze wersje[13]. Tylko jedna z nich — trzecia — zdecydowanie wyróżnia się spośród innych. Dwie pierwsze były bardzo popularne, dochowały się w licznych przekazach i wielu wariantach — co świadczy, że były powszechnie czytane i odpisywane. W przeciwieństwie do analizowanych dotąd wierszy nie dotyczą one wyłącznie Pułaskiego, niemniej jako komendant fortecy jasnogórskiej jest on w nich postacią centralną. Tekst stale odwołuje się do takich czy innych jego decyzji, zachowań, czynów. Tak więc np. w diariuszu oznaczonym przez wydawcę jako wersja A czytamy:

O zbliżającym się nieprzyjacielu powziąwszy wiadomość imć pan marszałek ziemi łomżyńskiej i komendant fortecy, ordynował kilka chorągwi piechoty i jazdy, by onemu ku fortecy nie dali przystępu[14].

A w innym miejscu: *Wtem noc nadeszła, która że była ciemna, uczyniła naszym wygodę wielką, albowiem umyśliwszy imć pan Pułaski uczynić wycieczkę w szańce nieprzyjacielskie, był od niej zakryty. Jakoż szczęśliwie wyszedł o godzinie dziesiątej przed północą z majorem Kułackim, z lejbgwardyją, ułanami, bośniakami i piechotą, onych na trzy części rozdzieliwszy, wszedł cicho i pomyślnie w szańce nieprzyjacielskie, tam szybko uwinąwszy się trzy armaty zagwoździli, dwudziestu ośmiu Moskalów broniących się cicho młotami zabili, innych z okopów wygnali, przeszło stu skłuli i zrąbali, a gdy na trwogę w tarabany uderzono, piechota moskiewska poczęła się od św. Barbary ruszać, której imć pan marszałek kawalersko dotrzymał pola i oneż wstrzymał, że porządnie rejterując się, ze wszystkimi prócz czterech zabitych i pięciu rannych szczęśliwie do fortecy powrócił*[15].

Wersja B diariusza relacjonuje to samo wydarzenie nieco inaczej, dodaje jeszcze opis reakcji Rosjan: *Moskwa potem długo do pamięci przyjść nie mogła, co się z nią stało, na dotarczkę podjazdy porozsyłali, chcąc się dowiedzieć, z której strony na nich to nieszczęście spadło, za czasem jednak o ekskursji z fortecy uwiadomieni, i że tam był sam jaśnie wielmożny Pułaski upewnieni, dowiady-*

---

[12] Ibid., s. 335.

[13] J. Wójcicki, Diariusze obężenia Jasnej Góry w roku 1771. Maszynopis przygotowany dla pełnej edycji „Literatury konfederacji barskiej", w archiwum Pracowni Literatury Okolicznościowej i Użytkowej (Oświecenie — XX wiek), Wydziału Polonistyki Uniwersytetu Warszawskiego.

[14] Ibid, op. cit., s. 10.

[15] Ibid., s. 13.

wali się od ludzi blisko mieszkających, którym on miejscem popod ziemią wyszedł, bo im się to w głowie pomieścić nie mogło, aby przy tak strasznym bombardowaniu mógł po wierzchu ziemi wyniść i do szańców przystąpić. Trwożyli się sami sobą gemejny mówiąc, że „jak drugi raz Pułaszczyk popad ziemie wynidet, to nas wsioch wyrżniet"[16].

Diariusze sławią nie tylko odwagę, spryt, śmiałość decyzji komendanta fortecy jasnogórskiej, ale i dowcip (zwłaszcza, gdy połączony był z niezłomnością moralną). Nieco wcześniej w tejże wersji B czytamy: *Tegoż dnia po ściągnięciu flankijerów około godziny drugiej po południu zażył konceptu Drewicz komendant moskiewski, przez oficyjera z trębaczem przysłanego do jaśnie wielmożnego Pułaskiego marszałka łomżyńskiego, aby poddał fortecę bez straty ludzi, deklarując wszelką dyskrecyją carowej, i że da paszport szlachcie bezpiecznego powrotu do domów. Na tak zuchwałą propozycyję niesmaczną odebrał odpowiedź, że jeżeli chce być na swoim wojsku i na własnej osobie ucalony, niech wszystkę broń złożyć każe pod murami fortecy, a zaraz taki pass wolnego przejazdu odbierze, że za nim bezpiecznie do samego zajadzie Petersburga*[17].

Obdarzono wreszcie uznaniem przezorność Pułaskiego, umiejętność przewidywania zasadzek wroga i zapobiegania im. Mówi o tym np. następujący fragment cytowanego diariusza: *Dnia 9 stycznia zaraz równo ze dniem ruszyły się moskiewskie szwadrony karabinijerów, jedne ku Kłobucku drugie ku Olsztynowi za Starą Częstochową, a trzecie ku Mstowu, (...) już zdawał się nieprzyjaciel od fortecy odstępować. Przejrzał to jaśnie wielmożny Pułaski, że w tym nieprzyjacielskie zamyka się stratagema, i już całodziennie około dyspozycji uzbrojenia w amunicję żołnierza swego i rozporządzenia armat po bastyjonach zatrudnił się, pikiety nocne zmocnić kazał, szyjwachy pomnożył, komendantom po bastyjonach pilność i ostrożność zalecił*[18].

Znaczenie obrony Jasnej Góry w styczniu 1771 r. nie sprowadzało się jednak tylko do pojedynczych zwycięskich utarczek z wrogiem. Miało specjalne znaczenie także jako całość. *Obrona Częstochowy* — pisze we wstępie do edycji Jacek Wójcicki — *przyniosła zaszczyt załodze i talentom młodego dowódcy, lecz stanowiła zarazem — ze względu na wyjątkowe znaczenie jasnogórskiego sanktuarium oraz podkreślane analogie z wcześniejszym o ponad sto lat najazdem szwedzkim i czynami przeora Kordeckiego — ważny element propagandy pariotycznej o charakterze religijnym. Jasna Góra znów stawała się symbolem przetrwania przy nadzwyczajnej opiece Matki Boskiej*[19]. W ten sposób w legendzie Pułaskiego pojawia się pewien element sakralny, ważny dla jej dalszego trwania.

---

[16] Ibid., s. 28.
[17] Ibid., s. 26.
[18] Ibid., s. 34.
[19] Ibid., s. 1-2.

W sumie dwie pierwsze wersje diariuszy, pisane przez czynnych obrońców Jasnej Góry Częstochowskiej, podkomendnych Pułaskiego, znacząco przyczyniły się do utwierdzenia się jego legendy, pełne są bowiem uznania, zachwytu, wręcz uwielbienia dla swego wodza. Nieco inaczej jest z trzecim diariuszem, zachowanym tylko w jednym egzemplarzu w archiwum jasnogórskim, pisanym przez zakonnika, paulina, a więc nie uczestnika, ale świadka obrony. Referuje on przebieg walk ze znacznie większym umiarkowaniem i mniejszą stronniczością, co jest zrozumiałe, zważywszy na stanowisko paulinów, niechętnych konfederacji, starających się zachować neutralność wobec wojny z Rosją. Tę strategię wbrew ich woli zakłócił Pułaski, wtargnąwszy zbrojnie na Jasną Górę i obsadziwszy ją swym wojskiem. Niemniej i ten diariusz odnosi się doń z rewerencją, a nawet uznaniem, i choć w sposób mniej eksponowany, ale niedwuznacznie sprzyja konfederatom.

Obrona Częstochowy to szczyt popularności Pułaskiego. Później nie znajdziemy już w jego wojennej biografii w Polsce równego jej wydarzenia. Niemniej jego sławy jako wodza nie umniejszył brak dalszych spektakularnych zwycięstw, a także konflikty między nim a Generalnością oraz drugim wybitnym dowódcą konfederackim, komendantem wielkopolskim, Józefem Zarembą (te ostatnie na szczęście dla niego słabiej docierały do opinii publicznej). Na jego popularność natomiast wpływały inne cechy i działania. Przede wszystkim ogromna ruchliwość. Choć główną jego bazę stanowiła Częstochowa, potrafił się nagle pokazywać w pobliżu Warszawy i pod Krakowem, koło Zamościa i na Podkarpaciu. Wbrew zresztą rozkazom komisji wojskowej Generalności rozdzielał swoją armię na drobniejsze partie, które działały równocześnie w różnych rejonach Małopolski, na ogół bite i ścigane przez Rosjan, ale mimo porażek nadal walczące, a czasem odnoszące też zwycięstwa — zwłaszcza, jeśli na ich czele stanął sam Pułaski. Kolejną przyczyną było to, że marszałek ziemi łomżyńskiej umiał swe zwycięstwa wykorzystywać. Czynił to m.in. w sprawozdaniach dla Generalności, które prawdopodobnie czytali nie tylko Pac z Bohuszem, ale były one szerzej rozpowszechniane w kraju i zagranicą. Choć nie jest to literatura o Pułaskim, warto może jedno z takich sprawozdań zacytować, aby przy okazji poznać próbkę pióra naszego bohatera. Raport, którego fragment przytoczę, dotyczy wielkiego marszu na Zamość, podjętego w czerwcu 1771 r. w celu zawładnięcia twierdzą. Oto co pisze sam Pułaski:

Wyruszywszy z obozu, szedłem całą noc w najgłębszym sekrecie od Makowa aż do Dębicy, gdzie spotkałem oddział nieprzyjacielski, złożony z 300 karabinierów i kozaków, w potyczce tej dosyć mi się poszczęściło: nieprzyjaciel — straciwszy dużo żołnierzy, a w tej liczbie 12 kozaków wziętych do niewoli — uciekł. Szedłem dalej, aż wpadłem na inny oddział, zaczajony w lesie pod Mielcem; wróg po krótkim oporze rzucił się do ucieczki, poniósłszy znaczną porażkę. Uszedłszy jeszcze kawałek drogi, ujrzałem maszerujący na spotkanie pod wsią Majdanem, o dwie mile od Kolbuszowej, oddział 900 Rosjan kirasjerów, karabinierów, kozaków i piechoty z dwoma działami; było to wojsko wyborowe, zwłaszcza kirasjerzy, świeżo przybyli do Polski i pierwszy raz walczący z konfederatami. Pan

Bóg pobłogosławił moim prawym zamiarom, gdyż po dość zażartej walce nieprzyjaciel, nie mogąc wytrzymać ognia artylerii, zmuszony został do odwrotu i wycofał się w porządku.

Zaraz wydzieliłem z naszego korpusu bośniaków z lancami i inny oddział konnicy; ci z gołą szablą uderzyli na wroga i rozbili jego szwadrony; wówczas nieprzyjaciel rzucił się do ucieczki i był ścigany przez pół godziny, aż wreszcie, napotkawszy przeszkodę w postaci płotów w pewnej wsi, stracił w tem miejscu z górą 200 ludzi. Wzięliśmy mu 46 jeńców, 200 koni, dużo broni palnej i pałaszy. Żołnierze moi znaczną tam otrzymali zdobycz. Po tym sukcesie maszerowałem dalej i napotkałem oddział 120 karabinierów; tych posiekliśmy wszystkich z wyjątkiem 3 ludzi, którzy uszli z wiadomością o klęsce. Dowodzący nimi kapitan dostał się ranny do niewoli. Po tych wszystkich powodzeniach poszliśmy z jeńcami i zdobyczą (300 koni, nie licząc innych przedmiotów) na Zamość, a to zarówno, aby dać wypocząć znużonemu wojsku, jak i w tym celu, aby skłonić tę twierdzę na stronę konfederatów, na co miałem niejakie widoki[20].

W przytoczonym fragmencie Pułaski opisuje akurat same zwycięstwa. Ale w całym raporcie jest także mowa o niepowodzeniach: o odwrocie ze zdobytego już miasta Zamościa (ale nie twierdzy, do której ordynat Jan Jakub Zamoyski jednak go nie wpuścił), odwrocie, który nastąpił po przybyciu dużej armii Suworowa, o trudnych walkach obronnych w czasie wycofywania się w kierunku Karpat. Podsumowując całą wyprawę, straty Rosjan liczy na co najmniej sześciuset zabitych, własne jednak aż na tysiąc poległych i drugie tyle rannych.

Zacytowałem fragment tekstu Pułaskiego jako ciekawostkę, lecz także materiał, który również mógł kształtować legendę swego autora. Trzeba jednak od razu podkreślić, że marszałek łomżyński nie musiał o nią sam zabiegać. Utwory na jego cześć powstawały spontanicznie. Właśnie wyprawę do Zamościa poprzedziły walki Pułaskiego pod Krakowem. Ruszył bowiem na pomoc oblężonemu przez Rosjan Tyńcowi i odniósł kolejne zwycięstwo. Tego wydarzenia dotyczy powstały wówczas wiersz *Opisanie wygranej za Krakowem tynieckiej wojny.* Zaczyna się on, podobnie jak *Larum* (które w kilku miejscach wręcz parafrazuje) od inwokacji do naszego bohatera:

> *Mości Pułaski, przybywaj co prędzej*
> *Bo będzie Tyniec i forteca w nędzy:*
> *Bez twej komendy heroiczny panie*
> *W naszym obozie niedobrze się stanie.*
> *Już Moskwa przyszli, stawiają drabiny,*
> *Szturm przypuszczają od pierwszej godziny*
> *(.......................)*

---

[20] Raport Pułaskiego do Generalności z 21 czerwca 1771 r., w: *Konfederacja barska. Wybór tekstów,* opr. W. Konopczyński, Kraków 1928, s. 139-140.

Tylko ku niebu podnosim swe oczy
Widzim, że pewna śmierć się ku nam toczy.
Niskąd nadzieji nie masz na te czyny,
Od częstochowskiej chyba heroiny!
Ta bohaterka nadzieje naprawia,
Gdy Kaźmierz ku nam posiłki przystawia.
Tej heroiny wielmożnej wzywamy,
Ciebie z posiłkiem, Kaziu, wyglądamy[21].

Spełniły się życzenia obrońców Tyńca. Pułaski:

Przybył, i nie sam; lecz ze sług Maryji
Od Częstochowy dość nam protekcyji (...)
Na korpus piorun z fortecy tak bije,
Że słyszeć setny ledwie Moskal żyje
A gdy złączone już stanęły siły,
Resztę Moskala szczęśliwie zgnębiły[22].

Następuje dalej opis klęsk rosyjskich, długa apologia Pułaskiego oraz (choć marginalnie) Michała Walewskiego, komendanta fortecy tynieckiej. Po wymienieniu kilku wrogów konfederacji i zdrajców (jak Bierzyński), autor wiersza przeciwstawia im bohaterów pozytywnych:

Kaźmierz zaś święty w Pułaskim Kaźmierzu,
By orzeł polski zostawał w swym pierzu,
Wojuje, broni, jak patron Ojczyzny,
By nieprzyjaciel nie czynił puścizny.
Waleczny walet wzajemnie Walewski,
Bo w nim duch prawy boski, nie królewski
(..................................)
W nich zmartwychwstali odważni Czarneccy,
Chodkiewiczowie i sławni Sobiescy.
Widzą w Pułaskim Dawida nowego[23].

Uderzające, jak wielka wiara w Pułaskiego przepełnia te utwory. O ile Drewicz jest uosobieniem zła, postrachem, kojarzy się z klęską i plagami, o tyle Pułaski personifikuje dobro, prawość, zwycięstwo. Dlatego, gdy tylko pojawia się niebezpieczeństwo, konfederaci odruchowo zwracają się do swego bohatera: *przybywaj czym prędzej, ratuj, przywróć nadzieję*. Jego wyposażyli w te cechy, których

---

[21] *Poezja barska*, op. cit., s. 64-65.

[22] Ibid., s. 65.

[23] Ibid., s. 65-66. Notabene historycy konfederacji nie odnotowują obecności Pułaskiego w odsieczy oblężonego przez Suworowa Tyńca. Zdaniem Konopczyńskiego, odsieczą dowodzili dwaj oficerowie francuscy ze sztabu Dumourieza. Niewykluczone więc, że legenda Pułaskiego była tak silna, że dostrzegano jego obecność — jeśli chodzi o zwycięstwa — nawet tam, gdzie go w rzeczywistości nie było.

brakowało politycznym przywódcom, wobec których byli nieufni, podejrzliwi, stale wśród nich węszyli zdradę.

W końcu 1771 r. miało miejsce wydarzenie, które postawiło Pułaskiego w centrum uwagi już nie tylko Polski, ale całej Europy. Myślę o próbie porwania króla w dniu 3 listopada przez oddział konfederatów pod wodzą Stanisława Strawińskiego, który podlegał komendzie Kazimierza Pułaskiego. Było to już wydarzenie innego charakteru, co najmniej kontrowersyjne, jeśli nie negatywne. Sam Pułaski zresztą uznał za stosowne wyprzeć się wszelkich związków z tą akcją (oficjalnie odcięła się od niej również Generalność), choć to nie przeszkodziło, że został oskarżony o zamiar królobójstwa, był zaocznie sądzony na sejmie rozbiorowym i wydano na niego wyrok śmierci. (Dowody niestety świadczyły przeciwko niemu.) Po zakończeniu działań wojennych i ucieczce (w przebraniu) z Częstochowy, miał wskutek tego zamknięty powrót do Polski, a co więcej, i w większości krajów europejskich musiał przebywać pod fałszywymi nazwiskami, gdyż zbrodnię królobójstwa wszyscy monarchowie solidarnie potępiali.

Paradoksalnie jednak rozgłos, jaki temu wydarzeniu towarzyszył, przerastał wielokrotnie ten, który zdobył Pułaski dzięki swym zwycięstwom. Była to oczywiście sława nieco herostratowa. Rzecz jednak w tym, że naturalnym elementem była również jej bohaterska część. Właśnie obie, połączone razem sprawiały, że Pułaski stawał się bardziej dostrzegalny. Legenda jego trwała więc nadal, choć nie była już jednoznacznie pozytywna.

Zmieniała się zresztą ogólna sytuacja polityczna. Sam zamach niesłychanie zaszkodził sprawie konfederacji i przyczynił się do jej upadku. Opinia publiczna od schyłku 1771 r. zaczyna stopniowo odmawiać poparcia ruchowi barskiemu, gwałtownie rośnie popularność króla, a szok pierwszego rozbioru, jaki nastąpił w połowie 1772 r., całkowicie przekreślił dotychczasowe podziały. Konfederacja przegrywa więc moralnie, a także militarnie, bo Generalność pozbawiona poparcia Austrii (która przez układ rozbiorowy weszła w sojusz z Rosją i Prusami) i Francji (w rezultacie zamachu na króla) nie jest w stanie podsycać oporu. W połowie 1772 r. walki ustają całkowicie. Generalność wyproszona z Austrii przenosi się do Bawarii, a większość konfederatów kolejno godzi się z królem i korzysta z jego hojnie udzielanego przebaczenia (które nie objęło jednak tzw. królobójców).

Porwanie króla w dniu 3 listopada 1771 r. wywołało też całą lawinę literatury okolicznościowej. Nazwisko Pułaskiego pojawia się w niej wprawdzie stosunkowo rzadko, ale — skoro większość opinii publicznej w nim widziała głównego inspiratora zamachu — dotyczy ona w całości w jakimś stopniu również jego. Większość twórców okolicznościowych sympatyzuje z królem, daje wyraz oburzeniu na zamachowców, a jednocześnie radości z „cudownego" ocalenia monarchy. Było to symptomem wspomnianych zmian, jakie — nie bez udziału samego wydarzenia 3 listopada — dokonywały się w świadomości Polaków. Oczywiście nie wszystkie utwory były pisane przez zwolenników Poniatowskiego. Duża (choć malejąca) część opinii publicznej nadal sprzyjała konfederatom. Ale twórcy probarskiej literatury byli w dość niezręcznej sytuacji. Ponieważ Pułaski oficjalnie wyparł się związków z zamachem, a Generalność go potępiła, nie mogła to być obrona samej akcji. Wobec tego literatura prokonfederacka starała się bronić Pułaskiego, pomniejszając grozę zamachu na króla i przypominając wszystkie nieszczęścia ojczyzny ostatnich lat i krzywdy doznawane od Rosjan. Ponadto starała się przypominać, że sam monarcha nie jest postacią świetlaną, a swym postępowaniem dawał zły przykład podwładnym.

Pułaski zaś wkrótce znalazł się na emigracji. Znalazł się tam z całym bagażem swej — tak to nazwijmy — jasnej i ciemnej legendy. Ta pierwsza była oczywiście dobrą legitymacją dla znalezienia sobie miejsca gdzieś na Zachodzie, a przede wszystkim dla perspektyw powrotu do kraju. O to właśnie starał się Kazimierz (gotów nawet stanąć przed sądem), a po wyroku — jego brat Antoni (zabiegał on o to uparcie po uwolnieniu z niewoli rosyjskiej). Jednak — choć po raz pierwszy sprawę stawiał już w 1778 r. — bezskutecznie aż do 1793 r. Wtedy to uzyskał rewizję wyroku i uwolnienie Kazimierza od zarzutu królobójstwa. Niestety, stało się to na targowickim sejmie grodzieńskim i dla późniejszej recepcji legendy Pułaskiego był to fakt wstydliwy i raczej ukrywany.

Jeśli zaś chodzi o ciemną legendę „królobójcy", to zarówno w Polsce, jak i — w znacznie większym stopniu — w Europie absolutystycznych monarchów nie ułatwiała mu ona życia. Ale był jeden kraj, w którym nie działała ona negatywnie. Były to kolonie angielskie w Ameryce Północnej, które właśnie zbuntowały się przeciwko swojemu królowi i prowadziły z nim wojnę. I tam właśnie udał się Kazimierz Pułaski, polski szlachcic, aby walczyć o niepodległość młodej, mieszczańsko-farmerskiej demokracji. Stając jako pierwszy w szeregu tych, którzy walczyli *za naszą i waszą wolność*, zapoczątkował drugą, amerykańską część swej bohaterskiej legendy.

Jacek Wójcicki

Kazimierz Pułaski
w pamiętnikarstwie polskim

Szukając śladów Kazimierza Pułaskiego w polskich pamiętnikach – przy czym od razu można dodać: śladów wyjątkowo skąpych, jak na postać tak znaczącą – trudno oddalić od siebie pytania o kształt hipotetycznych wspomnień samego bohatera drugiej „cudownej" obrony Częstochowy. W jakim języku byłyby spisywane? – to nie tylko proste pytanie o „techniczny" wybór medium. Prowadzi ono do spokrewnionego zapytania: jakim językiem posługiwałby się pamiętnikarz? Następstwem pierwszego, podstawowego wyboru dla narracji Pana Kazimierza musiałaby być bowiem staropolska sutość, francuska wytrawność, a może – do czego z czasem życie pewnie by doprowadziło – anglosaska precyzja. Trudno brać pod uwagę niemczyznę, zdatną do żołnierskich komend. Odrzucić trzeba też łacinę. Nie chodzi tu oczywiście o ewentualny uraz do rozpowszechnianej w wielu językach, pod koniec pamiętnego 1771 r., relacji o porwaniu króla, w tym także broszurki *Providentiae divinae evidens argumentum...* Stanisława Bohusza Siestrzeńcewicza (przypisywanej tradycyjnie Stanisławowi Konarskiemu). Po prostu nie sposób przypuszczać, by porywczy wódz, *mowy prędkiej i chodu takiegoż*, jak mówi o nim Jędrzej Kitowicz[1], miał cierpliwość ubierać memuary w szatę rzymskiej retoryki. Zresztą łacina wystarczająco była obecna w języku publicznym Rzeczypospolitej Obojga Narodów jako ten ważny składnik, nazywany niestety przez wiele pokoleń badaczy szkodliwym makaronizmem, który decydować mógł zarówno o uważanym za pewnik, miłym sarmackiemu sercu pokrewieństwie szlachty z Cyceronem i Cezarem (czy też raczej Brutusem i Katonem Utyceńskim), jak i o pożądanej, prawniczej jednoznaczności pojęć, niezależnie od poziomu stylu, którym piszący lub przemawiający się posługiwał. Manifesty sygnowane przez Kazimierza Pułaskiego świadczą wymownie, że tego typu polszczyznę, świadomie inkrustowaną wtrętami i wpływami łacińskimi, autor znał wybornie i stosował świadomie.

Tu można postawić kolejne pytanie: o indywidualne bądź zbiorowe autorstwo tych pamiętników przez naszego bohatera nigdy nie ułożonych. Czy spisywałby je osobiście? Być może tak, ale tylko w okolicznościach podobnych do sytuacji życiowej na

---

[1] J. Kitowicz, *Pamiętniki czyli Historia polska*, opr. P. Matuszewska, komentarz Z. Lewinówna, Warszawa 1971, s. 189 (rozdz. *O Puławskim i Szycu*).

przykład autora *Opisu obyczajów*...: musiałaby nastąpić radykalna zamiana kulbaki na fotel i stół w kącie zaciszniejszym niż obozowa kwatera. Kto wie, czy i suknia duchowna nie okryłaby z czasem *niskiej, chudorlawej, szczupłej w sobie* – to wciąż proboszcz rzeczycki, *alias* rotmistrz Kitowicz! – *statury* marszałka łomżyńskiego? Ale może prędzej dyktowałby swoje wspomnienia sekretarzowi lub zgoła firmował dzieło jakiegoś *ghost–writera*? Nie przeczyłoby to wcale kategorii *autorstwa* praktykowanej w ciałach kolegialnych – i tych najwyższych, typu konfederackiej Generalności, i tych powszedniejszych, jak zwyczajna kancelaria polowa.

Jeszcze jedno pytanie domaga się krótkiego chociaż rozważenia: byłby to treściwy dziennik czy rozlewna opowieść? *Mon journal* czy *Memoires and travels? Historia mego wieku* czy – nie daj Panie Boże! – *Żurnał wojennych diejstwij?*... Bo tymczasem skazani jesteśmy na publikacje typu *gesta et epistolae.*

Powyższe problemy pozostaną oczywiście nierozstrzygnięte, co nie znaczy, by stawianie ich pozbawione było oparcia w zachowanych dokumentach. Znamy zarówno akta urzędowe, jak i korespondencję Pułaskiego, oceniać możemy jego polszczyznę i francuszczyznę – i żałować reszty lektury, bardziej chyba niedoszłej niż niedochowanej. Znamy też – i tutaj ze sfery dywagacji wracamy na grunt archiwaliów – różnego typu świadectwa pamiętnikarskie, zza których pojawia się, choć uchwycona najczęściej migawkowo, postać starosty zezulinieckiego.

Zanim omówimy je bliżej, nie unikniemy następnego pytania o przyczynę tak znacznej dysproporcji między sławą i jej śladami. Co do pewnych spraw odpowiedź jest trywialna: wspomnień Pułaski spisać nie zdążył, dziennika prowadzić nie zdzierżyłby, a nazwisko swoje wystarczająco utrwalił w podpisywanych przez siebie dokumentach konfederackich. Nie miał w swoim otoczeniu ani Tukidydesa, ani tym bardziej Eckermanna, chociaż skrupulatne diariusze oblężenia Jasnej Góry pokazują zarówno odczuwaną w momentach dramatycznych potrzebę utrwalania na bieżąco przebiegu zdarzeń, jak i możliwości obserwacji i zdolności narracyjne anonimowych kronikarzy. Oczywistą rzeczą jest też notoryczna obecność nazwiska Pułaskiego (czy raczej, ściśle biorąc, *Puławskiego*) w korespondencji, gazetkach pisanych, plotce. Nawet w pieśniach popularnych, gdzie pojawia się miano Pułaskiego, uderza pewna ich „blankietowość". Imię wodza znajduje się w nich nie ze względu na osobę, lecz jego pozycję; to nie Kazimierz Pułaski jako taki wzbudza nastroje poetyckie, lecz jego nazwisko lud wyśpiewuje w miejscu zarezerwowanym przez konstrukcję utworu dla jakiegoś znanego sprawcy naszych przewag. Fakt, że pieśni układano o tych właśnie dowódcach konfederackich, którzy realnie zwyciężali, skłania do wniosku, że śpiewy te były również na swój sposób realizacją informacyjnej, nie zaś poetyckiej czy literackiej funkcji przekazu słownego.[2] To

---

[2] Geograficzne i historyczne wędrówki motywów pieśni ludowych w związku z konfederacją barską opisała H. Kapełuś (*Pamięć konfederacji barskiej w polskiej pieśni ludowej*, w: *Przemiany tradycji barskiej. Studia*, Kraków 1972, s. 213-224. Przywoływane przez nią utwory można wzbogacić drobnym wierszykiem, stanowiącym przykład rzadszej tendencji przewagi poetyckiej funkcji słowa i skoja-

zrozumiałe w obliczu okoliczności. Ale dlaczego tak niewiele miejsca zajął Pułaski w tekstach spisywanych po latach? Czemu tak rzadko gości na kartach wspomnień?

Z góry zaznaczyć trzeba, że brak bliskiej znajomości nie musiał być przeszkodą, tak jak autorzy wspomnień o Stanisławie Auguście w drobnej tylko liczbie należeli do oglądających go z bliska. Może więc autorzy wspomnień uznawali, że Pułaski jest właśnie postacią — czy raczej, tak jak król, nazwą — aż nadto znaną, by trzeba było dokumentować osobno jego sławę. Ci, którzy znali go z widzenia, nie zajmowali się spisywaniem wspomnień; ci, którzy utrwalali na papierze swoje przeżycia czy dzieje kraju rysowane szerzej, mogliby Pułaskiego w ogóle nie rozpoznać (podobnie jak raniony król mógł zachować *incognito* w domu młynarza w okolicach Borku Kamedulskiego, gdzie eskortował go „królobójca" Kuźma–Kosiński). Mieliby być może niezachwanie przeświadczenie, że obcują z jakimś imć panem Rudzińskim[3], nie wiedząc, jak poszukiwanego banitę wypuszczają z rąk[4]. Nie przeszkodziłoby im to jednak w snuciu wspomnień, gdzie — wolno podejrzewać — nikła fizycznie postać nabierałaby bardziej mocarnego wyglądu, dumniejszego spojrzenia, gładszej cery i potoczystszej wymowy.

Powtórzmy więc kwestię: czemu pamiętnikarze tak skąpią miejsca najsłynniejszemu dowódcy wojny konfederackiej i amerykańskiemu generałowi?

Bo skąpią rzeczywiście. Jest kilka świadectw, gdzie imię Pułaskiego występuje w potocznej korespondencji, czy — jeśli można tak nazwać główną aktywność przeciętnych obywateli różnych stanów — w mówionej publicystyce, czyli stanowi *pars pro toto*, zastępczą nazwę dla *ogółu żołnierzy przezeń dowodzonych*, czy niemalże „konfederatów" *tout court*. Tak właśnie symbolicznie ścierają się „Puła-

---

rzeń fonetycznych nad funkcją informacyjną: *Ostatnia klęska, jaka Biecz dotknęła, trafiła się w r. 1770 podczas konfederacji barskiej, trzymającej się długo w okolicznych górach pod wodzą Kazimierza Pułaskiego, ucierającego się z Drewiczem. Lubo wspomnienie konfederatów dziś się już zatarło, jednakowoż dowiedziałem się o szczególe zachowanym przez starca górala, który był świadkiem tej wojny. Powtarzał on wiersze, jakie Derewicz miał przesłać Pułaskiemu stojącemu obozem pod Tyliczem:*

Od Tylicza aż do Biécza
Wszędzie pełno Derewicza.

Na którą to groźbę odpowiedział Pułaski:

Między Bieczem a Tyliczem
Koniec będzie z Derewiczem.

Ostatnia groźba nie ziściła się. Pułaski poniósł klęskę pod wsią Izbami na pograniczu węgierskim, gdzie jeszcze można widzieć na ścianie w cerkwi wymalowaną tę bitwę ze wzywaniem pomocy N. Panny Izbiańskiej — a za wsią okopy konfederackie. Fara biecka posiada dokument, świadczący o wszystkich klęskach, jakich to miasto doznało w roku 1770... (L. Siemieński, *Z okolicy podgórskiej*, w: *Dzieła*, t. 1, Warszawa 1881, s. 196–197).

[3] *Stanął tu w kompanii z księciem Lubomirskim (...) imp. Pułaski, pożyczywszy sobie dla bezpieczeństwa osoby imienia Rudzińskiego* — notowała księżna Teofila Sapieżyna 3 X 1772 w Strasburgu (*Z pamiętnika konfederatki księżnej Teofili z Jabłonowskich Sapieżyny (1771–1773)*, opr. W. Konopczyński, Kraków 1914, s. 138).

[4] Osądzony więc został za winnego , a jako nie stawający do sądu, za infamisa, za głowę zabiciu bezkarnemu podległą (J. Kitowicz, *Pamiętniki...*, op. cit., s. 308).

ski" i „Drewicz" zarówno w zapiskach marszałka wielkiego koronnego Stanisława Lubomirskiego,[5] jak i w późniejszych wspomnieniach Józefa Wybickiego.[6] Żołnierską metodą skrótu myślowego operuje też autor, który może być przywołany na zasadzie kontekstu dla wspomnień polskich, mianowicie jeden z najgroźniejszych przeciwników Polaków, generał Kreczetnikow[7].

Więcej indywidualności ma Pułaski we wspomnieniach Józefa Konopki spisanych przez jego syna Tadeusza: polityczne dyskusje rodaków przy kielichach biorą pod uwagę możliwe niepowodzenia marszałka przy obronie Częstochowy; jeden z przednich koni, darowanych marszałkowi Bierzyńskiemu, trafić ma prosto do samego Pułaskiego; coś o Pułaskim w Ameryce miał do powiedzenia w 1776 r. nagabujący Józefa Konopkę o książki z biblioteki Czartoryskich Hugo Kołłątaj[8]. Krótko też, ale jako osobę, kwituje Pułaskiego (który *na nową część świata przeniósł żądzę niepodległości i za nią poległ*) we wspomnieniach Julian Ursyn Niemcewicz[9], niegdyś przecież kadet wyrywający się nielegalnie ze Szkoły Rycerskiej do konfederacji. Być może i on dyskutował z kolegami nad kwestią odpowiedzialności komendanta Częstochowy za porwanie króla; mógł wówczas zetknąć się z *pro* i *contra*, których echo pobrzmiewa w krótkim pamiętniku A. Hulewicza, piszącego w obronie marszałka, otoczonego jakoby intrygantami: *Gdyby ambicyja była Pułaskiego, czyżby on nie mógł, gdyby chciał, uczynić pewniej, co chciał, mając wojsko kochające go? Alboż nie było w Warszawie pułków, regimentów i stróżów? Pewnie że do takiego postępku nie miał myśli i słusznie manifestami przeciwko temu oświadcza się. Ale ci, którzy na to odważyli się, pewnie sami z siebie, nie z rozkazu Pułaskiego*[10].

Dochodzimy do relacji bardziej osobistych, co nie znaczy, że zawsze tak pozytywnych i dążących do obiektywizmu jak powyższe zdania utrwalające zdanie podzielonej opinii publicznej. Dokumentem ważnym również przez swą subiek-

[5] S. Lubomirski, *Pamiętniki*, wyd. W. Konopczyński, Lwów 1925; kilkanaście wzmianek o Pułaskim według indeksu.

[6] J. Wybicki, *Życie moje oraz Wspomnienie o Andrzeju i Konstancji Zamoyskich*, opr. A. M. Skałkowski, Kraków 1927; o Pułaskim dwie wzmianki; s. 166: *W tym czasie Puławski pobił Drewicza, pułkownika moskiewskiego, pod Częstochową*.

[7] *Radom i Bar 1767–1768. Dziennik wojennych działań jenerał-majora Piotra Kreczetnikowa...*, przeł. K. Stolnikowicz-Chełmski [K. Podwysocki], Poznań 1874. Konkretna osoba Pułaskiego (a nie oznaczane jego imieniem wojska) istotna jest w jego tekście tylko kilka razy: mniej nawet tam, gdzie jest Pułaski autorem manifestów z żądaniami natury militarnej (s. 115–117) lub gdzie prowadzi rokowania w imieniu poddającej się twierdzy berdyczowskiej (s. 119–120), bardziej tam, gdzie wypuszczenie go z niewoli stanie się — zdaniem Kreczetnikowa — korzystne dla umocnienia przekonania w społeczeństwie o łaskawości carycy (s. 214–215).

[8] T. Konopka, *Historia domu naszego. Raptularz z czasów Stanisława Augusta*, Warszawa 1993; wzmianki o Pułaskim zwłaszcza na s. 131, 133, 150, 159 (rozmowa J. Konopki z Kołłątajem w 1776 r.); nb indeks osób mylny.

[9] J. U. Niemcewicz, *Pamiętniki czasów moich*, t. 1, opr. J. Dihm, Warszawa 1957, s. 64.

[10] *Pamiętniczek A. Hulewicza konfederata barskiego*, opr. K. Pułaski, „Niwa" 1886, z. 271, s. 467–468.

tywną skrajność, choć nie polskim w ścisłym sensie, są pamiętniki Charlesa Dumourieza. Pułaski, opisany w nich wprawdzie z początku jako *młodzieniec bardzo dzielny i bardzo przedsiębiorczy*[11], nie dość, że francuskiemu instruktorowi-autorowi wspomnień zawdzięcza projekt obsadzenia twierdzy częstochowskiej[12], to jeszcze przez niesubordynację rozbija doskonałe plany bitewne Dumourieza i doprowadza do tego, że zrezygnowany i zrozpaczony Francuz postanawia porzucić niezdyscyplinowany oddział[13]. Był on bowiem, zdaniem doradcy konfederatów, usiłującego się tłumaczyć przed trybunałem potomności i własnym sumieniem, *niestały w projektach, nie umiejący poprzestać ani na władzy, ani na planie określonym, nie znający sztuki wojskowej i uzbity w pychę kilką małymi sukcesami, które rodacy jego, straszni chwalcy, wynosili ponad wielkie czyny Sobieskiego*[14].

Współgra to skądinąd z niektórymi uwagami zawartymi w polskim pamiętniku, najobszerniejszym pod względem miejsca poświęconego Kazimierzowi Pułaskiemu, a mianowicie w *Pamiętnikach* wymienianego już wcześniej Jędrzeja Kitowicza. Kilkadziesiąt stron opowieści o dobie konfederacji (zajmującej zresztą blisko trzy czwarte całości dzieła) to przygody marszałka łomżyńskiego. Wedle tych wspomnień Pułaski to człowiek, którego treścią życia było walka z Moskalami, chociaż więcej miał brawury niż metody: *W potyczkach zapominał o wszystkim i sam się najpierwej w największe niebezpieczeństwo narażał. Dlatego też często przegrywał*[15]. Fatum ciążące nad Pułaskim przybiera na kartach wspomnień Kitowicza zwykle postać konkretnych ludzi. Jest nim pułkownik huzarów Szyc, zdolniejszy pod względem militarnym i nie mniej odważny, przeto nie dopuszczany do najważniejszych akcji, chociaż *Wiele razy Puławski w akcji z Moskalami miał przy sobie Szyca, zawsze albo wygrał, albo przynajmniej porządnie i z małą stratą schodził z placu; wiele razy z przyrodzonej gorącości swojej porwał się na Moskałów bez Szyca, zawsze pobitym został i rozproszonym*[16]. Uosobieniem fatum jest też Józef Zaremba, złączony z Pułaskim w teatrze działań wojennych splotem osobliwej zależności, z przyczyn politycznych (Zaremba nie rozpowszechniał wydanego przez Generalność w Preszowie aktu bezkrólewia) i ambicjonalnych[17]. Wprawdzie podczas „wycieczki" z obleganej przez Moskwę Częstochowy Pułaski sieje przerażenie i dezinformację, udając, że obóz wroga atakuje Zaremba[18], ale brak pomocy oblężonym ze strony Zaremby pogłębił rozdźwięk między

---

[11] *Wojna w Polsce 1770 i 1771 z pamiętników generała Dumourieza*, Poznań 1865 (*Pamiętniki z ośmnastego wieku*, t. 6; nb wydanie francuskie: Hamburg 1795), s. 49.

[12] Ibid., s. 29–30.

[13] Ibid., s. 60, 62–63, 66–69.

[14] Ibid., s. 49.

[15] J. Kitowicz, *Pamiętniki...*, op. cit.

[16] Ibid., s. 190; s. 187–190 rozdział *O Puławskim i Szycu*.

[17] Ibid., s. 254–256 rozdział *O Zarembie i Puławskim*, s. 254: *...ci najprzyncypalniejsi w całej konfederacji wodzowie mieli równą władzę od Generalności nadaną, przeto nie chciał jeden od drugiego komendy być zawisłym.*

nimi. Wreszcie kolejnym uosobieniem fatalności jest w relacji Kitowicza twór wprawdzie kolegialny (Generalność proklamująca bezkrólewie), ale poniekąd upersonifikowany w znanej każdemu ze współczesnych relacji, wykorzystanych przez pamiętnikarza, postaci zamachowca Strawińskiego (*Puławski tylko był jeden, który takowym bechtaniom ślepo wierzył i do wykonania zamysłów Generalności z wszystkimi konfederatami rad chodził na wyścigi*)[19]. Tak skomplikowane okoliczności sprawiają, że ten błyskotliwy dowódca, wprawdzie karciarz, ale nie opój i rozpustnik, każdą okazję wykorzystujący do szkodzenia Moskwie, a co najmniej do konnych harców na ćwiczebnym polu, z nadzwyczajną odwagą kierujący niespodziewanymi atakami na wroga, po których w nieprzyjacielskich szeregach krążyły wręcz legendy o cudach „Puławki" — musi opuszczać kraj w niesławie, nie stając przed sądem na rozprawy i broniąc się przed zarzutami królobójstwa jedynie przez manifesty.

Skąd Kitowicz, długi czas podkomendny właśnie Józefa Zaremby, zna tyle szczegółów z walk, w których ani on sam, ani jego dowódca nie uczestniczyli — kiedy to na przykład Pułaski uratował się w odwrocie przed Rosjanami, przykrywając się znalezionym płaszczem i udając nieżywego?[20] Można zarzucać mu fantazjowanie (co czynił Władysław Konopczyński wobec *Pamiętników* oraz Tadeusz Mikulski w krytycznej analizie *Opisu obyczajów*[21]...); można też widzieć w takich szczegółach — notowanych przecież po kilkudziesięciu latach — gawędy krążące wśród weteranów–towarzyszy broni. Oczywiście nie sposób zawsze dociec, co było prawdą, a co ubarwiła fantazja kolejnych narratorów. Wolno jednak w kontekście całych wspomnień Kitowicza przypuszczać, że obraz Pułaskiego, jeśli nawet nieścisły w chronologiczno–topograficznych szczegółach, oddaje złożony charakter postaci i jej aurę w sposób rzetelny — a więc jeżeli nawet coś koloryzuje, to w zgodzie z legendarną wizją bohatera Okopów Św. Trójcy.

Jedna z najaktywniejszych osób Generalności, księżna Teofila Sapieżyna, na emigracji w Strasburgu uczyniła kilka wzmianek o Pułaskim w swoim pamiętniku. W październiku 1772 r. gości u nich kilka dni *przebierający się w głąb Francji Rudziński*, co dało okazję do spotkań, podczas których dyskutowano między innymi *nad paralelą straconych wolności polskiej i korsykańskiej*[22]. *Po pół roku, w marcu 1773 r. można zaś od generała Michała Zboińskiego usłyszeć anegdoty, których naturalnie z Paryża powracający jest pełen*, w tym również wieści o Pu-

---

[18] Pułaski ... *napadł na śpiących, zrąbał, kłuł bagnetami, biegając pomiędzy nimi i wołając: „Mospanie Zaremba, tu, tu!" (...) miasto obracania się ku fortecy, skąd była wycieczka, obracali się w tył swojego obozu, skąd napaść mniemanego Zaremby być rozumieli* (ibid., s. 276).

[19] Ibid., s. 299 (rozdz. *O porwaniu króla*).

[20] Ibid., s. 276.

[21] Zob. W. Konopczyński, *Konfederacja barska. Przegląd źródeł*, Lwów 1934; T. Mikulski, *Z historii i źródeł Kitowicza*, w: tegoż, *Ze studiów nad Oświeceniem. Zagadnienia i fakty*, Warszawa 1956, s. 91–155.

[22] *Z pamiętnika konfederatki...*, op. cit., s. 140 (por. przyp. 3).

łaskim, *że jest w Paryżu, ale jako żywo nie od ministra sprowadzony, tylko od Beniowskiego, niegdyś w komendzie Pułaskiego będącego, teraz w służbę morską francuską przyjętego, na jakąś sekretną ekspedycję przeznaczonego, awanturą ujścia z Kamczatki i wynalezieniem nowej na Czarnym Morzu drogi wsławionego*[23]. I oto, już na zakończenie przeglądu świadectw pamiętnikarskich, pada to nazwisko, które Pułaskiemu charakterem sławy jest może najbliższe — wraz z nieodłącznym jakimś bałamuctwem, ale bynajmniej nie zawinionym przez siebie, choć jak zwykle na swoje konto siłą rzeczy branym. Jako żywo bowiem Maurycy August Beniowski nie przez Czarne Morze szukał drogi w ucieczce z Syberii.

Opublikowana niedawno rewelacyjna monografia Edwarda Kajdańskiego weryfikuje wiele sądów o Beniowskim, uważanym za łgarza i awanturnika. Kajdański udowadnia, jak celowo propagowano sądy fałszywe, aby ukryć tajne kombinacje Rosjan w handlu i ekspansji terytorialnej oraz obronić prymat Anglii w odkryciach geograficznych u wybrzeży Alaski. Czyniąc Beniowskiego kłamcą, robiono to później już siłą rozpędu, podczas gdy w wielu kwestiach należy mu zwrócić honor.

Beniowski trafił na Syberię po rozbiciu oddziału konfederatów przez rosyjskie wojsko w kwietniu 1769 r., gdy ten śpieszył właśnie ku partii Pułaskiego do Sambora. Było to już po upadku Żwańca i Okopów Św. Trójcy, gdzie Beniowski i młodzi Pułascy dowodzili obroną fortów. Ten fragment życiorysu przyszłego cesarza Madagaskaru oceniany jest bardzo krytycznie przez badaczy przed Kajdańskim, chociaż Władysław Konopczyński starał się wyłuskać z przesadnie heroicznych relacji *fragmentu konfederackiego* słynnych pamiętników Beniowskiego jakąś esencję prawdy. Rzeczywiście relacja o wydarzeniach poprzedzających rany i aresztowanie jest niezwykle pokrętna i w wielu miejscach przesadna. Są jednak przesłanki, by ufać Beniowskiemu nie mniej niż jego towarzyszowi broni Pułaskiemu, a *fragmentowi konfederackiemu* — w istocie spisanemu po latach wyjątkowo ciężkich przejść przez przyjaciela, konfederata i współwygnańca Adolfa Wynbladtha — nie mniej niż manifestom czy gazetom ogłaszanym na bieżąco podczas działań konfederacji. (*Nie mniej* oznacza wprawdzie często: *nie więcej niż gazetom konfederackim*, ale znaczy na pewno, że nie można odrzucać tej części relacji zupełnie na ślepo.)

Pułaski pojawia się w życiorysie Beniowskiego kilkakrotnie: jako równy mu rangą dowódca, jako prawzór zmyślonych rzekomo przeżyć pamiętnikarza, czy też jako adresat (a czasem: argument) listów przypominających dawne wspólne dzieje. Najłatwiejsze do prześledzenia jest to ostatnie wcielenie, bowiem zachowało się kilka tekstów, w których obie wyjątkowe postaci wchodzą ze sobą w bliższy związek.

Na 13 marca 1769 r. datowany jest list Beniowskiego do Pułaskiego z Chocimia[24]. W Archiwum Dzikowskim Tarnowskich (obecnie na Wawelu) zachował się list Beniowskiego do Pułaskiego z Compiègne z 20 sierpnia 1772 r. (a więc zanim

---

[23] Ibid., s. 177.

[24] Zob. M. Beniowski, *Pamiętniki. Fragment konfederacki*, opr. L. Kukulski i S. Makowski, Warszawa 1967, s. 147–148 (*Aneks* nr 7).

wizytę Pułaskiego odnotuje Teofila Sapieżyna). Ważne dla historyków konfederacji pismo przypomina tamte wspólne przeżycia — co prawda, jak suponują badacze, tendencyjnie nakreślone, by Pułaski nie mógł im zaprzeczyć[25]. Jest też raport Pułaskiego dla Kongresu Kontynentalnego w Filadelfii, relacjonujący złożony Kongresowi (28 lipca 1777 r.) memoriał Beniowskiego dotyczący ekspedycji na Madagaskar[26]. Memoriał nie został rozpatrzony, polityka kolonialna nie interesowała młodej demokracji amerykańskiej.

Na marginesie korespondencji związanej z Beniowskim i Pułaskim warto zauważyć szczegół, dający dotychczasowym badaczom asumpt do posądzania Beniowskiego „jak zwykle" o kłamstwo. Chodzi o zwrot _cousin german_, jakim określa Beniowski Pułaskiego w listach do Jerzego Waszyngtona z 28 marca i do marszałka Kongresu Kontynentalnego z 6 maja 1782 r.[27] Powołując się na postać Pułaskiego, Beniowski apeluje do Waszyngtona: _Zaszczyciłeś zaufaniem swoim kuzyna mego Pułaskiego, zechciej przenieść je i na mnie; gorliwość moja i przywiązanie usprawiedliwią dobroć twoją_[28]. Podobnie tłumaczy Kongresowi złożenie memoriału — tym razem osobiście — o utworzeniu legionu cudzoziemskiego: _Byłoby zbytecznym przedkładać Waszej Ekscelencji przyczyny i powody, które skłoniły mię do opuszczenia własnej ojczyzny i do ofiarowania usług obcemu państwu. Muszą one być dobrze znane Waszej Ekscelencji ze znanego losu Polski oraz wypadków, które pobudziły kuzyna mego, generała hr. Pułaskiego, do przybycia tu i ofiarowania usług Stanom Zjednoczonym_[29]. Stanisław Makowski pisze wręcz, że nazywając tak Pułaskiego, Beniowski tworzy _urzekający mit_[30]. Sprawy mają się chyba w tym przypadku inaczej. Bez dokładnej znajomości genealogii Beniowskiego trudno orzec, czy wśród spokrewnionych z nim rodów znajdowali się Pułascy. Można natomiast z dużym prawdopodobieństwem przypuszczać, że Beniowski chciał wobec Amerykanów zaakcentować charakter szczególnej więzi między bracią szlachecką, niemożliwej do wyrażenia bez wchodzenia w szczegóły inaczej, niż przez pojemny francuski termin _cousin_. Pułaski nie miałby chyba nic przeciwko temu.

Pułaski i Beniowski chcieli tworzyć legiony cudzoziemskie i dowodzić nimi — udało się to wcześniej jedynie Pułaskiemu. Co do tego, że chwalony przed Waszyngtonem oficer legionu Pułaskiego, pułkownik Kowacz, jest Grigorijem Kuzniecowem, współtowarzyszem brawurowej ucieczki z Kamczatki na „Św. Piotrze i Paw-

---

[25] Ibid., s. 165–170 (_Aneks_ nr 13).

[26] Zob. E. Kajdański, _Tajemnica Beniowskiego. Odkrycia, intrygi, fałszerstwa_, Warszawa 1994, s. 335–336.

[27] Zob. W. M. Kozłowski, _Beniowski w Ameryce_, „Biblioteka Warszawska", R. 63: 1903, t. 2, z. 1, s. 162,165; L. Orłowski, _Maurycy August Beniowski_, Warszawa 1961, s. 256–257.

[28] W. M. Kozłowski, _Beniowski w Ameryce_, op. cit., s. 162.

[29] Ibid., s. 165.

[30] S. Makowski, _Piękna i niespokojna młodość Maurycego Beniowskiego_, w: M. Beniowski, _Pamiętniki. Fragment konfederacki..._, op. cit., s. 126, przyp. 15.

le", Kajdański nie ma wątpliwości[31]. Bardziej nieprawdopodobne jest to, że po tragicznej szarży w październiku 1779 r. *Hrabia Beniowski został rozpoznany przez umierającego bohatera, uznany jako krewny i spadkobierca*, gdyż jeśli nawet jeździec dotarłby z pośpiechem pod Savannah i *Pułaski miał tę pociechę, że w ostatnich swoich chwilach opiekował się nim współziomek, krewny, przyjaciel, towarzysz konfederat z walk o wspólną sprawę ich wspólnej ojczyzny*[32], byłby to z pewnością Franciszek Serafin, młodszy brat Beniowskiego (zresztą hulaka i utracjusz), który w Stanach Zjednoczonych był już w 1779 i 1780 r. I on zresztą w rozmowie z Wydziałem Wojny Kongresu nazywał ponoć Pułaskiego *bratem przyrodnim — half-brother*, co wydawca dokumentu tłumaczył jako nieudolny przekład *frère d'armes*[33]. Czy rzeczywiście ów *kuzyn* (bo jednak nie *towarzysz broni*) udzielił umierającemu duchowego wsparcia w zastępstwie brata — nie ma i nigdy już nie będzie pewności.

Jakby dalekim echem paralelizmu losów obu bohaterów jest u Kitowicza romantyczna, ale trzeźwo spuentowana wzmianka: *Puławski w amerykańskim wojsku wkrótce tak się wsławił walecznością swoją, że został generałem. Lecz wkrótce przyszła wiadomość, że w jednym ataku, okryty wielą ranami, umarł. Później zaś, że po skończonej wojnie w pojedynku od jednego Anglika zginął. Bądź w ataku, bądź w pojedynku zginął, to pewna, że nie żyje i żadnej o nim więcej wiadomości nie było i nie masz*[34].

* * *

Przedstawione powyżej materiały nie ułatwiają odpowiedzi na stawiane wcześniej pytania o przyczynę skonstatowanego „półgłosu" wspomnień o Pułaskim. Można je sformułować jedynie w trybie przypuszczającym.

Piszących o Pułaskim nie hamowała miłość sponiewieranego do monarchy ani strach przed przywoływaniem postaci wyklętej. Gdyby działał ten mechanizm, byłby to strach bardziej magiczny niż wynikający z zagrożenia realną karą — chociaż w niepowołanych rękach wspomnienia mogły przecież stać się materiałem obciążającym piszącego i jego rodzinę![35] Prędzej można przypuścić, że milczenie mogło być rodzajem odreagowania dotychczasowego zamętu, a także odpowiedzią na

---

[31] Zob. E. Kajdański, *Tajemnica Beniowskiego...*, op. cit., s. 390–381, s. 381, *Kuzniecow zginął w potyczce pod Charleston 12 maja 1779 roku jako dowódca piechoty legionu Pułaskiego, zaledwie parę miesięcy przed śmiercią tego ostatniego*.

[32] Ibid., s. 340.

[33] W. M. Kozłowski, *Beniowski w Ameryce*, op. cit., s. 157–158 (jako list Maurycego Beniowskiego).

[34] J. Kitowicz, *Pamiętniki...*, op. cit., s. 314.

[35] *Z Litwy były wiadomości, że Pułascy mieli niektóre awantaże nad Moskwą, lecz doskonale onych wiedzieć nie można, częścią, że utajono, częścią, że listy przejmowane były, częścią, że pisać nie śmiano* — pisał marszałek Stanisław Lubomirski jeszcze 26 VII 1769 r. (ibid., s. 78). Jeśli tak wyrażał się szef policji, cóż mówić o pośledniejszych obserwatorach w czasach późniejszego marazmu i rządów ambasadorskich!

szybszy niż za konfederacji, może mniej krwawy, ale kto wie, czy nie boleśniejszy jeszcze rozwój wypadków.

Proces królobójców z sensacji dnia rychło stał się tematem przebrzmiałym. Kiedy potencjalni autorzy wspomnień mogli już zdobyć się na dystans wobec kwestii winy bądź niewinności Pułaskiego, musieliby wracać do spraw mało już istotnych w obliczu rozbioru i stopniowej pacyfikacji kraju. Afera z porwaniem króla była stokroć mniej aktualna niż protest Tadeusza Rejtana i nie zasługiwała zapewne na roztrząsanie jej we wspomnieniach szerzej niż w oparciu o znane powszechnie opisy wydarzeń 3 listopada i następnych dni. Kiedy zaś do kraju dotarły nowe wieści o Pułaskim, były to już nekrologi.

Nieobecność Kazimierza Pułaskiego w polskiej literaturze wspomnieniowej jest w gruncie rzeczy pozorna. Należał już do następnej epoki, odwróconej od wspomnień ku czynom — tak jakby na przedpolach Savannah przeskoczył „jałową ziemię" słów — prosto w nieśmiertelność.

Najważniejsze źródła i opracowania

M. Beniowski, *Pamiętniki. Fragment konfederacki*, opr. L. Kukulski i S. Makowski, Warszawa 1967.

E. Kajdański, *Tajemnica Beniowskiego. Odkrycia, intrygi, fałszerstwa*, Warszawa 1994.

J. Kitowicz, *Pamiętniki czyli Historia polska*, opr. P. Matuszewska, komentarz Z. Lewinówna, Warszawa 1971.

W. Konopczyński, *Kazimierz Pułaski. Życiorys*, Kraków 1931.

W. Konopczyński, *Konfederacja barska*, t. 1-2, Warszawa 1991.

W. Konopczyński, *Konfederacja barska. Przegląd źródeł*, Lwów 1934.

T. Konopka, *Historia domu naszego. Raptularz z czasów Stanisława Augusta*, Warszawa 1993.

W. M. Kozłowski, *Beniowski w Ameryce*, „Biblioteka Warszawska", R. 63: 1903, t. 2, z. 1, s. 155-170.

S. Lubomirski, *Pamiętniki*, wyd. W. Konopczyński, Lwów 1925.

J. U. Niemcewicz, *Pamiętniki czasów moich*, t. 1-2, opr. J. Dihm, Warszawa 1957.

L. Orłowski, *Maurycy August Beniowski*, Warszawa 1961.

Pamiętniczek A. Hulewicza konfederata barskiego, opr. K. Pułaski, „Niwa" 1886, z. 271, s. 456-468.

Radom i Bar 1767-1768. Dziennik wojennych działań jenerał-majora Piotra Kreczetnikowa..., przeł. K. Stolnikowicz-Chełmski [Konstanty Podwysocki], Poznań 1874 (Pamiętniki z ośmnastego wieku, t. 14).

L. Siemieński, *Z okolicy podgórskiej*, w: *Dzieła*, t. 1, Warszawa 1881, s. 172-197.

Wojna w Polsce 1770 i 1771 z pamiętników generała Dumourieza, Poznań 1865 (Pamiętniki z ośmnastego wieku, t. 6).

J. Wybicki, *Życie moje oraz Wspomnienie o Andrzeju i Konstancji Zamoyskich*, opr. A. M. Skałkowski, Kraków 1927 (BN I 106).

Z pamiętnika konfederatki księżnej Teofili z Jabłonowskich Sapieżyny (1771-1773), opr. W. Konopczyński, Kraków 1914.

Stanisław Makowski

Kazimierz Pułaski
w romantycznej legendzie literackiej

Legenda Kazimierza Pułaskiego rodziła się i rozwijała równolegle z jego czynami militarnymi w czasie konfederacji barskiej. Jest to w historii fenomen stosunkowo rzadki, ale w tym przypadku poświadczony dostatecznie przez współczesnych, którzy dostrzegli w Pułaskim osobowość wykraczającą poza granice przeciętności. Poeci okresu romantyzmu, dla których konfederacja barska była wydarzeniem jeszcze niezbyt odległym, uznali ją za pierwsze powstanie narodowe i potraktowali jako figurę powstań późniejszych. Odziedziczyli także w sposób naturalny gotową legendę Kazimierza Pułaskiego jako rycerza niezłomnego, walczącego o sprawę wiary i wolności, stanowiącego żywy i aktualny w XIX w. ideał bohatera narodowego.

W pierwszej połowie XIX w. Pułaski był więc stale obecny w domowej i literackiej tradycji. Dziadowie romantyków śpiewali pieśni konfederackie przekazywane ustnie lub zapisane w sylwach domowych. Opowiadali o konfederackich potyczkach, których bohaterem bywał najczęściej Pułaski. Sami zaś romantycy rozpoczęli publikowanie osiemnastowiecznych pamiętników i materiałów historycznych, w których z reguły pojawiali się Pułascy.

Tematyka barska ożywiła się w literaturze polskiej zaraz po klęsce powstania listopadowego, które pod wieloma względami przypominało romantykom konfederację barską. Ta zaś zaczęła im się jawić jako moment przełomowy w historii Polski, jako pierwszy zryw w obronie niepodległości narodowej, który mimo przegranej stworzył wyprowadzoną z wartości wolności szlacheckiej ideę niepodległego bytu narodu. W obrazie konfederacji romantycy wyeksponowali także rozziew między patriotyzmem i aktywnością militarną mas szlacheckich a dyplomatyką i dumnym egoizmem arystokratycznych przywódców, podkreślali wartość narodowej swojskości, którą i wtedy, i w okresie romantyzmu przeciwstawiano wszelkim formom cudzoziemszczyzny. Spojrzeli ponadto na konfederację barską poprzez własne dylematy moralne, społeczne i polityczne. Ponieważ Bar zaczął jawić się jako figura zrywu listopadowego, tematyka barska niejako automatycznie doszła do głosu w twórczości niemalże wszystkich poetów i pisarzy romantycznych, jeżeli nie jawnie i wprost, to podskórnie — jak np. w twórczości związanego z arystokratyczną tradycją Baru Zygmunta Krasińskiego. Spośród wielkich twórców tego okresu właściwie jeden tylko Norwid zachował wobec legendy barskiej oficjalną obojętność.

Tematy barskie podjęli przede wszystkim poeci związani z tradycyjnym środowiskiem szlacheckim i wykreowali w literaturze naszej swojski gatunek gawędy szlacheckiej, czy też tzw. pogadanki kontuszowej, przedstawiającej świat z perspektywy jego szlacheckich bohaterów.

Pierwszeństwo w tym zakresie przypadło Wincentemu Polowi, twórcy *Pieśni Janusza*, których pierwszy tom ukazał się w Paryżu w 1833 r. Tom ten zaczynał się ostentacyjnie gawędą-pieśnią *Konfederat barski*, opowiadającą o tym, jak to na wieść o wybuchu powstania listopadowego stary barżanin Sielawa, zgodnie z rycersko-szlachecką tradycją, wyrusza konno i przy szabli do Warszawy, by znów walczyć o Polskę:

> *Będę radził i pocieszał,*
> *Z procesyją śpiewał,*
> *Łotrów, zdrajców będę wieszał,*
> *A młodych zagrzewał,*
> *I zobaczysz, co to będzie,*
> *Mój sąsiedzie Karski !*
> *Zaraz w mieście hukną wszędzie:*
> *„Konfederat Barski”*[1].

Miano bohatera — *Konfederat Barski* — pisarze pisali na ogół podobnie jak Pol, majuskułą, dla wyrażenia czci i szacunku wobec patriotyzmu uczestników konfederacji.

W traktujących o współczesności *Pieśniach Janusza*, obok bohaterów fikcyjnych, pojawił się od razu Kazimierz Pułaski, dzielny rycerz–szlachcic, stanowiący ucieleśnienie patriotycznych ideałów, przeciwstawiany mniej lub bardziej jawnie arystokratycznym marszałkom i regimentarzom konfederackim.

W utworach Pola konfederacja barska jawiła się bowiem jako ruch szlachecki, a uosabiający go *brat Pułaski* został od razu przeciwstawiony winnym utraty niepodległości przywódcom konfederackim:

> *Kiedy bił się brat Pułaski,*
> *Co tamci robili?*
> *Z Bożej i nie z Bożej łaski*
> *Buty nam uszyli.*

(*Szlachta na winie*, s. 62).

Podobnie przeciwstawiony został Pułaski wszystkiemu, co obce: rosyjskie, pruskie lub francuskie, w tym także królowi i obcej kulturze jego dworu (*Wieczór przy kominie*). Dla szlachty wierzącej nadal jedynie w siłę własnej szabli Pułaski stawał się tu uosobieniem romantycznej straceńczej walki, nie liczącej się z okolicznościami i wielką polityką przywódców (*Szlachta na winie*). Stąd też traktowany był

---

[1] W. Pol, *Pieśni Janusza*, Paryż 1833, s. 20–21. Dalsze odwołania lokalizowano w tekście przy pomocy numeru strony.

przez środowisko szlacheckie równocześnie jako *pan brat* i jako *Pan Hetman*, boć przecież, jak twierdzili gawędziarze *z prawa i miecza był każdy z nas równy* (*Wieczór przy kominie*). Pułaskiego kreował zatem Pol na równego wśród równych, a jednocześnie na niezwykłego wodza i charyzmatycznego obrońcę ojczyzny:

> *Kraj się zalał krwawym potem,*
> *Jak nie stało jego głowy —*

powiada wędrowny dziad-emisariusz (*Dziad z Korony*, s. 90). Pułaski przedstawiany jest więc w gawędzie Pola jako prawdziwy hetman, obrońca niepodległej ojczyzny, odznaczający się rycerską dzielnością i walecznością. Jako rycerz bez skazy jest tu więc przede wszystkim swojski, szlachecki, a równocześnie nieprzeciętny, niemalże idealny. Uosabia te wartości, które były szlachcie barskiej, jak sugeruje Pol, najbliższe: *Polską cnotę, wolność złotą* i *Rzeczpospolitą* (*Wieczór prze kominie*).

Taka kreacja bohatera zapewniała mu popularność wśród czytelników. Przyczyniała się do tego typowa dla legendy tajemniczość — niektórzy twierdzili bowiem, że *Pan Pułaski zniknł bez wieści* (*Dziad z Korony*, s. 90). O patriotyzmie i poświęceniu bohatera oraz jego rodziny pisał podobnie sam autor w komentarzu do wiersza (*Dziad z Korony*), dopełniając wiedzę narratorów informacjami o wydarzeniach, których ci nie mogli być świadkami:

Józef Pułaski z kilku synami był twórcą wiekopomnej Konfederacji Barskiej, którą nazwać można zorzą narodu naszego. Ojciec umarł w więzieniu, łupem zawiści możnych, błogosławiąc ojczyźnie i zaklinając synów, by słuszną za śmierć jego zemstę dobru Rzeczypospolitej poświęcili. Jeden z synów jego Franciszek, umarł w miasteczku Lisku z ran odniesionych w Ziemi Sanockiej[2]; drugi Kazimierz, którego z Czarnieckim porównać by można, bronił do ostatka konającej ojczyzny, a gdy już żadna nie pozostała nadzieja, popłynął do Ameryki i w walce za wolność nowego świata znalazł w bohaterskiej śmierci nagrodę nieskalanego żywota. Amerykanie pomnikiem pamięć jego uczcili (s. 242–243).

Ukazanie bohatera — z perspektywy gawędziarzy jako typowego *Pana brata* i wybawcę ojczyzny (łącznie z różnymi przesądami: *żaden z Pułaskich z pradziada bez szwanku na konia nie siada, Wieczór przy kominie*) — czyniło zeń postać sugestywną, żywą i bliską dziewiętnastowiecznemu odbiorcy. Syntetyczną wizję tej postaci stworzył Pol w jednym ze stukilkudziesięciu obrazków *Szajne-katarynki* (1845), opublikowanej w drugim tomie *Pieśni Janusza* (Lwów, 1863):

Na szkiełku Pułaski z dobytą szablą krzywą w staropolskim stroju — jedzie na czele hufca podobnie ubranego. Muzyka gra Marsz staropolski:

---

[2] W istocie chodzi o jego bratanka, również Franciszka, który zmarł z odniesionych ran w Lesku 16 VIII 1769 r. Syn Franciszek zginął we Włodawie 15 IX 1769 r. (por. w niniejszym tomie S. Górzyński, *Pułascy herbu Ślepowron*, oraz J. Maciejewski, *Początki legendy. Kazimierz Pułaski w okolicznościowej literaturze konfederacji barskiej*).

A to jedzie po błoniu
Pułaski na białym koniu!
A tuż za nim jadą chwaty
Te Barskie Konfederaty!
Których Pan Bóg cnotę zrodził,
Kiedy Polskę wróg nachodził.
Oj, ostatni to ostatni
Polskiej szlachty poczet bratni!
Co kraj zlała krwią poczciwą
I walczyła szablą krzywą,
Ufnem sercem w łaskę Boga
Szła za głosem prawdy z nieba –
Nie pobiła ona wroga,
*Ale legła jak potrzeba*³.

Stworzona przez Pola literacka kreacja postaci Pułaskiego (poświęcenie za ojczyznę) stała się podstawą jednego z głównych wątków jego romantycznej legendy.
Spokrewniona gatunkowo z *Szajne-katarynką* Pola była dedykowana mu *w dowód przyjaźni i cześci Szopka* Teofila Lenartowicza (Wrocław 1849), przedstawia-
jąca postacie historyczne i fikcyjne od czasów króla Lecha po współczesność. We
fragmencie poświęconym czasom barskim Klecha cytuje proroczy uniwersał księdza Marka, Wernyhora pod postacią Kozaka wieszczy, że *Panom* Lachom *dobrze
będzie* (s. 65), a Konfederat przywołuje boje Pułaskiego z Drewiczem:

Ja to jestem, któż mi nie rad,
Ongi Barski Konfederat
Com z Pułaskim Polski bronił,
Za Drewiczem z szablą gonił.
Teraz chodzę po kolędzie,
*Moje dziatki dobrze będzie*⁴.

W pojmowaniu postaci Pułaskiego Lenartowicz poszedł zatem tropem wyznaczonym przez Pola.

Bardziej okazjonalnie i marginalnie niż w *Pieśniach Janusza* Pola pojawił się Kazimierz Pułaski w *Pamiątkach J. Pana Seweryna Soplicy*, pisanych przez Henryka Rzewuskiego w latach 1830–1840, a wydanych po raz pierwszy w latach 1839–1841 w Paryżu.

Gawędowy narrator przedstawia tu Pułaskiego kolejno jako zwycięzcę spod
Lanckorony (!), gdzie *jakby na wiązanie JO. JW. panom, nie zapominając i o nas
szlachcie (...) porządnie był wytłukł Moskwę (Kazanie konfederackie...)* oraz jako
dowódcę obrony Częstochowy, *co zawsze skromnie się nosił (...) a był żartobli-
wym* i urządzał zbrojne wycieczki (*Pan Bielecki*). Wreszcie wspomniany został

---

³ W. Pol, *Pieśń Janusza*, t. II, Lwów 1863, s. 55. Wcześniej *Szajne-katarynka* została opublikowana
w „Orędowniku Naukowym" nr 41 z 10 października 1844 r.

⁴ T. Lenartowicz, *Szopka*, w tegoż: *Poezja*, wstęp. i obj. K. Wojciechowski, Wrocław 1849, s. 66.

jako obrońca obleganego Berdyczowa, *gdzie siedział w forteczce karmelitańskiej jak mysz w pułapce* (*Pawlik*).

Soplica widział w Pułaskim dzielnego, skromnego i wielkodusznego dowódcę skonfederowanej szlachty (*Stanisław Rzewuski, Pawlik*), którego Rosjanie traktowali jako najgroźniejszego wroga i najzacieklej go zwalczali (*Ksiądz Marek*). Pułaski uosabiał w *Pamiątkach...* szlachecki patriotyzm domowy oraz wrodzoną mądrość i szlachetność, stanowiące przeciwwagę dla wszystkiego, co obce. Nie potrzebował więc niczego uczyć się u Dumouriéza (*Pan Wołodkowicz*), ani podporządkowywać się bez reszty jego rozkazom (*Pan Dzierżanowski*). Był samorodnym przywódcą wojskowym i politycznym szlachty. Konsekwentnie deklarował się też jako przeciwnik królobójstwa: *Czy to rzecz słyszana, żeby Polak krwią królewską ręce swoje mazał?* (*Stanisław Rzewuski*). Pod każdym więc względem był postrzegany przez środowisko Soplicy jako *primus inter pares*. Kreacja Rzewuskiego niewiele zatem odbiegała od kreacji postaci stworzonej przez Pola, a dzięki popularności *Pamiątek...* łatwo zakorzeniała się w świadomości społecznej.

Roli takiej nie odegrała już trzytomowa powieść *Listopad* (wyd. 1845), w której Rzewuski przedstawił historię Michała Strawińskiego. W III tomie tej powieści Kazimierz Pułaski pojawił się marginalnie i błędnie jako starosta (a nie starościc!) warecki. Autor przesunął tu Pułaskiego na dalszy plan fabularny, mimo że bohater jawił mu się jako *najdzielniejszy z wodzów konfederacji, gdyż on jeden umiał utworzyć jakąś karność w tłumie złożonym ze szlachty i ich (!) sług domowych* oraz jako *rzeczywisty naczelnik konfederacji barskiej*, którą *obracał według swojej woli*[5] (s. 399, 497), a król uważał go za swego największego przeciwnika i z góry wyłączył go ze swej łaski.

W fabule powieściowej rezydujący w Częstochowie Pułaski został więc przedstawiony jako organizator grupy, która doręczyła królowi pozew Generalności wzywający go do łączenia się z konfederacją, a następnie jako organizator innej grupy, kierowanej przez Łukawskiego, która miała porwać króla i siłą dostarczyć go do Częstochowy, by stanął na czele konfederacji. W tym ostatnim akcie Pułaski dostrzegał bowiem jedyny ratunek dla sprawy, o którą przez trzy lata walczył. Kiedy to się nie udało, ostatnią możliwością ocalenia się bohatera mogła być tylko emigracja do walczącej o niepodległość Ameryki.

Zarysowana enigmatycznie w *Pamiątkach Soplicy* sylwetka Pułaskiego została w *Listopadzie* wzbogacona o rolę realizatora pomysłu Generalności złączenia króla z konfederacją.

* * *

Na podobnej gawędowej zasadzie wprowadził tradycję barską Adam Mickiewicz do *Pana Tadeusza* (1834). W świecie przedstawionym poematu żyje jesz-

---

[5] H. Rzewuski, *Listopad*, Kraków 1923, s. 399, 497.

cze uczestniczący w konfederacji barskiej stary Maciek Dobrzyński, zachowujący w swoim sposobie myślenia i działania ducha barskiego. Konfederackiego hasła *Jezus, Maryja!* używa w czasie bitwy z Moskalami również Kropiciel (Ks. IX, w. 438). Podobnie więc jak u Pola *konfederacja barska jest w Panu Tadeuszu odległym epizodem biografii bohaterów i szacowną tradycją narodową*[6].

Poeta nie usiłował zatem rekonstruować tutaj jej dziejów i przywoływać bohaterów historycznych. Pułaski więc — czy też Pułascy — zjawiają się zatem jedynie we wspomnieniu starego Maćka jako reprezentanci wartości domowych i narodowych tradycji barskiego patriotyzmu, przeciwstawiający się ostro wszystkiemu, co obce:

> *Pamiętam, że Pułascy, moi przyjaciele*
> *Mawiali, poglądając na Dymuryjera,*
> *Że dla Polski polskiego trzeba bohatera,*
> *Nie Francuza ani też Włocha, ale Piasta*
> *Jana albo Józefa, lub Maćka — i basta.*

(Ks. XII, w. 381–385)

Maciek podziela oczywiście przekonania Pułaskich. Podobnie jak oni — chociaż tego nie ujawnia — uważa za najważniejszą wartość oraz warunek zwycięstwa nad wrogiem religię i religijność katolicką. Z generałem Dąbrowskim dzieli się więc refleksją:

> *„A muszą też być z wami Turki czy Tatary*
> *Czy syzmatyki, co ni Boga, ani wiary:*
> *Sam widziałem, kobiety w wioskach napastują,*
> *Przechodniów odzierają, kościoły rabują!*
> *Cesarz idzie do Moskwy! daleka to droga,*
> *Jeśli Cesarz Jegomość wybrał się bez Boga!*
> *Słyszałem, że już popadł pod klątwy biskupie;*
> *Wszystko to jest..."* Tu *Maciej chleb umoczył w supie*
> *jedząc nie dokończył ostatniego słowa.*

(Ks. XII, w. 390–398).

Pułascy i tradycja barska stają się w *Panu Tadeuszu* elementem opozycji wobec wszystkiego, co cywilizacyjnie i etnicznie obce, a reprezentantem tej postawy jest tu *przyjaciel Pułaskich*, Maciek nad Maćkami.

Bohaterem działającym stał się Kazimierz Pułaski dopiero w dramacie Mickiewicza *Konfederaci barscy* (1836). Z utworu tego, napisanego po francusku, a więc z myślą o obcym odbiorcy, zachowały się dwa pierwsze akty, przedstawiające sytuację przed zajęciem Krakowa przez konfederatów.

---

[6] Z. Stefanowska, *Konfederaci barscy w twórczości Mickiewicza*, w: *Przemiany tradycji barskiej*, Kraków 1972, s. 167.

Historię, topografię i przekazy o Pułaskim Mickiewicz potraktował dość swobodnie. Nie o ścisłość faktów mu chodziło, ale o przedstawienie na przykładzie wydarzeń barskich charakterystycznych cech polskich dziejów oraz sytuacji Polski współczesnej, a także o ukazanie istoty polskiej odrębności etnicznej, polskiego charakteru czy też polskiego ducha narodowego. Uosobieniem cech owej polskości uczynił poeta cieszącego się sławą pierwszego konfederata Kazimierza Pułaskiego.

Poeta znał oczywiście z różnych przekazów jego czyny, znał otoczoną legendą biografię. Wiedział coś o jego prawdziwej czy rzekomej miłości do Franciszki Krasińskiej, księżny kurlandzkiej, o pobycie młodego Kazimierza na dworze Krasińskich w Maleszycach na Podkarpaciu, ale wiedzę tę swobodnie transponował na własne, kreowane w dramacie osoby i wątki, podporządkowywał ją własnym wyobrażeniom i przekonaniom.

Akcję dramatu umieścił w 1772 r., kontaminując dwa wydarzenia z działań konfederackich w Krakowie: wejście Kazimierza Pułaskiego do miasta latem 1770 r. oraz zajęcie Wawelu w lutym 1772 r. przez konfederacki oddział francuski pod dowództwem majora de Choisy.

Głównym bohaterem dramatu – mimo pozorów – jest tu oczywiście Kazimierz Pułaski. W akcie I znajduje się poza sceną. Pozostaje jednak centralnym punktem zainteresowań zarówno rosyjskiego generała–gubernatora, jak i krakowskiego Wojewody oraz jego córki Hrabiny. W kreacji tych ostatnich osób odzywają się pogłosy związków emocjonalnych Pułaskiego z domem Krasińskich, zwłaszcza z Franciszką Krasińską. Wątek ten i postacie są tu oczywiście wzbogacone o własne doświadczenia poety. Hrabina nosi bowiem imię Karoliny Sobańskiej, rosyjski doktor przypomina Boszniaka, Generał – de Witte'a[7].

Na czym zatem polega Mickiewiczowska kreacja Pułaskiego? W wykazie osób dramatu poeta określił go enigmatycznie: *Kazimierz Pułaski, wódz konfederatów barskich. Młody człowiek, lat trzydzieści*[8]. W prezentacji tej wyeksponowana została kategoria młodości i wodzostwa. Łącząc te dwie cechy, Pułaski pojawia się tu od razu jako osobowość nieprzeciętna, uosabiająca romantyczny ideał genialnej młodości, zdolnej do ruszenia *z posad bryły świata*.

Jako zaś dowódca wojskowy jest *dzielnym kawalerzystą* (s. 354), działającym przez *emisariuszy* (s. 349), zarażającym społeczeństwo polskie ideałami niepodległościowymi (*choroba na Pułaskiego*, s. 375). W działaniach jest *niezmożony jak Polska cała* (s. 300), zagrażający na każdym kroku Rosjanom, a równocześnie zręcznie się im wymykający. Ogłaszane co pewien czas przez Rosjan informacje o jego śmierci powodują, że Pułaski występuje również jako ktoś, kto jest wiecznie

---

[7] W. Hahn, *Konfederaci barscy A. Mickiewicza*, w uzupełnieniu Tomasza Olizarowskiego, „Pamiętnik Literacki" 1948, s. 418–428.

[8] A. Mickiewicz, *Dzieła*, t. III, Warszawa 1995, s. 347. Dalsza lokalizacja w tekście przy pomocy numeru strony tegoż wydania.

żywy lub mogący odradzać się wciąż na nowo. Tak przedstawia się ów konfederat w rozmowach przedstawicieli społeczności krakowskiej w akcie I. Mówi się więc o nim jako o fascynującym uosobieniu ideałów i programu konfederacji barskiej utożsamianej z istotą polskości. Pułaski staje się tu mitem patriotycznym, snem o niepodległości, a dla Hrabiny również snem o pierwszej miłości (s. 363). Pozostaje jednak poza sceną.

Wchodzi na nią dopiero w akcie II ubrany w *strój konfederacki*, wyposażony w strzelbę, szablę i pistolety (s. 388) — i wbrew historii — jako *syn pierworodny gór* Krępaku. Związanie dzieciństwa Pułaskiego z Karpatami pozwoliło poecie wydobyć biologiczne i emocjonalne przywiązanie postaci do miejsca urodzenia, stanowiącego źródło i uzasadnienie działań w jego obronie, zapewniającego niezbędną wiedzę topograficzną: *Plan [działania] wyryty jest na moich piętach, znam tu każdy kamień* (s. 394) — mówi w pewnym momencie bohater.

Ta zakodowana przez rdzennie polską ziemię (Tatry, Kraków) strategia działania (Pułaski dystansuje się wobec kresowej Litwy i Ukrainy, s. 389), nie wymagająca żadnych dodatkowych kalkulacji, staje się też jedną z głównych cech bohatera. Wszelkie plany i obrachunki okazują się zbędne w momencie, gdy bohater powraca do *kraju lat dziecinnych*, staje znowu na ziemi, gdzie przeżył pierwsze uniesienia i zawody miłosne (s. 392), gdy bezpośrednio, fizycznie odczuwa przywiązanie do niej, a sprawa obrony jej niepodległości staje się rzeczywiście aktualna. W tej sytuacji wystarcza mu wielkość idei, której służy i bezgraniczne jej oddanie.

Pułaski przygotowuje się zatem do wzięcia Krakowa bez żadnego planu i militarnego zabezpieczenia. Wystarcza mu ziemia rodzinna, idea niepodległościowa oraz istnienie proroka, który wprowadzi tę ideę do świadomości *rzesz ludzi*, poruszy naród.

Za jednym moim tupnięciem — mówi Pułaski — *z łona tych skał wytrysną potoki wojowników. A wy, Ojcze Marku, to cała armia. Niech tylko w Krakowie zabrzmi wasz głos jak dzwon alarmowy, głos który wstrząsał nieraz całymi rzeszami ludzi. (...) Co do Krakowian, oni was czczą jak świętego... możecie ich poruszyć jednym słowem* (s. 396–397).

Wódz konfederatów traktuje proroctwa księdza Marka jako gwarancję zwycięstwa, jako niezawodną wizję tego, co się rzeczywiście stanie: *Proroctwo Księdza Marka jest równie niezawodne jak moja szabla, a Ksiądz Marek powiedział nam, że padniemy w walce o tę samą, sprawę zwycięską!* (s. 391).

Proroctwo ma zatem charakter romantyczny. Mówi bowiem, że zwycięstwo sprawy wymaga krwawej ofiary. Proroctwo to Pułaski gotów jest bez wahania wypełnić (s. 409). Wyznaje przecież — podobnie jak w ujęciu Pola — romantyczne przekonanie o konieczności złożenia ofiary z życia w celu odzyskania niepodległości. Mickiewicz kreuje go tutaj na typowego romantycznego straceńca, bez wewnętrznych dylematów i rozdarć. Bardziej trzeźwym kalkulatorem w tej mierze okazuje się nawet ksiądz Marek:

Pułaski, opanuj się! Na Boga żywego, potrzeba nam całej przytomności umysłu, całej zimnej krwi. Tu nie idzie o naszą czczą sławę, tu idzie o sprawę naszą (s. 399).

Pułaski pozostaje jednak sobą. Nie przyjmuje napomnień proroka, odrzuca również *przeklęte rachuby strategiczne* majora de Choisy (s. 398). Dlatego też zdegustowanemu Polską Francuzowi jawi się jako *prawdziwy Polak*, z którym nie można mówić o cyfrach (s. 393). Ale tak właśnie usiłował wykreować go Mickiewicz, aby pokazać cudzoziemcom istotę polskiego ducha i charakteru. Do tego dodawał odpowiednie cechy fizyczne: *rosły i przystojny* (s. 363) i — być może — przypisywał mu również odkrytą przez rosyjskiego doktora, typową cechę polskiego szlachcica, którego prawa ręka jest *mięsistsza i dwa cale dłuższa niż lewa* (s. 377), co miało być rezultatem *robienia szablą* już od urodzenia.

W podobne cechy wyposażył również Wojewodę, zdystansowanego wobec cywilizacji zachodniej *barbarzyńcę* (s. 405) oraz innych Polaków. Podkreślał ich samorodność, niepowtarzalność narodową, a więc odmienność od narodów Zachodu i tę odmienność bez zastrzeżeń akceptował. Podobnie jawił się Pułaski również majorowi de Choisy:

Tak, wyście zawsze ci sami. Tak, tacy, o jakich marzyłem — bo już samo imię Polaka jawiło mi się z kitą, lancą i szablą. Tak, każdy z was z osobna jest olbrzymem. Wiem o tym, ale wzięci razem jesteście tylko karłem (s. 391).

Tak starał się Mickiewicz przedstawić *wodza konfederacji barskiej*, Pułaskiego — jako jednostkowego *olbrzyma* o *szaleńczych* cechach charakteru, wyznającego romantyczny system niewzruszonych wartości, realizującego romantyczną postawę idącego w bój straceńca.

W 1864 r. Tomasz August Olizarowski dopisał wierszem dalsze trzy akty dramatu. Na czoło wysunął postać Hrabiny pełnej rozterek moralnych (opuszczenie męża, konflikt z ojcem) i politycznych (kontakty z rosyjskim generałem), pragnąc w ten sposób zdynamizować monolityczne postacie Mickiewicza. Rozpacz z powodu beznadziejnej sytuacji militarnej przeżywa tu również pozostający na marginesie głównych wydarzeń dramatu Pułaski. Zabiegi te nie wniosły jednak nic nowego do Mickiewiczowskiej kreacji tej postaci. Francuski tekst Mickiewicza ukazał się w Paryżu dopiero w 1867 r. (*Drames polonais*). Na kształtowanie się legendy romantycznej nie miał więc żadnego wpływu.

Analogicznie wyglądała również sprawa z innym francuskim dramatem Mickiewicza, wskrzeszającym we wspomnieniu starego szlachcica osobę *Pułaskiego o sokolim oku i piersi lwa*, mianowicie z *Jakubem Jasińskim* (1836).

O konfederacji barskiej oraz jej przeciętnych–nieprzeciętnych bohaterach, nie zaś o jej marszałkach i Generalności — mówił Mickiewicz w Collège de France 15 i 18 lutego 1842 r. W drugim wykładzie podkreślał, że konfederacja *wywracała (...) polityczną budowę starodawnej Polski, zwiastowała Polskę nową*, zaś *Postacie bohaterów konfederacji mają w sobie coś romansowego, coś co przypomina bohaterów* Iliady *i rycerzy średnich wieków*[9].

---

[9] A. Mickiewicz, *Dzieła*, t. X, Warszawa 1955, s. 181. Dalsza lokalizacja w tekście przy pomocy numeru strony.

Dzierżanowski, Pułaski, Sawa i tylu innych — mówił poeta — *dokonywali również czynów, które mogą dostarczyć obfitych tematów dla romansopisarzy. Najznakomitszym z nich wszystkich jest niezaprzeczalnie młody Kazimierz Pułaski. Po całorocznych walkach pozostawał sam jeden z całej licznej rodziny. Stary jego ojciec zmarł w więzieniu, podejrzewany nawet przez konfederatów; bracia jego i krewny zginęli również w więzieniu lub na polu bitwy. On jeden walczy dalej. Zewsząd tropiony i ścigany, w lecie wojuje na Podolu, pod Kijowem, na stepach ukraińskich, zimą kryje się w Karpatach, a wówczas spada na Prusy Królewskie, obydwa pochody trudne do pojęcia według dzisiejszych zasad sztuki wojennej, przebiega czasem po 40, 50 mil na dobę* (s. 182).

I dalej:

Kiedy Pułaskiemu chciano dać amnestię, a nawet obiecywano wycofać wojska rosyjskie z Polski, odpowiedział, że wówczas pójdzie bić Moskali w Rosji; miał on postanowienie nie tylko oswobodzić ojczyznę, ale także skruszyć państwo, które rozwój jej krępowało (s. 185).

W jednej z licznych utarczek, jakie stoczono, wołano na Pułaskiego, aby uchodził. On w pojedynkę rzucił się na wroga; został wprawdzie wzięty do niewoli, ale też przed bitwą wszyscy ludzie rozsądni i ostrożni opuścili tego wodza oskarżonego o fanatyzm (s. 187).

Mickiewicz, jak widać, ukazywał postać Pułaskiego w sposób romantyczny jako samotnego, *czcigodnego* (s. 187) bohatera, fanatycznego zapaleńca walczącego niezmordowanie nie tylko o niepodległość własnej ojczyzny, ale także o zniweczenie wewnętrznego i zewnętrznego systemu politycznego. Pułaski stawał się w myśleniu Mickiewicza uosobieniem idei konfederacji barskiej, *starożytnej idei polskiej, idei szlachetności, poświęcenia się i zapału, która odrzuca wszelkie rachuby i łamie wszelkie trudności. (...) staje się (...) ideą narodową, ogarnia cały obszar kraju* (s. 186). W Pułaskim poeta widział także uosobienie konfederacji barskiej jako powodującej się ideowym fanatyzmem rewolucji republikańskiej, zmierzającej do rozbicia sąsiednich monarchii: Rosji i Prus, a więc do gruntownych zmian układu politycznego Europy.

Kreował więc Pułaskiego jako poświęcającego się za naród, służącego bez reszty idei niepodległości, samotnego *szaleńca*, który w każdej chwili gotów jest dla zwycięstwa tej idei złożyć ofiarę z własnego życia. W ten sposób Pułaski stawał się nieodrodnym bratem obydwu Mickiewiczowskich Konradów, a więc typowym bohaterem romantycznym.

* * *

Inny wariant romantycznej legendy Pułaskiego stworzył Juliusz Słowacki. W świadomości twórczej poety postać ta pojawiła się dość późno, bo dopiero w okresie pisania *Księdza Marka* (1843) i tzw. Redakcji C *Beniowskiego* (1845–1846). Być może, inspirującą rolę w tym zakresie odegrały wykłady Mickiewicza, na które Słowacki uczęszczał, choć trzeba zauważyć, że imię Pułaskiego, ulubione i eksploatowane przez poetę już od czasów *Króla Ladawy* (1832) nadał w 1840 r. tytułowemu bohaterowi dygresyjnego poematu Beniowskiemu. Ten zaś, występując często w poemacie jako *Pan Kazimierz*, mógł sprawiać wrażenie, że jest starościcem wareckim, a nie *ubogim szlachcicem* z Podola. W towianistycznym dramacie *Ksiądz Marek* powoływał Słowacki do życia dwu Pułaskich: ojca i syna.

Starosta warecki wystąpił w akcie I jako *Pan Regimentarz Pułaski z manifestem w ręku*, w którym ogłasza konfederację mającą charakter *nowej ludów kalwarii* (a. I, w. 245)[10], a więc związku, który ma powtórzyć ofiarę Chrystusa, konieczną dla odzyskania ojczyzny i ocalenia *ludów*. Stary Pułaski dostrzega zatem metafizyczny sens rozpoczętego dzieła. Jest także radykalnym przeciwnikiem arystokratycznego marszałka konfederacji, Michała Krasińskiego i całej magnaterii, *co krew złopie, /Ludu wnętrzności wyjada/ I złoto skrwawione chowa* (a. I, w. 206–208), w konfederacji zaś uchyla się od walki i złożenia ofiary życia; liczy bowiem na pomoc turecką, sądząc mylnie, *że wola nieśmiertelnego chowa nas na większe czyny* (a. I, w 283–284). W Pułaskich dostrzegał zatem Słowacki uosobienie szlacheckiego nurtu konfederacji oraz postacie, które rozumieją boski plan walk konfederackich.

Kazimierz Pułaski pojawił się tu w finalnej części III aktu. Przybywa do zajętego przez Rosjan Baru jako parlamentariusz konfederackiego pułku, przychodzącego po księdza Marka. Występuje jako dowódca partyzanckiego oddziału rekwirującego moskiewskie posiłki i aresztującego znaczniejsze osoby (m.in. żonę i dzieci Kreczetnikowa, a. III, w. 421–434). W Barze Pułaski jest świadkiem towianistycznych objawień księdza Marka o *duchu ogromnym, duchu stróżu i patronie* ojczyzny, który *podnosi całe stworzenie* na wyższy poziom doskonałości (a. III, w. 671–688). Kazimierza Pułaskiego kreował tu zatem poeta na jedynego właściwie bohatera, który rozumie sens proroctw księdza Marka i jego posłannictwo, a po śmierci księdza staje się jego spadkobiercą, nowym wieszczem, a więc zapowiadanym przez księdza Marka duchem wielkim i przewodnim, który może objawić zebranym: *Wszyscy, wszyscy zmartwychwstaniem! /Wszelki duch!* (a. III, w. 727–729).

Pułaski Słowackiego zdaje więc sobie sprawę, że walka zbrojna o niepodległą Polskę ma wymiar metafizyczny, że jest wyrazem przemian dokonujących się w świecie ducha i realizacją jego tajemnych celów na ziemi. Podobnie jak ksiądz Marek jest świadom, że:

> *Pan niebios pragnie,*
>
> *Aby tu dwie były moce:*
>
> *Jedna, która ciałem nagnie;*
>
> *Druga, co duchem podniesie*
>
> *I ukorzy w imię Pana*
>
> (a. III, w. 559–563)

---

[10] J. Słowacki, *Dzieła*, t. IX, Wrocław 1959. Według tego wydania lokalizacja w tekście przy pomocy numeru pieśni i wiersza.

Jedynie fizyczna męka ciał może podnieść na świecie jakość duchów. Pułaski rozumie zatem świat w sposób towianistyczny. Ta wieszcza i rozumiejąca świadomość została przeciwstawiona prostemu pojmowaniu otoczenia, nie wykraczającemu poza materialny kształt świata. Pułaski o rysach towianistycznego wielkiego ducha zamyka więc ten propagandowy dramat ujawniającą istotę konfederackich ofiar refleksją:

> *Ten lud, widzę, wszędzie chory,*
> *Wszędy, gdzie oczyma skinie,*
> *Widzi ogień i upiory;*
> *A ja wszędy w tej krainie*
> *Widzę jedną wielką bliznę*
> *Jedną moją cierpiącą ojczyznę!*

Jak zatem widać, postacie obydwu Pułaskich zostały w *Księdzu Marku* wyposażone w świadomość towianistyczną. Na tle innych postaci zostały więc dowartościowane, a na tle innych wątków romantycznej legendy potraktowane oryginalnie.

Do *Beniowskiego*, podobnie jak do *Księdza Marka*, Słowacki wprowadził najpierw, bo już w 1840 r., postać Józefa Pułaskiego, prowadzącego — oczywiście wbrew tekstom historycznym — artyleryjską obronę Baru:

> *Tam jakiś starzec stanął na okopach,*
> *Wzniósł ręką, czapkę przekręcił na ucho –*
> *I działa jak psy legły mu przy stopach;*
> *On je pogładził i szczekały głucho.*
> *Kule gruchnęły po moskiewskich chłopach;*
> *Szczęsny, któremu to uszło na sucho,*
> *Że pan Pułaski jurysta ma ferie,*
> *I zamiast pisać akt — stawia baterie.*

(p. III w. 177 – 184)[11]

Kazimierz Pułaski pojawił się natomiast we fragmentach poematu z 1845 r., a więc we fragmentach nacechowanych już wyraźnie genezyjskim pojmowaniem świata i wydaje się, że poeta chciał właśnie Pułaskim zastąpić Beniowskiego, przedstawiciela barskiej Polski szlacheckiej, który nie mógł stać się *nowym duchem*. Na bohatera prawdziwej *wojny Bożej* (VIII C 149–156) wybrany więc został nowy *rycerz wielkiej źrenicy błękitnej*, o darze prorokowania, rozumiejący duchową istotę świata. Takim tajemniczym bohaterem o cechach anielskich — choć nie dostrzeganych jeszcze przez otoczenie — okazał się Pułaski w zajętej przez konfederatów Ladawie:

> *Pułaski, który w szarej się czamarce*
> *Po salach włóczył, a czasem przez wonny*

---

[11] Ibid., t. III. Dalsze lokalizacje w tekście przy pomocy numeru pieśni i wiersza.

> *Kłąb lip... wyprawiał na swym koniu harce*
> *Jakoby młody srebrny anioł konny,*
> *Gdy pod lipami stały chłopy starce,*
> *Kiwając łbami, będąc jednotonny*
> *W rozmowie, wśród bab stał zawsze z daleka*

(p. VI C, w. 57-64)

Otoczenie ogląda go zatem zawsze tak, jak przedstawiał go w pamiętnikach np. Kitowicz[12]. Na początku pieśni, kiedy z Ladawy zniknęli

> *Pani Sybilla z księciem (...) Luborem, (...)*
> *Więc żart powiedział nie lada*
> *Kazimierz Pułaski — że ucho do ziemi*
> *Po wojskowemu przyłożyć wypada*
> *I słuchać... Na co księżna [-nie dostrzegając ironii-]*
> *rzekła sucho,*
> *Aby przyłożył do księżyca ucho –*
> *Bo pewnie na nim są...*

(p. VIII C, w. 12-17)

Poeta ciągle podkreślał tutaj, że między świadomością wieszczą Pułaskiego i świadomością szlachty, na której pragnie oprzeć swoje plany, istnieje ogromny rozziew:

> *Jemu już w oczach gdzieś karpacka zima*
> *Srebrna, bez dachu i nawet bez płota,*
> *Jednymi tylko sztandarami złota*
> *I ukwiecona — świeci się... a oni*
> *O powieszeniu Żyda — radzą z boku..*

(p. VIII C, w. 124-128)

Dla poety ważne stają się tutaj już *anielskie* i *orle* cechy tej postaci, a więc jej właściwości genezyjskie. Przeanielony Pułaski ma bowiem objawić, jak się wydaje, że w konfederacji *nie o to chodzi, / Aby wypędzić króla i Moskala* (p. VIII C, w. 183-195), ale o to, by zrealizować genezyjski, duchowy plan świata — zaktywizowanie i podniesienie przez konfederackie boje na wyższy poziom doskonałości narodowego ducha. Wydaje się, że to właśnie Kazimierz Pułaski wypowiada cytowany niżej fragment tekstu i jak sam poeta miewa *straszne wizje* ujawniające *decyzje* Niebios (p. VIII C, w. 183-195), co szlachta traktuje jako rezultat *wielkiej choroby* (epilepsji), *boleści reumatycznych*, czy też wynik otrzymanej pod Winnicą rany.

---

[12] *Był wielce wstrzemięźliwy tak od pijaństwa, jak od kobiet. Zabawy jego najmilsze były w czasie od nieprzyjaciela wolnym ćwiczenie się w strzelaniu z ręcznej broni, pasować się z kim tęgim, na koniu różnych sztuk dokazywać, a w karty grać po całych nocach*, J. Kitowicz, *O Pułaskim i Szycu*, „Tygodnik Literacki", nr 19 z 5 sierpnia 1839.

Świadomość własnej jakości ducha i objawiania się podobnych mocy duchowych wśród innych konfederatów ma tu oczywiście sam bohater. On to z pewnością mówi do Joachima Potockiego:

> Ale u nas obu... jakiś nieśmiertelny
> Grzmot słychać, duszę jakąś doskonałą,
> Która jak rycerz postępuje dzielny;
> Gdzie trzeba, i wnet ubiera się w ciało;
> A że my straszni, to Bóg wie piekielny,
> Bo zawsze na wspak stawia swoje działo
> I wichrem strasznym obu nas rozdziela
> I w oczy garścią nam piorunów strzela,
> Gdy chcemy naprzód.

> (p. VIII C, 103–111)

Pułaski staje się więc tutaj jednym z duchów przewodnich, czy wręcz może pierwszym duchem w narodzie, który łączy zbiorowość narodową w jeden klucz żurawi do walki z wrogiem. Tak właśnie przedstawił go poeta w luźnym fragmencie, wiążącym się w tzw. redakcją C poematu:

> Czamarkę jego znano aż za Donem,
> O szabli jego gadano w Dywanie;
> Komendy jego posłyszanym tonem
> Zaczęli gadać już Wielkopolanie.
> On, jak kometa – grzywiasty szwadronem
> Był wszędzie... a gdzie on – było powstanie.
> Kłaniało mu się chłopstwo, Żydy, zboże
> Dziwnie – serdeczna miłość tyle może.
>
> Gdzie ona wstanie, a rządzić zaczyna,
> Nic tam oporu – próżnego nie stawi
> Nic nie pnie wyżej – wszystko się ugina,
> Wszystko szykuje – w jeden klucz żurawi,
> Wszystko krzyż bierze, a mąk nie przeklina,
> Ale cierpieniom własnym błogosławi.
> Taki był ów duch – półludzki i boski
> Pierwszy – narodu anioł Kościuszkowski.

Z towianistycznego wizjonera, z dzielnego barskiego dowódcy Pułaski został tu przekształcony w półboskiego, wykraczającego w przyszłość pierwszego anioła kościuszkowskiego — czyli narodowego Króla–Ducha.

Kiedy zaś poeta zaczynał pisać *Iliadę barską*, a więc epos o Polakach walczących o Sprawę Bożą (*co bili się za imię Twoje*), to na głównego bohatera wybierał nie Wernyhorę – jak sądził Kleiner[13], lecz właśnie Pułaskiego, który z perspektywy czasu pojawił się jako *słońce krwią czerwone*, a więc idący przez krew pola bitew naczelny duch narodu:

> *I na Podolu dotąd lud wspomina*
> *Na białym koniu jednego człowieka,*
> *Co razem jako upiór i mgła sina*
> *Jawił się oczom... tęczowym z daleka,*
> *A teraz jaśniej coraz bić zaczyna*
> *W oczy zdziwione... jak od tarczy Greka*
> *Homerycznego... słońce krwią czerwone,*
> *Przez wieki naszym oczom odstrzelone.*
> *Pozwól, o Panie, niechajże ja w sobie*
> *Odczuję... ludzi tych wielkich uczucie*
> *I niechaj rymem maleńkim zarobię*
> *Pomiędzy nimi mieć pośmiertne życie...*

* * *

Szczególną rolę odegrała postać Kazimierza Pułaskiego w życiu i twórczości Konstantego Gaszyńskiego, wychowanego w szlacheckich tradycjach konfederacji barskiej. W jego warszawskim pokoiku, jak pisał pierwszy biograf poety, *nad wezgłowiem wisiał krzyż i stara szabla, a pod nią wizerunek Kazimierza Pułaskiego. Gaszyński szczególną czcią pamięć tego bohatera otaczał. Szablę tę nawet od niego wywodził*[14].

Zaprzyjaźniony z Zygmuntem Krasińskim, którego namawiał do podjęcia tematyki barskiej[15], dzielił się z nim własnymi projektami twórczymi. Krasiński tematów barskich oczywiście jawnie nie podjął, ale w liście do przyjaciela z 1843 r. przedstawił własne refleksje o Kazimierzu Pułaskim:

Od dawna ty już marzysz o Kazimierzu Pułaskim. Pamiętam, ukochany to był zawżdy bohatyr Twego serca i w istocie homeryczna to figura. Można by w pierś mu włożyć wszystkie teraźniejsze przeczucia i gorzki żal pochodzący z wiedzy, że te proroctwa Markowe nie za dni jego spełnić się mają, choć pewno się spełnią; zupełnie jak u Achillesa, który wie, że Troja upadnie, ale też wie, że sam przed jej upadkiem zginie, a pragnie tak z całej duszy zwycięstwa i Trojan zaguby! Oto byłby prawdziwy zarys tragiczny w Pułaskim. Pamiętaj też, że się całe życie kochał szalenie w tej Krasińskiej, co była za Karolem Saskim i chciał ją osadzić na tronie. Ta miłość była mu bodźcem indywidualnym. Koniecznie trzeba by naszej epoki myśli i przeświadczenia wetknąć mu w serce na to, by żywotną był figurą, nie tylko historyczno–rzetelną, ale i duchowo–prawdziwą! Przeszłość albowiem tym żyje, rośnie, nie umiera, że od każdej teraźniejszości

---

[13] Por. J. Słowacki, *Beniowski*, opr. J. Kleiner, Wrocław 1949, s. 461.

[14] S. E. Koźmian, *Żywot i pisma Konstantego Gaszyńskiego...*, „Roczniki Towarzystwa Przyjaciół Nauk w Poznaniu" 1872, t. VII, s. 89.

[15] Por. Z. Krasiński, *List do Gaszyńskiego z 6 czerwca 1837 r.*, w: *Listy do Konstantego Gaszyńskiego*. opr. Z. Sudolski, Warszawa 1971, s. 163–164.

nowej krwi do żył zastygłych dostaje. To jest, co stanowi następne wskrzeszenie umarłych przez żywych, na tym zależy umysłowe zmartwychwstanie tych, którzy przeminęli, a potęgą, co im w oczach ludzkich życie wraca, jest poezja... [16].

Krasiński przedstawił tu nie tylko Pułaskiego jako postać tragiczną i żywą, ale także wyłożył jeden z romantycznych wariantów tragizmu oraz wyjaśnił istotę poezji romantycznej jako wskrzesicielki i ożywicielki zmarłych.

List ten był także określoną propozycją dla Gaszyńskiego, który jednak nie w pełni chciał i potrafił ją zrealizować. Jak wynika bowiem z poświęconych Pułaskiemu utworów, Gaszyńskiemu obce było tragiczne rozumienie losów i egzystencji barskiego bohatera. Dlatego też w stworzonej w 1845 r. znakomitej balladzie *Kazimierz Pułaski* (wyd. 1856) wykreował bohatera tak, jak przekazała go domowa szlachecka tradycja — bez wewnętrznych rozdarć i naddatku świadomości romantycznej.

Gaszyński widział zatem w Pułaskim *bohatyra barskich szyków, Ajaksa polskich wojowników* [17], a więc najdzielniejszego i najmężniejszego z barżan, jedynego, który ucieleśnia patriotyczne ideały konfederacji barskiej, a więc owego *ducha naddziadów*. Widział w nim serce *silne męstwem i wiarą gorące*, a więc niezłomnego żołnierza i dowódcę własnego oddziału (trzystu jeźdźców). Oddział ten Pułaski potrafił odrodzić po każdej klęsce, wierząc niezłomnie w to, *że przegoni het za Wołgę najeźdźców tysiące*. Pułaski Gaszyńskiego nie zadawał sobie natomiast pytania, czy zwycięstwo sprawy będzie wymagało ofiary jego życia. Po prostu wierzył w nie i walczył, łącząc własne męstwo niewątpliwym wsparciem Królowej Niebios. Dlatego też jego bojowym zawołaniem staje się tu: *Vivat Sancta Mater Dei*, a modlitwą: *Salvavisti nos coeli Regina*.

Dla nadania splendoru i nieprzeciętnego wymiaru *młodemu wojakowi na białym rumaku*, zapożyczonemu w pomyśle z wierszowanych gawęd Wincentego Pola, Gaszyński prezentował go jako wystrojonego po królewsku hetmana. Główny jednakże nacisk kładł na jego walory i sławę rycerską:

> *Lecz choć wiekiem młodociany*
> *Choć wytwornie tak ubrany,*
> *Dzielny wódz to i rębacz nie lada!*
> *Przy ataku pierwszy w rocie —*
> *A ostatni przy odwrocie —*
> *Tak głos o nim powszechny powiada!*
>
> (s. 149)

Pułaski słynie więc od Krakowa po Litwę i od Ukrainy po Warszawę. Kreując postać bohatera według tego, *co głos o nim powszechny powiada*, Gaszyński

---

[16] Ibid., s. 279–280.

[17] K. Gaszyński, *Poezje*, Paryż 1856, s. 142. Dalsza lokalizacja w tekście przy pomocy numeru strony tegoż wydania.

zdecydował się w następnym utworze o Pułaskim przekazać głos przedstawicielowi owej szlacheckiej powszechności, rotmistrzowi Maciejowi Rogowskiemu, tworząc w ten sposób jedną z najlepszych *pogadanek kontuszowych* o Pułaskim, znaną jako *Reszty pamiętników Macieja Rogowskiego rotmistrza konfederacji barskiej* (Paryż 1847).

Z perspektywy szlacheckiego narratora Pułaski został przedstawiony, podobnie jak w wierszu, jako jedyny prawdziwy reprezentant ideałów konfederacji barskiej. I chociaż ów fikcyjny pamiętnikarz opowiada o ostatnich latach życia bohatera, jego latach *egzulanckich*, to jednak ważne są tu nie tyle wygnańcze perypetie i emigracyjne dokonania bohatera, co jego czyny z okresu walk konfederackich w Polsce. Bohater jednak, podobnie jak narrator, wystylizowany tu został na polistopadowego emigranta i wyposażony w rysy świadomości politycznej.

Opuszczając Częstochowę, by nie narazić jej na zniewagę i zniszczenie przez schizmatyckich najeźdźców, Pułaski udaje się na emigrację, aby tu *skutecznie służyć ojczyźnie*. Wyposażony w świadomość walki ludów przeciwko wszelkiej tyranii, stał się rzecznikiem romantycznego hasła walki o wolność powszechną.

Postanawiając wesprzeć Amerykanów, *bijących się za wolność przeciwko tyranii angielskiej*, oświadcza werbującemu go Benjaminowi Franklinowi:

W narodzie naszym obrzydzenie jest do wszelkiej tyranii, a pryncypialnie do cudzoziemskiej — więc gdzie tylko na kuli ziemskiej biją się o wolność, to jest jak gdyby nasza własna sprawa[18].

Wyposażając bohatera we współczesną świadomość emigracyjną, Gaszyński realizował częściowo propozycje Krasińskiego. Za sugestią Krasińskiego wprowadzał także do pamiętników postać Franciszki Krasińskiej i motyw *rozamorowania się* w niej młodego Pułaskiego oraz wątek późniejszych wzajemnych sympatii. W życiu bohatera nie stworzyło to jednak żadnego tragicznego dylematu. Gaszyński tworzył bowiem postać *barskiego Ajaksa* w kategoriach domowej tradycji konfederacji barskiej, której obce były tragiczne dylematy egzystencjalne pokolenia romantycznego.

Pułaski z pamiętnika Rogowskiego niewiele zatem różni się od Pułaskiego z wcześniejszej ballady. Jest jedynie postacią bogatszą pod względem charakterologicznym, bardziej niezwykłą i nieszczęśliwą (tragiczną w rozumieniu potocznym), czemu w sposób naturalny sprzyjała pojemniejsza niż wiersz forma pamiętnika. Rogowski zapisuje więc:

Pułaski był człowiek żywy i prędki, a zapalający się łatwo, to też mówiono o nim nie bez racji, że krew mu w żyłach kipiała (s. 21).

Gaszyński podkreślał wielokrotnie jego smutek, wywołany niesłusznymi oskarżeniami o zamiar zabicia króla i wyjaśniał, że Pułaski choć wiedział, o projekcie

---

[18] *Reszty pamiętników Macieja Rogowskiego, rotmistrza konfederacji barskiej.* Poprzedzone przedmową i wydane przez Konstantego Gaszyńskiego, Paryż 1847, s. 85. Dalsza lokalizacja w tekście przy pomocy numeru strony tegoż wydania.

porwania króla, którego był zdecydowanym przeciwnikiem, to jednak powiedział Rogowskiemu:

Mogą Anglicy królów swoich mordować — ale polskie i katolickie ręce jeszcze się dotąd taką krwią nie pokalały i nie pokalają (s. 48–49).

Pułaski ujawniał tu oczywiście romantyczny dylemat paraliżujący działania innych bohaterów (por. np. *Kordian*), ale z góry rozstrzygał go jednoznacznie. Autor bowiem konsekwentnie pozbawiał go tragicznego nacechowania. Podkreślał natomiast, że był to *serca wielkiego kawaler i tyle Polsce zasłużony wojownik* (s. 36), co nie uchroniło go przed *niesprawiedliwą kondemnatą* (s. 47). Był także *weredykiem nad miarę* (s. 44, 102), co także nie jednało mu ludzi. Nie jednało mu również otoczenia wysokie poczucie własnej godności, czy wręcz wrodzonej dumy. Według narratora Pułaski nigdy *nie pozwolił dmuchać sobie w kaszę*, czy też ubliżać sobie. Chciał *być niezależnym od nikogo i kozacką wojnę prowadzić* (s. 104). Dotyczyło to także jego stosunku do Waszyngtona, a wcześniej do Dumourieza, z którym zawsze *był na bakier*. Zawsze, nawet w Turcji, chciał dowodzić jedynie własnym oddziałem. Kreował go zatem Gaszyński na rodzaj romantycznego indywidualisty, który osobiście i samotnie chce rozstrzygać o losach ojczyzny i samodzielnie zbawiać świat.

Ale nie charakterologiczne cechy postaci były w tej konstrukcji najważniejsze. Na pierwszy plan narrator wysuwał zasługi wojenne bohatera, zwracał uwagę na jego męstwo, dzielność, znajomość sztuki żołnierskiej, zdolności wodzowskie i strategiczne, wierność ideałom walki *za zagrożoną wiarę i wolność*, wiarę w *świętość sprawy* i *opatrzność Boską*.

Pułaski zatem, choć miał opanowaną do perfekcji staropolską *sztukę krzyżową* walki na szable, otwarty był na nowe, cudzoziemskie sposoby jej prowadzenia:

Krzyżowa sztuka, Panie bracie — mówił — dobrą była na dawne czasy, ale teraz, gdy nieprzyjaciele nasi coś więcej od nas umieją, musim ich sekretu się uczyć, aby im w bitwach podołać (s. 54).

Pułaski — według relacji Rogowskiego — miał także świetnie opanowany własny sposób walki partyzanckiej, nazywany tu czasem sposobem „kozackim" oraz umiejętność prowadzenia *wycieczek* z fortec. Umiejętnościami tymi posługiwał się więc w Ameryce. Był także stanowczym i lubianym dowódcą oraz niezłym strategiem. Według narratora postrzegała go tak nawet zdystansowana wobec Pułaskich magnacka Generalność konfederacji, która w końcu wzywała go, aby wspólnie z nim radzić o losach zagrożonej ojczyzny, a więc dopuszczała go także do udziału w rozmowach politycznych .

Podkreślenie kontaktów Pułaskiego z przywódcami magnackimi konfederacji, ukazywanie go w służbie armii Waszyngtona i Lincolna, miało jeszcze bardziej podnosić prestiż konfederackiego Ajaksa. Pamiętnikarz chwalił się więc, że na ziemi amerykańskiej widział *trzech największych bohaterów mojego czasu: Washingtona, Pułaskiego i Kościuszkę, i nie wiem doprawdy, któremu prym się należy* (s. 101). W skali polskiej natomiast Pułaski jawił mu się jako *po Stefanie Czarnieckim największy bohatyr polski* (s. 117).

Syntetyczny wizerunek Pułaskiego, jaki pamiętnikarz tworzy po jego śmierci, sprowadza się więc do następujących rysów: *Pułaski kochał gorąco Pana Boga, ojczyznę swoją i rodaków swoich; odważny do zuchwałości i choć miernego wzrostu, w ręce siłę miał niesłychaną – a na szable bił się jako nikt. – Sam nigdy sprawy nie zaspał ani nie prześlepił, toteż był rygorystą w służbie i bratu by rodzonemu nie przepuścił militarnego feleru. Prywaty nie było w nim zgoła; ostatnią koszulą byłby podzielił się chętnie. – Słowem, sentymenta miał kawalerskie i nie ocenione: był to prawdziwy szlachcic polski, co jak to mówią u nas prędki do zwady, ale użyteczny do rady; dobry do zabawy i do sprawy – do modlitwy i do bitwy. I jeśli miał jaką wadę, toć chyba tę, że był nadto gorączka i że nie znając dysymulacji, na złość i ansę ludzką czasem się narażał niechcący!* (s. 117–118).

W kontuszowej relacji Gaszyńskiego Pułaski prezentował się więc jako wzór polskiego szlachcica, zyskiwał zatem odpowiednio szeroki aspekt społeczny, stawał się idealnym bohaterem patriotycznej społeczności szlacheckiej.

Późniejsi gawędziarze do tego ideału nic już właściwie nie potrafili dorzucić. *Reszty pamiętników Macieja Rogowskiego* okazały się więc czołowym i najlepszym dziełem o romantycznej legendzie literackiej Kazimierza Pułaskiego.

* * *

Ale w gawędowym gatunku nie było to dzieło ostatnie. Równolegle z nim ksiądz Stanisław Chołoniewski napisał nowe opowiadanie kontuszowe o Pułaskim pt. *Magnificat* (1846). Ramowy narrator utworu, pan Józef, czyta sąsiadowi, Wawrzyńcowi Karlińskiemu, z pamiątkowego sesternika tekst rozważań księdza Marka na temat słynnego hymnu *Magnificat*, tekst ilustrowany przykładami wydarzeń i postaci z konfederacji barskiej.

Z analizy hymnu ksiądz Marek wyprowadza wnioski historiozoficzne i dydaktyczne, a wywody swoje ilustruje przede wszystkim odpowiednio wykreowaną osobą Kazimierza Pułaskiego z okresu oblężenia Berdyczowa, gdzie sam, według autora, a wbrew historii, miał się znajdować.

Konkluzja rozważań i główna teza księdza Marka sprowadza się do twierdzenia, *że jako z upadkiem modlitwy między nami upadła ojczyzna, tak przed[e] wszystkim modlitwą powstać może, a której wzór przecudny właśnie znajdziesz w tym śpiewie Magnificat – haec spes reposita est in sinu meo*[19].

---

[19] S. Chołoniewski, *Magnificat*, w: *Pisma pośmiertne*, t. II, Lipsk 1861, s. 104. Dalsza lokalizacja w tekście przy pomocy numeru strony tejże edycji.

Konfederat Pułaski został tu zatem przywołany przede wszystkim jako czciciel Maryi, u której zawsze znajdował mistyczną inspirację i obronę oraz zapewnienie sukcesów w bojach konfederackich.

Który z konfederackich wodzów — pisał ksiądz Marek — *był najfortunniejszy aż do samego końca w owej siedmioletniej tragedyi? Który najlepiej umiał w swej komendzie karność utrzymać? Ten, co najszczerzej i najgruntowniej był nabożnym do Najświętszej Panny Marii* — *Pan Kazimierz Pułaski. Ona mu serce uzbroiła na rzeczy wspaniałe i wielkie, ona w nim zapaliła to stateczne, rozważne, wesołe, pełne nadziei męstwo w najfatalniejszych przeprawach pod Okopami nad Dniestrem, w Berdyczowskim zamku, pod Lanckoroniem, na Jasnej Górze i tysiącznych innych. — Ona go nauczyła contra spem sperare nawet poza morzami, aż do śmierci, omnia sustinere, non cogitare malum, non aemulari, non agere perperans, patiens esse, sine ambitione, non quaerere quae sua sunt na wzór onej boskiej charitatis, której przecudne zalety opisuje św. Paweł* (s. 37).

Według relacji księdza Marka Pułaski więc *był surowy, twardy, miles*, który wyuczył się owej *charitatis* w nabożeństwie do Matki Boskiej. Jak *dobra matka* krzątał się więc wokół swoich towarzyszy broni, sam opatrywał ich rany itd. (s. 41). Był jak *verus Israelita* [tj. Juda Machabeusz] *in quo erat dolus* (s. 38). Jako *fałsz wierutny* określa zatem ks. Marek zarzut *targnięcia się na życie pomazańca* (s. 38).

Podczas oblężenia Berdyczowa Pułaski słuchał często porannej mszy świętej. *Przez całą moją mszę* — informuje ksiądz Marek — *przed obrazem cudownym Matki Boskiej krzyżem leżał (...) w sieraczkowej czamarce węgierskiej, barankiem siwym podszytej, z pendetem i ładownicą jeno* — *sztuciec i pistolety w zakrystii zostawiał, aby je mieć zawsze pod ręką* — *słowem, nieraz mi się zdało widzieć w nim istny wizerunek onego sławnego Judy Machabejczyka, co to o nim księgi święte piszą, iż był manu quidem pugnas, sed Dominum corde orans* — *tak i w Panu Kazimierzu pobożność z męstwem nieustraszonym w pięknej parze chodziły* (s. 39). I rzeczywiście! Zaraz bowiem po mszy rozpoczynał Pułaski tzw. różaniec moskiewski, który ksiądz Marek opisał następująco: *Pan Kazimierz stoi przy blankach nieporuszony (...) zwolna i głośno mówił przy tym modlitwę Ave Maryja, a Jasiek [adiutant] tymczasem na cel brał Moskala; gdy przyszło do słowa „Jezus", Jasiek palnął i począł dalej mówić „Santa Maria, Mater" itd., nabijając raźnie sztuciec, a gdy wyrzekł nieco z przyciskiem „Amen", to Pan Kazimierz, który już brał na cel, znowu palnął* — *i nie na wiatr* — *i tak ciągle za każdym „Jezus" i za każdym „Amen" po dwa razy na jedne Zdrowaś Maria wystrzelili i w ten sposób całą trzecią część różańca świętego odmówili (...) było takich różańców podczas oblężenia Berdyczowa niemało* (s. 40-41).

Pułaski wykreowany został zatem przez Chołoniewskiego jako wzór *szlachcica, bohatera, katolika* (s. 39), Polaka — rycerza Niepokalanej i ojczyzny, który miał stanowić dla narratora i autora jawny dowód na to, że *nawet w ostatniej naszej niefortunnej konfederacji, gdzie kwitło nabożeństwo Najświętszej Panny, tam było zwycięstwo i lepszy ład zgoła – a gdzie w poniewierkę poszło, tam żadna polityka, i sztuka, i artyleria, i rozumy zagraniczne (...) nic nie pomogły* (s. 42).

Przykładem z kolei takich przywódców konfederacji, którzy niejako z natury rzeczy musieli przegrać, okazywali się: marszałek Potocki, co to gotów był się zbisurmanić, byle zyskać pomoc sułtana, oraz hołdujący modzie francuskiej hetman Ogiński (s. 43). Takimi samymi byli również *owe Demuliery, Soazy [Choisy], Viomenilusy – i jak ich tam zwali – [co] z Francji z sobą jeżeli nie atheismus to przynajmniej incredulitatem przywieźli, a z takim towarem (...) i sami w bankructwo wpaść musieli i konfederacyją wciągnęli* (s. 44).

Tak rysowały się narratorowi, a także autorowi przyczyny klęski konfederacji barskiej. Nie mógł jej oczywiście zapobiec jedyny i odosobniony w swoich przekonaniach pobożny katolik Kazimierz Pułaski, w którego postaci zespolił autor szlacheckość z narodową rodzimością, szlachetnością i męstwem, a polskość z religijnością katolicką. Pułaski wyrastał tu jako wzór prawdziwego Polaka–katolika i stawał się swego rodzaju figurą przyszłego odrodzenia Polski:

Przy jednym Panu Kazimierzu pobożność i wiara katolicka cało pozostały i dlatego, pomimo niezliczonych calamitates, nieufności i kontradykcji, jakich doznawał ze strony i tych Francuzów i mędrkującej i oziębłej na sprawy religii Generalności, on (...) w całej naszej konfederacji najfortunniej walczył (...) opuszczony od wszystkich w Częstochowie oręż swój u stóp Panny Maryi Królowej Polski złożył... (...) (s. 44). *Dlatego też nabożeństwo tylko szczere i czynne do Matki Boskiej zbawi ojczyznę naszą* (s. 45).

Zmierzając do takiej konkluzji, główny narrator podporządkował postać Kazimierza Pułaskiego katolickiemu propagowaniu kultu maryjnego w formie kontuszowej pogadanki.

* * *

Kazimierz Pułaski stał się głównym bohaterem literackim również w *obrazku historycznym Pan marszałek łomżyński* (wyd. 1869), stanowiącym razem z *obrazkiem Pan starosta warecki* (1856) całość powieściową pt. *Rodzina konfederatów* (wyd. 1869), stworzoną przez drugorzędnego, spokrewnionego z Pułaskimi, pisarza historycznego Kajetana Suffczyńskiego.

Próba przedstawienia dwu Pułaskich idzie tutaj w parze z chęcią zarysowania dziejów całej konfederacji barskiej. Typowe struktury gawędowe mieszają się w *obrazkach* z elementami odautorskiej powieści przygodowej, wydarzenia i osoby historyczne współistnieją z powieściową fikcją, ujawniając w efekcie wszystkie niedostatki warsztatowe autora.

O Kazimierzu Pułaskim opowiadają tu najczęściej narratorzy gawęd, różni *starzy konfederaci* (Balcer Dynowski, porucznik Zarzycki). W tym też duchu została przedstawiona konfederacja barska, ujawniająca *obrazy nieustraszonej odwagi, poświęcenia bez granic i religijnej abnegacji [wyrzeczeń] rycerzy Baru*[20]. Głównym bohaterem drugiego obrazka jest Kazimierz Pułaski, który *jak gwiazda prymował (...) nad innymi Pułaskimi* (s. 97). W jego towarzystwie pojawiają się tak dzielni i typowi żołnierze barscy, jak np. Maciej Szyc, oraz ulubiona przez gawędziarzy Franciszka Krasińska, nazywana tu najczęściej *królewiczową*. Pułaski przeżywa zatem typowo romantyczne rozdarcie wewnętrzne: *walka i wieczna walka czy z wrogiem, czy z sobą, to moja dola na tym świecie* (s. 174). Przede wszystkim jednak kreowany jest na typowego bohatera czasów barskich: nosi ofiarowany przez *królewiczową* ryngraf ze św. Kazimierzem, wobec którego żywi szczególny kult. Ubrany jest oczywiście w węgierską czamarkę i delię (s. 164), jeździ na białym koniu. Walkę rozpoczyna konfederackim hasłem *wiara i wolność* (s. 102), mierząc na ogół zawsze w sposób romantyczny *siły na zamiary*. Gawędziarz opowiada bowiem: *Moskali dwa razy więcej było jak nas, ale w konfederacji nie zważano na taką różnicę* (s. 101). Bohater oczywiście zawsze zwycięża i wśród otoczenia zyskuje opinię *dzielnego dowódcy* (s. 102), wierzącego zawsze w *skuteczność usiłowań* (s. 248). Jest specjalistą od nocnych wycieczek z obleganych twierdz i prowadzenia walki w sposób partyzancki. Jako uosobienie patriotycznego poświęcenia potrafi skupić wokół siebie *ludzi kraj miłujących* (s. 160). Ciesząc się sławą dobrego żołnierza–patrioty, zostaje w nagrodę powołany przez szlachtę województwa łomżyńskiego na marszałka.

Jego dzielność i umiejętności rycerskie podziwiają nawet magnaci. Sam starosta kaniowski, Mikołaj Potocki, poddaje się pod jego komendę. Pułaski jest tu zatem kreowany na typowego przedstawiciela konfederacji rozumianej jako patriotyczny ruch średniej, nie ulegającej żadnym wpływom zewnętrznym szlachty.

Związek barski — powiada autor — *składała cała niemal szlachta średnia, ten prawdziwy rdzeń narodu, gotowa zawsze do ofiar, stojąca wiernie przy swobodach i religii ojców, przy ich nawet obyczaju i stroju* (s. 313).

Jako syntezę autorskiego spojrzenia na podziwianego bohatera można więc przyjąć następujący fragment:

nie wiem bowiem, czy był kiedy dowódca, co by błyszczał taką aureolą chwały i taki urok wywierał na podkomendnych swoich jak Kazimierz Pułaski. Wśród boju nadzwyczaj trafny w ocenianiu położenia swego i nieprzyjaciela, umiał on korzystać z każdej miejscowości i błędów przeciwników, których zamiary z dziwną jakąś intuicją odgadywał najczęściej. Nadzwyczaj wprawny w strzelaniu, robieniu bronią, był on wzorem [do] naśladowania dla towarzyszy swoich, z których żaden jednak dorównać mu nie mógł: strasznej odwagi, jeździec dzielny, dorodnej i pełnej wdzięku powierzchowności, samą tą postacią rycerską

---

[20] K. S. Bodzantowicz [K. Suffczyński], *Rodzina konfederatów. Pan starosta warecki, Pan marszałek łomżyński. Obrazki historyczne,* wyd. drugie, Lwów 1883, s. 212. Dalsza lokalizacja w tekście przy pomocy numeru strony tejże edycji.

elektryzował on młodzież ochoczą i dziarską, jakiej przewodził; a kiedy obok tych zalet zewnętrznych widziała ona bezinteresowność jego, czysty patriotyzm żadną dążnością stronniczą nie skalany, kiedy wszyscy byli świadkami jego poświęcenia, abnegacji i żadnymi przeciwnościami nie złamanej wytrwałości, to już zapał i wiara w niego nie miały granic (s. 157).

Kreując tę postać w stylistyce gawędowej, autor czerpał materiał z ówczesnych źródeł francuskich (zwłaszcza z dzieła Rulhièra), z rozmaitych przygodnych najczęściej dokumentów z epoki, a także z uważanej za autentyk *Reszty pamiętników Macieja Rogowskiego*, której streszczeniem zamykał swoją synkretyczną pod każdym względem *powieściową* relację. W sumie Suffczyński tworzył postać Pułaskiego w kategoriach bohatera narodowego. Sytuował go między Czarnieckim i Kościuszką. Żądał dla niego dziejowej sprawiedliwości i satysfakcji. Czarniecki bowiem dostał hetmaństwo, Kościuszkę złożono w grobach królewskich na Wawelu. Pułaski natomiast nie otrzymał nic za swoje czyny i powoli ulega w kraju zapomnieniu, *Polakom nie znane są nawet rysy ich bohatera* (s. 375).

Późnoromantyczna „powieść" Suffczyńskiego zamknęła w naszej literaturze gawędowy nurt romantycznej legendy Pułaskiego. Sumowała jedynie to, co gawędowa legenda stworzyła. Uzasadniała ją przypomnieniem jeszcze raz niektórych faktów historycznych (obrona Berdyczowa, Okopów, wyprawa na Litwę, obrona Częstochowy), ale żadnej nowej interpretacji postaci — jak czynili to wybitniejsi twórcy — nie proponowała.

* * *

U schyłku romantyzmu echa tradycji barskiej zabrzmiały jeszcze raz aktualnymi tonami w wierszach poety powstania styczniowego, Mieczysława Romanowskiego. I w tym przypadku postacią centralną stał się Kazimierz Pułaski. Wspomniany najpierw z perspektywy zesłania przez tytułowego *Konfederata w Kałudze* (1857), awansował na postać centralną w wierszu *Savannah* (1859). Już tytuł tego wiersza sygnalizował, że autor koncentrował się tu na ostatnich chwilach życia bohatera, kiedy to najlepiej ujawniło się jego rozdarcie między dwiema wartościami: wolność Polski i wolność Ameryki, a więc *wolność dla obcych*. Walka o Amerykę nie staje się w świadomości bohatera (i autora) walką o Polskę. Walkę tę Pułaski pojmuje zatem inaczej niż wcześniejsi bohaterowie romantyczni. Negatywnie odczuwa jej emigracyjny aspekt:

> *Ósmy rok z dala od ziemi kochanej*
> *Po obcych błoniach goni go niedola,*
> *A jeśli spocznie jak żuraw na straży,*
> *Za Polską wodzi oczyma lub marzy*[21].

---

[21] M. Romanowski, *Poezje*, t. IV, Lwów 1883, s. 189. Dalsza lokalizacja w tekście przy pomocy numeru strony tejże edycji.

Według przekonań autora o wolność Polski można bowiem walczyć jedynie w Polsce i tylko tu prowadzona walka może mieć wymiar ponadnarodowy. Bohater marzy więc nieustannie o powrocie do ojczyzny, o podjęciu żołnierskich zmagań na *rodzinnych polach*. Takie pojmowanie walki o niepodległość wynikło zapewne z braku emigracyjnych doświadczeń Romanowskiego oraz przedpowstaniowej atmosfery w kraju. Opowiada więc o bohaterze:

> *Niegdyś mu grzmiała pieśń konfederacka,*
> *Orły mu siwe wskazywały drogi,*
> *Kiedy na wrogów rankiem szedł znienacka,*
> *Wpadał na działa i siekł co do nogi.*
> *Takiej tu pieśni nikt mu nie zanuci,*
> *Orły czekają w Polsce — czy nie wróci?*

(s. 191)

Prowadzona na tułactwie walka o wolność innych narodów nie może przynieść także radości zwycięstwa. Bohater musi bowiem wcześniej zginąć. Autor wyposaża go jednakże w jakąś genezyjską świadomość, stworzoną przez Słowackiego, że jedynie *nieszczęścia wielkie są wielkich dusz kołyską*, że rodzą nowych zbawców narodu, że w tym tylko wymiarze ofiara własnego życia może przynieść jakiś pozytywny rezultat. Przeczuwając zbliżającą się śmierć, zapowiadaną przez zgubienie konfederackiego szkaplerza, bohater dzieli się z przyjacielem następującą refleksją:

> *Na naszych błoniach mijały mię groty;*
> *Nie było dane dłoni mej kraj zbawić!...*
> *Inny się zjawi jakiś anioł złoty*
> *W rycerskiej piersi, by ten ród naprawić,*
> *Nieszczęście wielkie — wielkich dusz kołyską,*
> *Kto wie, ten anioł może jest już blisko.*

(s. 191–192)

Autor położył tu zatem nacisk na dylematy filozoficzno–polityczne bohatera, na narodową metafizykę. W mniejszej natomiast mierze — a więc inaczej niż wcześniejsi romantycy — dbał o ukazanie dokonań rycerskich bohatera. Pułaski pozostał tu więc stereotypowym wzorem konfederacji barskiej, łącznie z jej przesadną szlachecką religijnością i symboliką. I chociaż szturm na Savannah bohater rozpoczyna nowym okrzykiem: *Forward!*, a więc pierwszym podobno słowem, jakiego nauczył się po angielsku, to jednak nie żołnierskie czyny są tu dla autora najważniejsze. Ważniejszy staje się dylemat walki o niepodległość w ojczyźnie czy poza jej granicami, ważny jest też wymiar osiągniętej w walkach o niepodległość świętości. Po śmierci na polu chwały Pułaski ma bowiem stać się orędownikiem polskich walk niepodległościowych:

> *A módl się za nas, niech nam Bóg obudzi*
> *Takiego jak ty pośród wiernych ludzi.*

(s. 193)

Takim metafizycznym i politycznym akcentem kończy się wielowątkowa literacka legenda Pułaskiego w okresie romantyzmu.

* * *

Kazimierz Pułaski pojawił się w polskiej literaturze romantycznej wkrótce po upadku powstania listopadowego (Pol, Rzewuski, Mickiewicz). Apogeum zaś popularności przeżył pod koniec lat czterdziestych w przededniu Wiosny Ludów, (Słowacki, Krasiński, Gaszyński, Lenartowicz, Chołoniewski). Przez wszystkich pisarzy traktowany był jako najbardziej godna literackiej pamięci postać konfederacji barskiej. W zasadzie on jeden kojarzył się romantykom z konfederacją jako ruchem szlacheckim i on jeden uosabiał, ich zdaniem, jej najszczytniejsze ideały.

Romantyczna interpretacja postaci Kazimierza Pułaskiego szła generalnie w trzech kierunkach. Mickiewicz widział w nim bohatera zbliżonego do Konrada, który ofiarą własnego życia jest w stanie zapewnić Polsce niepodległość, a także zmienić system polityczny Europy. Słowacki czynił go najpierw człowiekiem towianistycznym (*Ksiądz Marek*), a w okresie genezyjskim interpretował jako narodowego ducha królewskiego, który osiągnąwszy niemalże anielski stopień doskonałości, staje się naturalnym przewodnikiem narodu (Red. C *Beniowskiego*). Krasiński z kolei chciał widzieć w nim postać tragiczną o romantycznej świadomości, rozdartej między wartością własnego życia i miłością do kobiety a koniecznością złożenia z nich ofiary dla odzyskania niepodległości narodowej.

Z kolei Pol i Gaszyński (częściowo również Rzewuski) położyli nacisk na ucieleśniane przez Pułaskiego ideały patriotyczne konfederacji barskiej, wzór polskości i bohaterskiej walki o niepodległość narodową, ideał męstwa i dzielności rycerskiej. Z ich perspektywy Pułaski stawał się ideałem polskiego szlachcica, ostatniego rycerza dawnej Rzeczypospolitej, który mógłby stać się wzorem również dla współczesnych.

Kreacje stworzone przez najwybitniejszych romantyków — Mickiewicza, Słowackiego czy Krasińskiego — nie wywarły jednakże wpływu na dalszy rozwój i kształt legendy; nie wpłynęły też na stan czytelniczej świadomości. Dzieła tych poetów przedstawiające postać Pułaskiego, zostały opublikowane bowiem dopiero w drugiej połowie XIX w., ale i wtedy nie odegrały właściwie żadnej roli w świadomości narodowej.

Świadomość tę natomiast kształtowały od początku gawędowe utwory o Pułaskim, stworzone przez Pola, Gaszyńskiego, Rzewuskiego, Chołoniewskiego, a nawet Suffczyńskiego. Twórcy ci, zgodnie z przekazami pamiętnikarskimi, usiłowali dokonać swoistej rekonstrukcji postaci historycznej i narzucić czytelnikom przekonanie, że tak właśnie brat Pułaski, szlachcic i żołnierz dawnej Rzeczypospolitej, musiał wyglądać. Kreacjom swoim nadawali też często różne funkcje dydaktyczne: patriotyczne, moralne, polityczne, religijne.

Twórcy nurtu gawędowego położyli zatem nacisk na szlachecki patriotyzm bohatera, jego republikańską orientację, lub — jak Chołoniewski — na pobożność i szczególny kult maryjny. Przedstawiali go jako jedyne wcielenie niepodległościowych ideałów konfederacji barskiej. Eksponowali jego rycerską dzielność, zręczność i umiejętności wojskowe, podkreślali jego walory wodzowskie. Na pierwszy plan wysuwali jednak najczęściej jego bezgraniczne poświęcenie dla ojczyzny oraz nieustępliwą walkę o jej niepodległość, prowadzoną *usque ad finem*.

Taką najogólniej wizję Kazimierza Pułaskiego, a więc wizję gawędową, odziedziczyli po romantykach pisarze późniejsi. Szczególną rolę w takim właśnie dziedziczeniu odegrały utwory Gaszyńskiego. Świadczy o tym choćby fakt, że na stulecie konfederacji barskiej Leonard Chodźko zdecydował się stworzyć *Żywot Kazimierza na Pułaziu Pułaskiego* (Lwów 1869) utrzymany w konwencji gawędowej i uzupełniony w sposób integralny *Resztą pamiętników Macieja Rogowskiego*, które potraktował jako historyczny autentyk.

Podobnie postąpił z dziełem Gaszyńskiego Suffczyński, a także Józef Ignacy Kraszewski, który rozciągnął je na trzytomową powieść pt. *Tułacze* (Poznań 1868--1870).

Tak więc głównie gawędowy nurt romantycznej legendy literackiej wprowadził postać Kazimierza Pułaskiego do powszechnej świadomości narodowej i zapewnił mu pamięć po dzień dzisiejszy. Natomiast propozycje wielkich romantyków w tym zakresie pozostają nadal nieznane.

Magdalena Rudkowska

Czy to już koniec, panie Pułaski?

O obecności Kazimierza Pułaskiego w literaturze polskiej XIX i XX w.

1. Bohater narodowy − pisał Stefan Czarnowski − *jest to człowiek, który w sposób obrzędowy, przez zasługi swego życia lub śmierci zdobył moc działającą właściwą grupie lub sprawie, której jest przedstawicielem i której podstawową wartość społeczną uosabia*[1]. W tym świetle żywot i sprawy Kazimierza Pułaskiego zdają się nabierać cech specyficznych. Skomplikowany jest status legendy bohatera, którego kontrowersyjność sprawiła, że wizerunek uczłowieczonego boga uległ zeświecczeniu. Dlatego też literatura musiała włączyć się w proces narodowej beatyfikacji.

Z biografii Pułaskiego wybierano niektóre jej aspekty zapewniające miejsce w panteonie bohaterów narodowych. Wiele kwestii utrudniało Pułaskiemu zdobycie bezspornego miejsca w pamięci narodowej. Wyliczmy tylko te podstawowe: udział w nie pozbawionej dwuznaczności konfederacji barskiej, moralna odpowiedzialność za porwanie króla, niejasność kwestii finansowych związanych z pobytem w Ameryce i słabość do kobiet. Niezależnie od rozstrzygnięć historyków literatura musiała te problemy rozwiązać, poddać reinterpretacji, rzadko kiedy omijała je zupełnie. Pisano o Pułaskim niekrólobójcy, niefircyku, niemataczu. Takiej stylistyki nie spotyka się w tekstach o Kościuszce, biografia księcia Józefa jest natomiast jednoznacznie dwudzielna (z Pałacu pod Blachą w nurty Elstery). Za Pułaskim zaś kłopotliwe kwestie ciągną się prawie do końca fabuł literackich.

Trzeba oczywiście pamiętać o znacznie niższej randze Pułaskiego w porównaniu z bohaterami szkicu Andrzeja Kijowskiego[2], ale warto też zastanowić się,

---

[1] S. Czarnowski, *Kult bohaterów i jego społeczne podłoże. Święty Patryk, bohater narodowy Irlandii*, w: *Dzieła*, t. IV, Warszawa 1956, s. 30.
Zob. też: Z. Łempicki, *Podania o bohaterach*, w: *Studia z teorii literatury*, wstępem poprzedził R. Ingarden, Warszawa 1966; M. Micińska, *Między królem Duchem a mieszczaninem. Obraz bohatera narodowego w piśmiennictwie polskim przełomu XIX i XX w. (1890−1914)*, Wrocław 1995, s. 11−12.
[2] Zob. A. Kijowski, *O dobrym Naczelniku i niezłomnym Rycerzu*, Kraków 1984.

z czego ona wynikała. Wydaje się, że Pułaskiemu zaszkodziły m.in. koneksje rodzinne – mam na myśli nie tylko brata targowiczanina, lecz także cenionego przez szlachtę ojca – starostę wareckiego. O tym, że dla polityka nie ma sytuacji psychicznie cięższej niż świadomość rodzinnych tradycji, wiedział dobrze np. Stanisław Herakliusz Lubomirski, który całe życie zmagał się z pamięcią Jerzego Sebastiana. Stosunki Kazimierza z ojcem nie były, o ile wiadomo, tak dramatyczne, można natomiast zauważyć znamienne przesunięcie w ukształtowanej przez polską tradycję topice bohaterskiej. Bohater ma ojca, choć przecież zgodnie z tradycją bohaterską powinien mieć jedynie matkę. Charakterystyczny jest tutaj sam tytuł książki Suffczyńskiego *Rodzina konfederatów (Józef i Kazimierz Pułascy)*. Także w powieści Gąsiorowskiego ważną rolę odgrywa zestawienie z ojcem, którego Kazimierz *był jakby żywym obrazem*[3].

Nawet najbardziej nośne, często pojawiające się w tekstach o Pułaskim, hasło *Za wolność waszą i naszą* budzi nasze wątpliwości. Można zaryzykować stwierdzenie, że to prawie wyłącznie dzięki epizodowi amerykańskiemu Pułaski odgrywał rolę w świadomości społecznej XIX i XX w., kiedy to wodzowie konfederacji barskiej szybko zostali nieomal zapomniani, a ona sama uzyskała status ambiwalentny i przede wszystkim piętno partykularyzmu. Pułaskiemu udało się je przezwyciężyć, biorąc udział w wojnie amerykańskiej w imię wartości postrzeganych jako uniwersalne. Lecz wkrótce, paradoksalnie, dokonała się znamienna transfiguracja, jeżeli w ten sposób można określić spadek znaczenia w świadomości polskiej, a trwanie w polonijnej.

Zasygnalizowane tutaj komplikacje powinny stać się żywiołem literatury, która w normalnych warunkach podchwyciłaby z pewnością problem przypadkowości wyroków społecznej pamięci, a także ludzkiego zmagania się z losem bohatera narodowego. Literatura polska ma na koncie wiele takich niewykorzystanych tematów, gdyż z racji wiadomych uwikłań historyczno–politycznych musiała odróżnić bohatera narodowego od innych bohaterów literackich. Dlatego też zwłaszcza w przypadku literackiego żywota bohaterów drugorzędnych narzuca się niestety gombrowiczowska z ducha kategoria niedo–. Niedopowiedzenia, niedokończenia, nie do pomyślenia.

Takie bowiem wrażenie sprawia zbiór poświęconych Pułaskiemu tekstów, z których ponad jedna trzecia pochodzi z romantyzmu. Większość utworów XX-wiecznych ma charakter okolicznościowy, powstały one w związku z obchodami rocznic w 1929 i 1979 r. Zdecydowanie przeważają np. teksty prozatorskie, sytuujące się na pograniczu literatury i piśmiennictwa użytkowego (wśród nich beletryzowane biografie, kalendarzowe życiorysy), często także mamy do czynienia z literaturą przeznaczoną dla młodego czytelnika. Najrzadziej Pułaski pojawia się w dramacie (wiemy o zaginionym libretcie, które zrekonstruował Janta-Połczyński)[4], i tylko w jednym z nich

---

[3] W. Gąsiorowski, *Miłość królewicza*, Warszawa 1931, s. 63.

jest głównym bohaterem. Udane kreacje artystyczne należy wiązać przede wszystkim z utworami, w których Pułaski występuje w epizodach, zwłaszcza pióra mistrzów: Mickiewicza, Słowackiego, Rzewuskiego, Kraszewskiego, Chołoniewskiego. Można powiedzieć, że jedyną autentyczną próbą wykorzystania biografii Pułaskiego jako głównego wątku utworu literackiego jest dramat Adolfa Nowaczyńskiego. Poza nim artystyczne wizerunki Pułaskiego należy rozpatrywać w kontekście marginesu literatury.

2. Życie bohatera w narodowej pamięci, której depozytariuszką bywała literatura polska, nie przejawia się stabilnością. Pytania o początek i koniec legendy sprawiają trudność, gdyż raczej zdaje się ona należeć do sfery otwartych możliwości. I właśnie w ten sposób proponowałabym spojrzeć na legendę Kazimierza Pułaskiego — jako miejsce w świadomości polskiej wypełniane w różnych momentach historycznych z mniejszą lub większą intensywnością. Dlatego też trwające współcześnie literackie milczenie wokół tej postaci nie musi być kategorycznie interpretowane jako koniec legendy, może ona bowiem jeszcze w przyszłości odnowić się, choć naturalnie nie w takim wymiarze jak niegdyś i nie w literaturze. Owo milczenie poddaje się także wyjaśnieniu w kontekście ogólnych przemian literackich oraz przewartościowań w paradygmacie narodowej świadomości, która zdaje się zorientowana na bohaterów przede wszystkim XX-wiecznych.

Zdarzają się naturalnie wyjątki i do takich należy niedawno wydana książka Antoniego Lenkiewicza, odwołująca się do postaci Pułaskiego w poszukiwaniu tradycyjnego myślenia o historii i współczesności polskiej, które reprezentują ugrupowania prawicowe. O książce tej wspominam, choć autor ma raczej ambicje naukowe niż literackie. Jej kształt jednak niewiele ma wspólnego z szeroko nawet rozumianym modelem naukowości i sytuuje się raczej w obszarze beletryzowanych biografii, o których zresztą będzie tu jeszcze mowa. W sumie pozycja ta jest raczej politycznym aktem wyznania wiary i interesować może jako próba aktualizacji mitu Pułaskiego — wroga Rosji we współczesnej świadomości. Notabene zwraca w niej uwagę szczególny dobór elementów sakralizujących jego biografię i wykorzystanie owej postaci do nakreślenia czarno-białego obrazu polskiej świadomości. Pozwolę sobie zacytować charakterystyczny fragment:

Ci, którzy mają krytyczny stosunek do polskich powstań, do katolicyzmu i naszych zmagań z Rosją — ci wszyscy nie mieli nigdy, nie mają i mieć nie mogą dobrego zdania o „bohaterze dwóch kontynentów", natomiast ci, którzy doceniają znaczenie walki o wolność naszą i waszą, w sposób naturalny widzą postać Pułaskiego w panteonie narodowej chwały[5].

---

[4] Zob. A. Janta-Połczyński, *Opera poświęcona Pułaskiemu* (E. Sobolewski, *Mohega, czyli kwiat leśny*, w: *Nic własnego nikomu. Szkice*, Warszawa 1977.

[5] A. Lenkiewicz, *Kazimierz Pułaski. Bohaterstwo — zaborczość Moskwy — zdrada narodowa*, Wrocław 1994, s. 5.

Z pewnością zburzyłaby tę ideologiczną sielankę informacja, że Pułaski był masonem.

Zaczęłam ten przegląd od chronologicznego końca, lecz chronologia nie jest najważniejszym kryterium oglądu literackiego życia postaci historycznych. Należy brać pod uwagę moment historyczny, w którym zwracano się ku tej postaci. Literackie nawiązania nie są przecież bezinteresowne, służą zakamuflowanym sporom o teraźniejszość. Drugie zastrzeżenie – moment historyczny, o którym mowa, nie implikuje automatycznie pojęcia epoki literackiej.

Niewątpliwie najwyraźniej zaznacza się obecność Pułaskiego w literackiej legendzie romantyzmu, postać ta obsługuje, by się tak wyrazić, zarówno uniwersalny nurt twórczości patriotycznej, jak i wpisuje się w typowo romantyczny system wartości. Późniejsze bytowanie w literaturze pozbawione jest znamion epokowości w rozumieniu historyczno-literackim, zagadnienie wizerunku Kazimierza Pułaskiego w literaturze Pozytywizmu, Młodej Polski czy Dwudziestolecia razić będzie swą sztucznością. Skłonna byłabym zatem ów zdecydowanie heteroteliczny nurt zainteresowań literackich widzieć ponad siatką pojęć porządkujących czas literatury. Nie mam także intencji, by całość postromantycznej egzystencji Pułaskiego postrzegać jako przejaw romantycznego epigonizmu, którego oczywiście także tu nie brak. Ma ona raczej charakter ponadepokowy i jako taka będzie tu traktowana.

Obecność Pułaskiego w romantyzmie, stosunkowo najlepiej znana dzięki pracom poświęconym funkcjonowaniu tradycji barskiej w XIX w.[6], nie będzie przedmiotem osobnej uwagi. Akcent zostanie natomiast przesunięty na literaturę II połowy XIX w. i XX stulecie. Wreszcie ostatnie zastrzeżenie – owo kryterium ponadepokowości wiąże się też z zamiarem przedstawienia różnych uwikłań tekstowych, w których postać ta się pojawia. Dodajmy, uwikłań wynikających z wewnętrznych mechanizmów literackich i dyskursywnych. Perspektywa referencjalności literatury i zjawisk pozaliterackich, jakim w tym przypadku jest biografia Pułaskiego, zostanie zatem odrzucona. Słowem, nie zagadnienie zgodności przekazu literackiego z historycznym, lecz specyfika literackiej egzystencji postaci będzie przedmiotem rozważań.

3. Pułaski jako postać literacka ma niewielką autonomię w literaturze, ukazywany jest najczęściej poprzez interakcje. Bardzo głęboka więź łączy go z księdzem Markiem i czasami można odnieść wrażenie, że właśnie Jandołowicz nadaje Puła-

---

[6] Zob. m.in. *Przemiany tradycji barskiej*, pod red. Z. Stefanowskiej, Kraków 1972; M. Janion, M. Żmigrodzka, *Romantyzm i historia*, Warszawa 1978; M. Maciejewski, *„Choć Radziwiłł, alem człowiek..."* *Gawęda romantyczna prozą*, Kraków 1985; J. Maciejewski, *Legenda konfederacji barskiej w literaturze polskiej XIX wieku*, „Prace Polonistyczne" ser. XLIII, 1986; Z. Trojanowiczowa, *Dylematy romantycznego patriotyzmu. Uwagi na marginesie „Konfederatów barskich" Adama Mickiewicza*, w: *Nasze pojedynki o romantyzm*, pod red. D. Siwickiej i M. Bieńczyka, Warszawa 1995.

skiemu rangę bohatera narodowego. Stąd też niektóre teksty prowokują do postawienia pytania, czy opiewane w literaturze czyny są tylko jego własną zasługą.

Tego typu problem pojawia się w *Konfederatach barskich* Mickiewicza i nie wydanym dotąd dokończeniu tegoż dramatu pióra Tomasza Augusta Olizarowskiego. Świat przedstawiony w *Dokończeniu* zorientowany jest wyraźnie, wbrew pierwszym aktom Mickiewiczowskim, wokół księdza Marka. On jest tutaj Wielkim Interpretatorem, ma bezwzględną moc oceniania innych bohaterów, którzy mogą dopiero zaistnieć w pełni swojego człowieczeństwa po konfrontacji z nim. Pułaski zostaje pełnoprawnym bohaterem narodowym wtedy, gdy uświadomi sobie sens wskazań księdza Marka:

> *Tobie nie wolno ani żyć, jak żyją*
> *Ludzie zwyczajni, ni, jak oni, umrzeć.*
> *Ty orłem ludzkim albo lwem jedynie*
> *Możesz bezkarnie śród nas się odzywać.*
> *Tobie Pułaskim być do końca świata*[7].

(podkr. – M. R.)

Trzeba zwrócić uwagę, iż ksiądz Marek pełni tu rolę Wielkiego Onomasty – Pułaski istnieje jako bohater, dlatego że został przez karmelitę tak określony. Wizerunek Pułaskiego, który we fragmencie Mickiewicza zwracał uwagę autentyczną żywiołowością, wzbudzającą uznanie Piotra Chmielowskiego[8], został tu znacznie zredukowany, gdyż nie zgadzał się z żarliwie mesjanistycznymi poglądami Olizarowskiego.

Inaczej zależność Pułaskiego od księdza Marka została ukazana w cyklu opowiadań historycznych Kraszewskiego pt. *Tułacze*. Gorąca wiara Pułaskiego w moc przepowiedni karmelity oraz motyw boskiego przeznaczenia do czynów szlachetnych zostają zrelatywizowane i pozbawione podtekstów metafizycznych. Narrator włącza natomiast los Pułaskiego w przestrzeń etosu emigracyjnego. Według niego, to właśnie starosta zezuliniecki zapoczątkował emigracyjny zwyczaj, by z ojczyzny zabrać garść ziemi, którą potem rzuca się na trumnę emigranta. Rys świętości zyskuje najzupełniej świecki wymiar śmierci Pułaskiego, jego ostatnich słów, w których była *Polska, wspomnienia i imiona drogich osób... myśli niepochwycone, obrazy jednem słowem napiętnowane... przerywane modlitwą i oburzeniem, żalem i miłością*[9]. Przepowiednia księdza Marka, mówiąca o tułactwie i męczeństwie należy więc w tekście Kraszewskiego tylko do sfery świadomości bohatera. Daje się zresztą w tych opowiadaniach zauważyć tendencja do przedstawienia

---

[7] T. A. Olizarowski, Konfederaci barscy. Dramat. Część druga, rkps biblioteki Polskiej w Paryżu, sygn. 102, t. I, z. 8, s. 831–953. Korzystam tu z odpisu (s. 272) Janusza Maciejewskiego, któremu za udzieloną mi pomoc serdecznie dziękuję.

[8] Por. P. Chmielowski, *Adam Mickiewicz*, t. 2, Warszawa 1901, s. 225.

[9] J. I. Kraszewski, *Tułacze. Opowiadania historyczne*, t. 1, Poznań 1868, s. 358.

swoistej anachroniczności mentalnej Pułaskiego — ostatniego, który *miał tę wiarę, co Szweda krzyżem i modlitwą pobiła*[10].

Sugestia dobrodusznej naiwności bohatera pojawi się jako argument koronny w sporach o odpowiedzialność Pułaskiego za porwanie króla. O ile jednak Rzewuski, Chołoniewski, Kraszewski wartościowali ją pozytywnie, o tyle dla Józefa Antoniego Rollego nie będzie ona żadnym wytłumaczeniem. W opowiadaniu *Porwanie króla* Pułaski jednoznacznie zostanie obciążony odpowiedzialnością za zamach na króla, a konfederacja barska staje się przedprożem targowicy[11]. Także we wcześniejszych *Wieczorach pod lipą* Siemieńskiego, choć podkreśla się szlachetne intencje Pułaskiego, sens porwania zostanie podważony: *kilku zawiniło, a cały kraj ukarany*. W domyśle — rozbiorami[12].

Warto może w tym miejscu zatrzymać się przy sprawie owej dwuznacznej anachroniczności Pułaskiego i jej interpretacji. Słowacki nadawał jej rys mistyczny, Mickiewicz — demokratyczny, Rzewuski — konserwatywny[13]. Natomiast Maria Konopnicka włącza biografię Pułaskiego w porządek świętego czasu Polaków obejmującego lata 1767–1863. Nie ma tu mowy o jakimkolwiek anachronizmie, który był problemem dla Mickiewicza i tych wszystkich, którzy chcieli historię marszałka łomżyńskiego aktualizować. Konopnicka zdaje się dostrzegać odmienności formacyjne pokoleń walczących o wolność Polski i stąd w *Śpiewniku historycznym* postać Pułaskiego ma wymiar jedynie symboliczny:

> *Pamiętają te Karpaty,*
> *Jasna Góra, Kraków,*
> *Jak tam walczył, jak wojował*
> *Za wolność rodaków*[14].

W cyklu poetyckim Konopnickiej Pułaski, po błoniu na białym *hasający koniu*, spełnia rolę *żywej pamiątki*, która jednak bezpośrednio nie przekłada się na późniejsze doświadczenia polskiego patriotyzmu. Owej relatywizacji nie było w przedstyczniowym wierszu Mieczysława Romanowskiego, w którym padają słowa:

> *A módl się za nas, niech nam Bóg obudzi*
> *Takiego, jak ty, pośród wiernych ludzi*[15].

---

[10] Ibid., s. 109.

[11] Por. J. A. Rolle, *Porwanie króla*, w: *Nowe opowiadania historyczne*, Lwów 1883, s. 260, 275.

[12] L. Siemieński, *Wieczory pod lipą, czyli historia narodu polskiego opowiadana przez Grzegorza spod Racławic*, Kraków 1872 (wyd. I, 1845), s. 331.

[13] Warto w tym miejscu mieć w pamięci szkic Wojciecha Karpińskiego, subtelnie analizujący zasadność nazywania tego światopoglądu konserwatywnym. Autor proponuje tu określenie *jakobinizm prawicy*, które istotnie celniej ujmuje cechy charakterystyczne myślenia Rzewuskiego (zob. *Polska a Rosja: z dziejów słowiańskiego sporu*, Warszawa 1994).

[14] M. Konopnicka, *Pieśń żalu 1771*, w: *Śpiewnik historyczny 1767–1863*, Lwów 1905, s. 25.

[15] M. Romanowski, *Savannah*, w: J. Makłowicz, *Kazimierz Pułaski, konfederat barski. Życiorys i deklamacje*, Poznań 1929, s. 24.

Podobna tendencja połączona z modernizującym odczytaniem legendy biograficznej Pułaskiego powróci w wierszu Jalu Kurka pod znamiennym tytułem *Romantyk z Savannah*. Nie ma w nim mowy o naiwności czy anachroniczności, która tyle trudności sprawiała hagiografom Pułaskiego (zwłaszcza piszącym w okresie PRL); wręcz przeciwnie – walczący *za wolność i cywilizację* Pułaski deklaruje:

> *Gdzieś w górze słyszę warkot samolotów,*
> *pancerniki spalone nade mną ciężko dyszą,*
> *Gdy ktoś zapyta o mnie, powiedzcie, że jestem gotów,*
> *leżący na dnie, oblany wodą i ciszą*[16].

Zamieszczony w cyklu z 1932 r. wiersz Jalu Kurka wyrasta z rozumienia poezji jako *funkcji społecznej*, zdaje się przy tym niepokojąco zbieżny z późniejszymi praktykami poetyckimi socrealizmu. Wielce charakterystyczne jest tu odczytywanie doświadczeń XVIII w. przez klisze romantyczne, czego nigdy twórcom polskim nie mógł darować Wacław Berent[17]. Pułaski – to przede wszystkim bohater romantyczny, nie zaś oświeceniowy. Romantyczny wydźwięk ma zwłaszcza jego śmierć oraz dominująca w literaturze – jak się ostatnio okazało fałszywa – wersja o pochówku na dnie morza.

W przypadku Pułaskiego owo uromantycznienie nie jest jednak postępowaniem jedynym. Często bywa on bohaterem pogranicza dawnej i nowej (porozbiorowej) Polski, stąd jego chwiejny status aksjologiczny w literaturze polskiej. Widać go wyraźnie w literaturze trzeciorzędnej, powieściach dla dzieci i młodzieży (Trąmpczyńskiego, Zielińskiej, Reuttówny), gdzie Pułaski zamyka poczet wodzów epoki królów elekcyjnych, gdy Kościuszko rozpoczyna nowe walki w Polsce porozbiorowej[18].

Konfrontacja Pułaskiego z Kościuszką będzie zatem ważnym elementem kształtującym jego literacki wizerunek. Wódz powstania 1794 r. jest drugą, istotną po księdzu Marku postacią, budującą tekstowy status Pułaskiego. Ważnym motywem przejętym z falsyfikatu Gaszyńskiego[19] staje się wigilijne spotkanie z Tadeuszem Kościuszką. W opowiadaniu Kraszewskiego sprzyja ono nagromadzeniu toposów polskości. W owej szczególnej atmosferze następuje uświęcenie losu emigranta, który uosabiają dwaj bohaterowie. Spotkanie służy także konfrontacji – postać Pułaskiego została wystylizowana na ostatniego przedstawiciela ginącej formacji sarmackiej. Pułaski zdominowany jest przez tradycję i obyczaj. Sen spędza mu z powiek troska, jak gościa przyjąć po szlachecku na amerykańskiej ziemi, by nie sprzeniewierzyć się staropolskim nakazom gościnności i zasadzie „zastaw się, a po-

---

[16] J. Kurek, *Romantyk z Savannah*, w: *Śpiewy o Rzeczypospolitej. Poezje*, Kraków 1932, s. 28.

[17] Zob. np. W. Berent, *Nurt*, Warszawa 1956, s. 125.

[18] Por. G. Skotnicka, *Dzieje piórem malowane. O powieściach historycznych dla dzieci i młodzieży z okresu Młodej Polski i dwudziestolecia międzywojennego*, Gdańsk 1987, s. 158.

[19] Por. K. Gaszyński, *Reszty pamiętników Macieja Rogowskiego, rotmistrza konfederacji barskiej*, Paryż 1847.

staw się"[20]. Kościuszko reprezentuje już inną formację, ale nie przeszkadza to wzajemnemu porozumieniu w związku ze wspólnym doświadczeniem emigracyjnym. Wątek wigilijnego spotkania powróci także w opowiadaniu Zofii Kossak--Szczuckiej, która modelowo przeciwstawia obywatelskiego Kościuszkę szlacheckiemu Pułaskiemu. Łączy ich jednak nadrzędna wartość, czyli miłość ojczyzny, choć jej wizje bohaterowie mają zupełnie inne. Świadectwem tego może być właśnie stosunek do tytulatury i np. niewolnictwa [21].

W 1929 r. na łamach „Gazety Warszawskiej" pojawił się artykuł Nowaczyńskiego, który sugerował, że różnice — jak się wyraził — *klasowe* pomiędzy bohaterami były zbyt duże, aby mogło dojść do spotkania[22]. Interpretuje to Nowaczyński jako przejaw czegoś, co dzisiaj pewnie nazwalibyśmy „polskim piekłem". Uspokajająco starał się odpowiedzieć mu Konopczyński, pisząc, że jedyna różnica polegała na tym, iż młody Kościuszko — człowiek Czartoryskich — nie mógł po prostu pójść do konfederacji[23].

Przytoczę tu jeszcze znamienne zdanie, powtórzone zresztą za falsyfikatem Gaszyńskiego, z opowieści historycznej Jana Brzozy: *Byli prawie równego wieku z tym, że Kościuszko jeszcze ślęczał nad książką, gdy Pułaski już rąbał szablą i prowadził poważne operacje wojskowe*[24]. W ten sposób właśnie ujęta różnica formacyjna pozwala widzieć postać Pułaskiego w polu semantycznym przymiotnika „ostatni". *Ostatni rycerz Europy* — taki tytuł nosi książka Janusza Roszki (1983). Trzeba jednak pamiętać, że ów przymiotnik nie ma w większości przypadków takich konotacji, jakie niosła Mickiewiczowska formuła *ostatni, co tak poloneza wodził*. Nieuchronnie towarzyszy mu znaczenie zawstydzającej anachroniczności, począwszy od tekstu Kraszewskiego, po czasy współczesne. Konfrontacja z Kościuszką tę podwójność znaczeniową pogłębia. W defensywie było raczej automatyczne skojarzenie, na którym opiera się *Pokrzepienie* Goszczyńskiego:

> O Kościuszko! O Puławski (sic!)
> *Lechickiej wiary męczeńskie dusze,*
> *Ziem lechickich geniusze,*
> *Rzućcie dziś na mnie światłem swej łaski*[25].

Tego typu automatyzm patriotycznych skojarzeń będzie charakterystyczny dla tekstów ujmujących całościowo historię narodową, jak np. *Pieśni Janusza* Pola czy *Szopka* Lenartowicza, ale wyraźne jest też inne uszeregowanie — w panteonie

[20] Por. J. I. Kraszewski, *Tułacze...*, op. cit., ks. VI.

[21] Por. Z. Kossak, *Spotkanie*, w: *Bursztyny*, do druku podała i wstępem opatrzyła G. Skotnicka, Katowice 1990, s. 272, 274, 276.

[22] Por. A. Nowaczyński, *Pułaski a Kościuszko*, „Gazeta Warszawska" 1929, nr 293–294.

[23] Por. W. Konopczyński, *Pułaski a Kościuszko. Odpowiedź panu Adolfowi Nowaczyńskiemu*, „Gazeta Warszawska", 1929, nr 317.

[24] J. Brzoza, *Kazimierz Pułaski. Opowieść historyczna*, Warszawa 1960, s. 104.

[25] S. Goszczyński, *Pokrzepienie*, w: A. Kijowski, *O dobrym...*, op. cit., s. 224.

bohaterów sarmackich: Czarnieckiego, Reytana, Sawy, księdza Marka (np. u Leona Kaplińskiego)[26]. Widać więc tu dokładnie zasygnalizowany już wcześniej pograniczny status bohatera.

4. Jak już zostało powiedziane, Pułaski jest często konfrontowany z innymi postaciami: ojcem, księdzem Markiem i Kościuszką. Ów zabieg porównawczy wpisany jest w stereotyp literacki Pułaskiego. Chciałabym tutaj zrekonstruować jego pozostałe elementy. Literackie wizerunki Pułaskiego są bowiem w istocie wariantami schematu ogólnego, na który składają się wyraziste funkcje tekstowe postaci.

Pułaski jest przedstawiany jako człowiek serca. Na tym schemacie oparł Gąsiorowski pierwszą część cyklu powieści historycznych o Kazimierzu Pułaskim, pt. *Miłość królewicza*. Uczucie jest tu kluczową kategorią dla zrozumienia postawy Pułaskiego, którego Gąsiorowski ukazał w roli człowieka powoli dorastającego do zaszczytu miłości ojczyzny. Dwie ostatnie z planowanych części tetralogii nie zostały napisane — można się tylko spodziewać, że w ostatniej pozycji, pt. *Wróg królów* kształtowany przez lata typ emocjonalności bohatera osiągnie apogeum. Na razie, w części pierwszej, Gąsiorowski tworzy obraz starościca wareckiego zgodnie z wymogami popularnego romansu; przytoczmy fragment:

Oparła [Franciszka Krasińska — M. R.] *główkę na jego ramieniu, drżała jak listek róży pod dotknięciem aksamitnych skrzydełek motyla. Starościcowi dech zamarł. Tknąć nie śmiał, spojrzeć nie śmiał. Zdawało mu się, że znów zwija się w jego ujęciu, jak tam pod drzewem*[27].

Charakterystyczny jest wizerunek wykreowany przez Jana Brzozę, w którym zwraca uwagę nadużycie motywu łez, wywołujące nie zamierzony przez autora efekt komiczny. Pułaski rzewnie płacze po śmierci Bohdanka pożartego przez rekina, doznaje szoku estetyczno–moralnego na widok skalpu, by znów za chwilę płakać w poczuciu osamotnienia, następnie zalewa się łzami z powodu utraty pamiątkowego szkaplerza[28].

Z kolei Karol Koźmiński uwydatnia silną uczuciowość Pułaskiego, związaną z wiarą we wróżby. I to już nie tylko wypowiedziane przez księdza Marka, ale też obłąkaną guślarkę, przestrzegającą Pułaskiego przed fatum czarnych oczu[29]. Franciszka Krasińska jak widmo towarzyszy losom bohatera. Zasugerowane tu zostaje bardziej powszechne przekonanie, że bohater narodowy musi uwolnić się od podejrzeń, że jego działania mają podtekst osobisty.

Motyw ten uwydatnia się w opowiadaniu Dobraczyńskiego. Schemat fabularny tego utworu opiera się na rozmowie Franciszki z Kazimierzem. *Nie należy robić*

[26] Zob. L. Kapliński, *Piękno i prawda*, w: *Zbiór poetów polskich XIX w.*, ks. III, opr. P. Hertz, Warszawa 1962, s. 281.

[27] W. Gąsiorowski, *Miłość królewicza*, op. cit., s. 43.

[28] Por. J. Brzoza, *Kazimierz Pułaski...*, op. cit., s. 88–137.

[29] Por. K. Koźmiński, *Bohater dwóch kontynentów. Powieść historyczna o Kazimierzu Pułaskim*, Warszawa 1968, s. 28.

mu najmniejszej krzywdy — tak Dobraczyński odtwarza tok rozumowania Puławskiego rozważającego pomysł porwania króla — *On, Pułaski, zyska sobie uznanie Generalności, księżna Franciszka będzie szczęśliwa, Matka Boża pobłogosławi jego czyn*[30].

Następny element współtworzący sposób mówienia o Pułaskim polega na podkreśleniu niezwykłych cech fizycznych bohatera. Pułaski jest prezentowany jako wojenny tancerz (u Kurka, Koźmińskiego), bystrooki sokół (u Konopnickiej). Oczywiście, tego typu metaforyka implikuje określone cechy psychiczne. Szczególnie uwydatniana jest surowość, dostojność, połączona jednak z prostotą obejścia. W *Pamiątkach Soplicy* Pułaski, *co zawsze skromnie się nosił i tych przepychów w wojnie nie lubił*[31], deklaruje, że jest *prostym żołnierzem*[32]. Zaś w powieści Szczęsnego Morawskiego Pułaski *z zamętu myśli czarnych wyszedł jasny i biały, gdyby anioł*[33]. Ten nie pozbawiony podtekstów alegorycznych sposób kreowania człowieka ponadprzeciętnego ma swoje skonwencjonalizowane warianty, często ujawniające się w jednym tekście. W książce Koźmińskiego dostojność i tajemniczość bohatera przedstawiona raz zostaje w polu semantycznym ciemności (czarne oczy i włosy, śniada cera *trubadura — błędnego rycerza*), innym razem — jasności (siwy koń, purpura i złoto rynsztunku)[34].

Kolejny obligatoryjny składnik literackiego wizerunku Kazimierza Pułaskiego zawiera się w formule *Rycerz Maryi*. W powieści Chołoniewskiego tak mówi się o wierze Pułaskiego:

Ona [NMP — M. R] *mu serce uzbroiła na rzeczy wspaniałe i wielkie, ona w nim zapaliła to stateczne, rozważne, wesołe, pełne nadziei męstwo (...) ona go nauczyła contra spem sperare*[35].

Podobny sposób kreowania postaci podejmuje Dobraczyński. W jego opowiadaniu Pułaski zgubił ryngraf z wizerunkiem Matki Boskiej i *wydawało mu się, że został opuszczony przez kogoś najbliższego, że pozostaje tylko strzelić sobie w łeb lub uciec na kraj świata. Na szczęście ryngraf odnaleziono. Natychmiast wróciła Pułaskiemu dawna pewność siebie. Kazał wzmocnić łańcuszek i zapowiedział złotnikowi, że każe go powiesić, jeśli łańcuszek się znowu przerwie*[36].

Na marginesie można zauważyć, że w tekście tym Pułaski często grozi komuś powieszeniem — tak Dobraczyński realizuje motyw legendarnej krewkości i porywczości bohatera. Deklaratywność obrazowania literackiego przekłada się po-

---

[30] J. Dobraczyński, *Pułaski*, w: *Opowiadania jasnogórskie*, Warszawa 1984 (wyd. I, 1979), s. 134.

[31] H. Rzewuski, *Pamiątki Soplicy*, opr. Z. Lewinówna, Warszawa 1978, s. 23.

[32] Ibid., s. 248.

[33] S. Morawski, *Pobitna pod Rzeszowem. Powieść prawdziwa z czasów konfederacji barskiej w roku 1769*, Kraków 1864, s. 213.

[34] Por. K. Koźmiński, *Bohater...*, op. cit., s. 49, 119.

[35] S. Chołoniewski, *Magnificat*. w: *Pisma pośmiertne*, t. 2, Lipsk 1851, s. 37.

[36] J. Dobraczyński, *Pułaski...*, op. cit., s. 126.

nadto na płaszczyznę ideową. Opowiadanie ma następującą tezę: Pułaski był człowiekiem do głębi uczciwym i prawym, został jednak oszukany. *Jak wielu młodych — pisze Dobraczyński — dał się tamtym porwać*[37]. (Do złudzenia przypomina to dyskurs *Popiołu i diamentu*, gdzie podobnie interpretowano decyzje żołnierzy AK.)

Z biografii Pułaskiego w końcu lat siedemdziesiątych Łysiak wyciąga już inny polityczny morał: *jeśli kogoś w jego kraju ogłoszą publicznie łobuzem i kanalią, to jeszcze wcale nie znaczy, że on nim jest*[38]. Wypowiedzi Dobraczyńskiego i Łysiaka stanowią zalążek pojawiającego się w szeroko rozumianej twórczości literackiej sporu o ocenę tej postaci. Niedaleko stąd do współczesnych autorom dylematów politycznych. Kazimierz Pułaski w pewien sposób wyzwala tę dyskusję i to niewątpliwie więcej znaczy, niż spełniać rolę bohatera *zastępczego*. Tak można bowiem określić status tekstowy sztandarowych bohaterów polskich w czasach stalinowskich. Pisano o nich (właśnie Pułaskim, Kościuszce, Dąbrowskim, Bemie), żeby nie pisać o bohaterach radzieckich, bo przecież młodemu państwu jacyś bohaterowie są niezbędni. Myślę tu przede wszystkim o wierszu Szenwalda wydanym w serii Poezji Związku Patriotów Polskich w ZSRR[39], a także o znamiennej wymowie — neutralnego raczej ideologicznie w innej sytuacji — liryku Flukowskiego na stronach „Odrodzenia" w r. 1945[40].

5. Na szczęście Kazimierz Pułaski nie był tylko bohaterem tekstów trzeciorzędnych, okolicznościowych oraz literacko nieudolnych. Do tych ostatnich wypadnie zaliczyć wiersz pt. *Kwatera Pułaskiego* Jana Marii Gisgesa, w którym padają wiekopomne słowa:

> *Fakty stłoczone jak na końskim targu*
> *chłopi i fury: jak kamienie bruku*
> *złote epoki, co są niby skargą*
> *ściśniętej krtani, kiedy po łbie tłuką.*
> *Cóż jest historia? Rozgłośna śmierć sławy,*
> *grzechy człowiecze czy jakiś strzęp dawny* — [41]

Postać Pułaskiego pojawia się w przynajmniej dwóch ważnych tekstach literatury polskiej. Mam na myśli *Listopad* Rzewuskiego i *Pułaskiego w Ameryce* Nowaczyńskiego. W pierwszym z nich Pułaski jest postacią dalszego planu, ale — podobnie jak u autora *Małpiego zwierciadła* — wpisuje się w nurt problemów bardziej

---

[37] Ibid., s. 138.

[38] W. Łysiak, *Wielka chwała „bezecnego herszta". O Kazimierzu Pułaskim*, „Kulisy" 1978, nr 43. Artykuł ten jest w stosunku do Pułaskiego wręcz apologetyczny; natomiast króla Stanisława Augusta autor z właściwą sobie finezją nazywa *utalentowanym kopulantem* Katarzyny II.

[39] Zob. L. Szenwald, *Józef Nadzieja pisze z Azji Środkowej*, w: *Z ziemi gościnnej do Polski*, Moskwa 1944.

[40] Zob. S. Flukowski, *Pułaski*, „Odrodzenie" 1945, nr 33. Wiersz powstał w oflagu, wspomina o tym M. Brandys, *Wyprawa do Oflagu*, Warszawa 1955.

[41] J. M. Gisges, *Kwatera Pułaskiego*, w: *Marmury i dmuchawce*, Warszawa 1978, s. 47.

zasadniczych, istotnych dla samego pisarza. Prowadzi to niewątpliwie do modyfikacji przedstawionego wyżej stereotypu oraz – co może istotniejsze – dzięki takim ujęciom Pułaski staje się chociaż na moment pełnoprawnym bohaterem literackim. W powieści Rzewuskiego nie brak przeinaczeń, lecz zgodnie z wcześniejszą zapowiedzią nie one będą dla mnie najważniejsze. Los Kazimierza Pułaskiego jest tutaj pretekstem do wyrażenia światopoglądu, syntezy politycznego etosu. Rzewuski nie poprzestaje jednak na abstraktach. Nie koncentruje się wyłącznie na tym, jak ocalić gwarantującą dobre samopoczucie harmonię myśli i faktów, słowem – jak przeciągnąć rzeczywistość na swoją stronę. Udaje mu się przy tym zachować autonomiczność postaci, zasugerować jej tragizm i autentyczność, a to wszystko, dodajmy, w paru epizodach. *A co się ze mną stanie, na to jestem obojętny* – mówi Pułaski – *wiem dobrze, że na mnie jednego wszystkie winy złożą! Opuszczę ziemię mych przodków*[42]. Oczywiście, nie ma w *Listopadzie* miejsca na choćby cień wątpliwości, czy to tylko ślepy, niesprawiedliwy los gna Pułaskiego za ocean. Tkwi tu jednak inny problem, który możemy określić jako ciężar politycznej kontrowersyjności, na pewno bliski Rzewuskiemu. Cały podskórny nurt powieści z postacią Pułaskiego i Stanisława Rzewuskiego (spełniającym wobec niego rolę adwokata diabła) można interpretować jako pytanie o granice kłamstwa w dążeniu człowieka do szczęśliwego życia w społeczeństwie.

Dramat Nowaczyńskiego z 1917 r. jest ambitną próbą reinterpretacji romantycznej legendy Pułaskiego w świadomości XX-wiecznej, dodajmy, w sposób szczególny ukształtowanej poprzez *polskie, arcypolskie* doświadczenie. Od powieści Rzewuskiego różni go prawie wszystko, a zwłaszcza naczelna zasada poszukiwania prawdy zamiast jej ukrywania. Łączy z *Listopadem* jednak fakt, że biografia Pułaskiego spełnia tu nie tylko rolę pretekstu, ale też tekstu.

Pułaski jest w owym dramacie człowiekiem zmagającym się z ciężarem polskości. Nie brak związanej z tym ironii, która wyzwala się zwłaszcza w momencie przełamywania narodowego stereotypu. Kiedy Pułaski deklaruje przezwyciężenie polskiego kompleksu klęski i nastrojów cierpiętniczych, jego amerykańska rozmówczyni podsumowuje: *Doskonale, ślicznie, rzetelnie po amerykańsku*[43]. Gdy znów zapowiada, że można *być Polakiem nie takim, jakim go wam Rulhière i Dumouriez opisali*[44], nie wykazując zrozumienia dla wojskowych rachunków, staje się właśnie takim uosobieniem *egzageracji, bezrządu, niesubordynacji* (*Byłem nocami nad rachunkami pocić się nie musiał! Przecież jam Polak, na Boga* – powie Pułaski)[45].

Ironiczny wydźwięk ma pozbawienie Polaków prawa do monopolu na pewien stereotyp. Tak dzieje się w scenie, gdzie płynący na statku ze zwłokami Pułaskiego

---

[42] H. Rzewuski, *Listopad. Romans historyczny z II połowy wieku XVIII*, Lwów 1936, s. 472–473.
[43] A. Nowaczyński, *Pułaski w Ameryce. Dramat w 5 aktach*, Poznań 1917, s. 26–27.
[44] Ibid., s. 160.
[45] Ibid., s. 128.

amerykańscy marynarze dają następującą charakterystykę Indian: *Rzemiosłem wszelkim gardzą! Za ladą by żaden nie stanął. Tylko wojować i wojować. A o tem pieśni śpiewają albo znów tańczą... albo znów wciąż sejmy robią sobie... wokół obsiędą.. lulki w zęby i nuż łgać na wyścigi, co to który dokonał*[46]. Zachwiane tu zostało fundamentalne dla świadomości polskiej przekonanie, że jesteśmy atrakcyjni dla zagranicy. Nowaczyński, posługując się przewrotnie Sienkiewiczowskim motywem sachema, zdaje się sugerować, że Amerykanie mają już swoich Indian. Tyle — preteksty.

I wreszcie stereotyp bohaterstwa, który tym razem zawiera się w tekście, czyli biografii Pułaskiego — D'Estaing wygłaszając patetyczną mowę pośmiertną na cześć Pułaskiego, zapomina najważniejsze, tj. nazwisko bohatera[47]. Lincoln zaś w tejże sytuacji jako największą zasługę Pułaskiego wymienia to, iż *nigdy nie pijał whisky*[48]. Dokonało się wtedy, nie bez ironii, upragnione przez Pułaskiego, przełamanie stereotypu Polaka.

Zasugerowany groteskowy wymiar pośmiertnego żywota bohatera — to tylko jeden aspekt narodowego bohaterstwa. Pozostaje jeszcze jego aspekt fizyczny — chodzi o zabijanie. W *Nocach i dniach* Marii Dąbrowskiej pada wielce charakterystyczne dla wrażliwości XX-wiecznej sformułowanie, że bohaterowie ojczyzny po odzyskaniu niepodległości powinni zmyć ze swoich rąk przelaną krew. Dramat Nowaczyńskiego nie jest jednak na tyle obrazoburczy, aby jednoznacznie stawiać znak równości pomiędzy bohaterem wojennym a zbrodniarzem. Idee pacyfistyczne pojawią się jako jeden z głosów w sporze o ocenę Pułaskiego. Brat Nataniel w rozmowie z polskim porucznikiem jest bowiem w swych poglądach na wojnę radykalny:

(...) człowiek opętany przez ducha Kainowego, który nie w gniewie, a w spokoju z innymi podobnymi sobie szaleńcami morduje setki i krocie... ten godzien jest tylko pogardy i niesławy[49].

Z perspektywy czytelniczej bardzo niepokojąco brzmi ten fragment — czy dotyczy on Pułaskiego? — wszak byłby to prawdziwy literacki skandal. Emocje opadają jednak, gdy Pułaski zostaje nazwany nie agresorem, lecz *obrońcą wolności i praw przyrodzonych*[50], gdyż ocala duchownych przed atakiem torysów.

Pułaski nie jest w dramacie Nowaczyńskiego pospolitym zbrodniarzem; istotne jest jednak co innego. Sam typ problemów, które się tam stawia — problemów na miarę tamtej epoki, zmagającej się z doświadczeniem I wojny, odpowiadającej na nie pacyfizmem i katastrofizmem[51].

---

[46] Ibid., s. 203.
[47] Ibid., s. 215.
[48] Ibid., s. 216.
[49] Ibid., s. 139.
[50] Ibid., s. 136.
[51] Zob. A. Nasiłowska, *Trzydziestolecie 1914–1944*, Warszawa 1995, s. 29–32.

6. Dzisiaj, naturalnie, postać ta nie zainspiruje raczej poważnej literatury — nie ma już bowiem żadnej siły mnożącej istotne pytania. Jeżeli jej rola w świadomości powszechnej się zwiększy, to już nie (jak kiedyś) za sprawą literatury. Od dawna obserwujemy znaczny rozdźwięk pomiędzy świadomością społeczną a literaturą. Niestety, czy na szczęście — nie teraz to rozstrzygać.

W historii literatury i piśmiennictwa polskiego pozostanie nikły epizod — obecność tekstowa Kazimierza Pułaskiego, zgodnie z formułą Chołoniewskiego, *szlachcica, bohatera, katolika*[52]. Z mojego punktu widzenia, to świadectwo zamkniętego już rozdziału literackich powinności i samoograniczeń, a także przykład różnorakich przekształceń w obrębie stereotypu[53].

Czy zatem — koniec, panie Pułaski?

---

[52] S. Chołoniewski, *Magnificat...*, op. cit., s. 39.

[53] Na konieczność refleksji dotyczącej istoty stereotypu w perspektywie jego wewnętrznych niekoherencji wskazała w bardzo cennych dla mnie uwagach poreferatowych prof. Alina Nowicka-Jeżowa. Temat ten, interesująco dziś wykorzystywany zwłaszcza w pracach inspirowanych kognitywizmem, wykracza swoją wielowątkowością poza wąskie ramy przedstawionego artykułu.

David Stefancic

Casimir Pulaski — nieznany bohater amerykański

Casimir Pulaski, albo Kazimierz Pułaski, bohater rewolucji amerykańskiej, obrońca republiki, męczennik z Savannah i ojciec amerykańskiej walki o niepodległość. Mógłbym długo mówić o tym, jak rozmaicie opisywano Pułaskiego, wówczas gdy uczyłem się w małej parafialnej szkółce w Wisconsin. Dorastając w czasie, kiedy były w modzie antypolskie dowcipy, rozpaczliwie poszukiwaliśmy polskich bohaterów, by móc się nimi szczycić. Pułaski był jednym z tych, ku którym się zwracaliśmy, ponieważ jego nazwisko było łatwe do wymówienia przez nas, nie mówiących po polsku uczniów. Były parady Pułaskiego, hrabstwa Pułaskiego, miasta Pułaskiego i święto Pułaskiego w Illinois. By zapłacić czesne, pracowałem nawet jako dozorca w parku im. Pułaskiego. Każdy wiedział o Pułaskim, tak przynajmniej myślałem, póki nie zacząłem zadawać pytań poza moim małym gettem w Wisconsin.

Kiedy zacząłem badania, byłem zaskoczony, widząc, jak mało ludzie wiedzieli o tym bohaterze rewolucji. Gdy profesorowie spytali o temat moich badań, a ja odpowiedziałem: *Pułaski*, nie mogli przypomnieć sobie, czy walczył on w wojnie o niepodległość czy w jakiejś innej wojnie. Wszyscy rozpoznawali jego nazwisko, wiedzieli także, że był Polakiem. Moi studenci historii już wcześniej je słyszeli, ale nie potrafili dodać nic poza tym. Natomiast ci pochodzący z Chicago pamiętali, że dzień nazwany jego nazwiskiem był wolny od zajęć, ale nie mieli pojęcia dlaczego. Mieszkańcy Indiany nawet nie wiedzieli, w jaki sposób wymawiać nazwę hrabstwa — Poolaski — nazwanego na jego cześć. Do reszty załamałem się, gdy zapytałem moją piętnastoletnią córkę o to, kim był Pułaski i okazało się, że nawet nie wiedziała, iż Polacy walczyli w amerykańskiej wojnie o niepodległość.

Co stało się z moim bohaterem, dokąd poszedł?

Dlaczego nikt go nie pamięta?

Jeżeli historycy są tymi, którzy utrzymują i zachowują pamięć dla narodu, to ich obowiązkiem jest odkrycie, dlaczego Pułaski jest nieobecny w amerykańskiej pamięci historycznej. Zamiarem tego opracowania jest analiza historycznego wizerunku Pułaskiego i dokonanie przeglądu literatury przedmiotu. Ten przegląd zostanie podzielony na dwie części. Pierwsza z nich będzie dotyczyła sposobu, w jaki Pułaski jest ukazywany w podręcznikach szkolnych (a więc wówczas, gdy dzieci otrzymują swoje pierwsze wprowadzenie do historii). Druga będzie traktowała o tym, w jaki sposób badacze postrzegali Pułaskiego w historii wojny o niepodległość (analiza przeprowadzona jest na podstawie materiałów dostępnych w bibliotekach publicznych i szkolnych). Celowo unikałem polonijnych history-ków, z powodu ich orientacji i nastawienia. Sądzę bowiem, że aby odtworzyć prawdziwe sądy o Pułaskim w literaturze historycznej, niezmiernie istotne jest zaprezentowanie jak ci, którzy nie są Polakami, postrzegają nas i opisują naszych przodków. Książki zostały wybrane dla celów badawczych przypadkowo, w celu znalezienia tego, co jest dostępne dla szerokiej rzeszy czytelników. Podręczniki szkolne pochodziły z biblioteczki klasowej pana G. Bitsko, nauczyciela wycho-wania obywatelskiego w Edison Middle School[1] w South Bend w stanie Indiana. Podręczniki zostały przesłane panu Bitsko przez różnych wydawców w okresie od lat sześćdziesiątych do 1997 r. Poza tym książki zostały wyciągnięte z półek biblio-teki publicznej w South Bend, bibliotek w Saint Mary's College i Hesburgh w Uni-wersytecie Notre Dame.

Ujmując raz jeszcze, celem przeglądu tej literatury jest zaobserwowanie, w jaki sposób przeciętny odbiorca rozwija swą pamięć historyczną o amerykańskiej woj-nie o niepodległość, a ściślej o udziale w niej Kazimierza Pułaskiego.

Pewne nieformalne wprowadzenie do historii otrzymujemy w domu od naszej rodziny i krewnych, jednak w otoczeniu szkoły uzyskujemy pierwszy jej oficjalny posmak. Formalna edukacja może, i zazwyczaj zastępuje, nieformalną wiedzę, którą otrzymaliśmy wcześniej w naszych domach. Czy Pułaski i inni Polacy po-jawiają się w opracowaniach przeznaczonych dla młodzieży? W podręcznikach szkolnych z lat 1960-1970 Pułaski jawi się jako cudzoziemski ochotnik, który odda-je swe życie w bitwie pod Savannah. Jest wymieniany w dwóch na trzy podręczniki pochodzące z tego okresu. Natomiast ponad połowa podręczników z lat osiem-dziesiątych nie wymienia ani Pułaskiego ani Kościuszki. Innymi słowy, uczniowie, którzy używali tych podręczników mogli mieć pięćdziesięcioprocentową szansę uzyskania informacji, iż Polacy brali udział w amerykańskiej wojnie o niepod-ległość. Wśród tych książek, które zamieściły informację o Pułaskim, połowa z nich wymienia jedynie jego nazwisko i to, że pochodził z Polski, nie wspominając zasług i służby w Armii Kolonialnej. Tylko w trzech podręcznikach poświęcono Pułaskie-mu więcej niż przypis. W *Land of Liberty* Pułaski jest opisany jako jeden z pierw-szych cudzoziemskich ochotników, który zaproponował pomoc Armii Kolonialnej i szkolił amerykańskich żołnierzy. W *One Flag, One Land* w osobnym rozdziale nazwanym *Heroes of the Revolution* Pułaski jest opisany jako bohater i dowódca kawalerii, który poległ w bitwie pod Savannah. *America's Heritage* nazywa Puła-skiego wojownikiem wolności, który zginął podczas prowadzenia szarży kawalerii pod Savannah; wolność znaczyła dla niego więcej niż własne życie (*Liberty meant more to him than his own life*). Warto zaznaczyć, że teksty, które nieco szerzej traktują o Pułaskim zostały napisane w okresie rozkwitu „Solidarności", w latach 1980-1981, i wydane zaraz potem. Kiedy mówiono o Polsce w mass mediach, Puła-ski był obecny w podręcznikach szkolnych. Tylko połowa tekstów z lat dziewięć-

---

[1] Middle School obejmuje 3 ostatnie klasy szkoły podstawowej (red.).

dziesiątych wymienia nazwisko Pułaskiego, i to przelotnie. Jeżeli ktoś nie przyjrzał się uważnie, mógł je przeoczyć. Tekst *The history of the United States* podaje, że Pułaski i Kościuszko planowali fortyfikacje West Point, wzdłuż rzeki Hudson. Pułaski inżynierem? Ci autorzy nie mieli raczej pojęcia o kim piszą. O czym mówi nam ten krótki przegląd podręczników szkolnych?

Gdybym nie miał wcześniej wiedzy o Pułaskim i wyciągnąłbym wnioski tylko z materiału, który znalazłem w tych książkach lub z jego braku, mógłbym sądzić, że bohater ten odegrał pomniejszą rolę w amerykańskiej wojnie o niepodległość oraz, że jedynym powodem roszczenia przez niego prawa do sławy było, iż zginął w pomniejszej bitwie na froncie południowym. Ktoś mógłby powiedzieć nawet, że znalazł się w amerykańskich książkach historycznych dla zaspokojenia *ego* polskiej mniejszości narodowej w USA. Czyż nie jest zdumiewające, iż dzieci w Chicago nie mają pojęcia, dlaczego mają dzień wolny dla uczczenia Pułaskiego, a nawet kim był Pułaski? Nawet gdybyście poznali podręczniki szkolne, mielibyście tylko jedną szansę na dwie, by zobaczyć tam jego nazwisko. Tylko najpilniejsi uczniowie pomyśleliby, że warto udać się do biblioteki w poszukiwaniu informacji o polskim męczenniku za amerykańską sprawę.

Co więc uczeń mógłby znaleźć, gdyby poszedł do biblioteki i odszukał specjalistyczne książki dotyczące amerykańskiej wojny o niepodległość? Niewątpliwie książka, która specjalizuje się w problematyce niepodległościowej mogłaby poświęcić więcej miejsca tym, którzy sobie na to zasłużyli, niż ta zajmująca się ogólną historią Ameryki. Nasze badania nad Pułaskim trwają.

Jeżeli informacja o Pułaskim w podręcznikach szkolnych wykazywałaby braki, następnym etapem byłoby przyjrzenie się bibliotekom publicznym i bibliotekom w collegach, by zobaczyć, w jaki sposób kwestia niepodległości została opisana na bardziej zaawansowanym poziomie. Spodziewałem się znaleźć jego nazwisko wymienione znacznie częściej i z większą liczbą szczegółów dotyczących jego życia, ale niestety zawiodłem się. Z pośród ponad dwustu przejrzanych książek, dających ogólny obraz wojny, czy specjalistycznych studiów o Armii Kontynentalnej, tylko 26 zamieściło nazwisko Pułaskiego jako uczestnika amerykańskiej wojny o niepodległość. Informacje znalezione w tych książkach są niezbyt liczne i warto byłoby prześledzić karierę Pułaskiego, opierając się na tym, co zostało znalezione w tych kilku tekstach, w których się pojawia. Charakteryzując Pułaskiego, przejdziemy od bitwy pod Brandywine do Savannah.

Opisując osobę Pułaskiego, pisarze zdają się być niekonsekwentni. Zespół cech charakteryzujących Pułaskiego można w sposób oczywisty podzielić na pozytywne i negatywne, a dalej na odnoszące się do strony fizycznej i psychicznej. Opisywany jest jako przystojny, niewysoki mężczyzna o smagłej cerze i niewielkim wąsie. Pozytywne cechy można podzielić na odnoszące się do życia towarzyskiego i wojskowego. Pułaski określany jest mianem: eleganckiego, kwitnącego, przyciągającego uwagę, romantycznego, łagodnego, uprzejmego i towarzyskiego człowieka. Natomiast jako żołnierz jest uznany przez pewnego autora za jednego z najlepszych cudzoziemskich ochotników, inni autorzy mówią z kolei o nim jako o zdolnym i utalentowanym oficerze. Przypisywane są mu wspaniałe zdolności jeździeckie, w bitwach nazywany był walecznym, jak również nieustraszonym i nieulękłym żołnierzem. Jest wyobrażany jako typ przywódcy. Innymi słowy, przez tych autorów został opisany jako oficer i gentelman. Jako człowiek, który jest wykształcony nie tylko w sztuce wojennej, ale także posiada wiedzę o otaczającym go świecie, jak określił Lafayette, człowieka, u boku którego jest honorem służyć. Natomiast niektórzy autorzy kształtują jednak jego odmienny wizerunek[2]. Negatywne cechy Pułaskiego mogą znowu zostać podzielone na te odnoszące się bezpośrednio do jego osoby, jak i do niego jako wojskowego. Najczęściej wymienianą wadą Pułaskiego była jego nieznajomość języka angielskiego, która przeszkadzała mu w dowodzeniu oficerami. Został opisany jako osobnik mający problemy we współpracy z innymi — w tym sensie, że był krnąbrny, kłótliwy oraz nie współdziałał z G. Waszyngtonem, Kongresem czy swoimi ludźmi. Jest opisany jako wiecznie narzekający, niesforny, arogancki, mający zmienne nastroje, drażliwy i sprawiający problemy, a także jako dowódca zbyt surowy, niesubordynowany, głupio uparty i niechcący się podporządkować zwierzchności. W rzeczywistości, Page Smith potraktował Pułaskiego jako cudzoziemskiego oficera będącego największym utrapieniem G. Waszyngtona (one of Washington's *most worrisome foreign officer problem*)[3].

Jak to się dzieje, że cechy opisane prze obie grupy autorów mogą odnosić się do tej samej osoby? W rzeczywistości mamy opisanych dwóch różnych ludzi. Niektórzy autorzy opisali bardzo dobrego oficera i gentelmana, podczas gdy inni przedstawili obraz niekompetentnego oficera i nudziarza. Który z nich jest prawdziwy? Czy mamy do czynienia faktycznie z Dr. Jekylem i Mr. Hyde'em, czy też autorzy zupełnie stracili orientację? Przeciętny czytelnik byłby jeszcze bardziej zakłopotany po przeczytaniu opinii ekspertów na temat Pułaskiego. Pozwólcie nam zwrócić się w stronę jego kariery, by zobaczyć, czy będzie możliwe znalezienie tam jakiegoś wyjaśnienia, kim Pułaski był naprawdę.

Pierwszym zadaniem bojowym Pułaskiego po przybyciu pod dowództwo G. Waszyngtona była bitwa pod Brandywine, która zakończyła się zupełną klęską Amerykanów. Brytyjczycy wymanewrowali Waszyngtona i zmusili go do odwrotu, który bardzo szybko przemienił się w klęskę. Pułaski poproszony został o dowodzenie konną eskortą, by osłonić odwrót i dać czas Waszyngtonowi na przegrupowanie swych wojsk. Siedmiu autorów wymienia udział Pułaskiego pod Brandywine. Kiedy Pułaski został wysłany na zwiad Brytyjczyków, odkrył ich zamiar odcięcia odwrotu Waszyngtona. Pułaski powrócił z tą informacją i został zobowiązany do przeszkodzenia Brytyjczykom. Bez umówionego planu wyrwał swoich trzydziestu jeźdźców spod ataku generała Howe. Pułaski wykrzykiwał swe rozkazy gromienia wroga po polsku, i co zadziwiające, jego ludzie go rozumieli. Kawaleria wdarła się

---

[2]   Army Times, Fisher, Fiske, Griffin, Griswold, Lancaster 1, Lancaster 2, Leckie, Miller, Mitchell, Preston.
[3]   Cumming, Freeman, Gordon, Greene, Smith, Stember, Stokesbury.

gwałtownie w szeregi armii brytyjskiej, która nawet nie zdawała sobie sprawy, iż Armia Kolonialna ma oddział kawalerii.

Nieprzyjaciel rozpierzchł się w nieładzie, pozwalając Waszyngtonowi kontynuować odwrót i uchronić Armię Kolonialną przed okrążeniem. Gdyby nie było Pułaskiego, ta bitwa mogłaby być jej końcem. Uratowanie armii było jego największym osiągnięciem, docenianym zaledwie przez siedmiu autorów[4].

Kolejną zauważoną akcją Pułaskiego było odwrócenie uwagi Brytyjczyków podczas amerykańskiego ataku pod Germantown. Dowódcy amerykańscy zmarnowali swój sukces poprzez brak decyzji i Pułaski został ponownie zmuszony do użycia swej kawalerii, by osłonić odwrót innego amerykańskiego generała, Nathaniala Greene'a.

Do czasu akcji pod Germantown Pułaski był dowódcą dopiero co utworzonej kawalerii, w ten sposób zdobył tytuł Ojca Kawalerii Amerykańskiej. Tylko trzej autorzy podają wzmiankę na temat pierwszej akcji Pułaskiego jako dowódcy kawalerii i tylko dwaj wspominają, iż był on nowicjuszem w siodle i niedoświadczonym kawalerzystą. Jeden z autorów opisuje Pułaskiego i jego żołnierzy jako nieefektywnych, ponieważ byli oni zbyt kiepsko zorganizowani i prowadzeni. Pułaski jest nawet oskarżony o to, że przespał bitwę i to porzucenie obowiązków mogło przyczynić się do klęski Amerykanów pod Germantown. To oskarżenie o spanie na służbie zostało rozpowszechnione przez współczesnych Pułaskiemu przeciwników, którzy byli zazdrośni o jego kompetencje oraz pozycję, i zostało szybko zdementowane przez Waszyngtona i Lafayette'a, ale ciągle pojawia się w książkach napisanych prawie dwieście lat później. Ta relacja uwiecznia uogólnienie, późnodziewiętnastowieczny stereotyp, który funkcjonował do połowy XX w., iż Polacy są niewiarogodni i leniwi[5].

Zimą na przełomie 1777–1778 r. Pułaski zabrał swoich żołnierzy do Trenton, by wyszkolić ich w europejskim stylu walki i dyscyplinie. Aby zrealizować zamiar, wybrał cudzoziemskich oficerów, co sprawiło, że Amerykanie byli jeszcze bardziej zazdrośni o polskiego parweniusza, który był obecnie generałem brygady, podczas gdy oni pozostawali pułkownikami. Pułkownik Stephen Moylan był najbardziej agresywny i nieposłuszny Pułaskiemu oraz innym cudzoziemskim oficerom (nawet jednego z nich pobił). Pułaski próbował postawić Moylana przed sądem wojennym, ale Waszyngton i Kongres oddalili oskarżenie. Pułaski nie zyskał poparcia pośród swych ludzi i zdecydował się zrezygnować z patentu oficera w 1778 r. Tylko dwaj autorzy wymieniają go jako *Commander of Horse*; jeden z nich wspomina to tylko przelotnie, podczas gdy drugi oskarża Pułaskiego o zniszczenie kawalerii kolonialnej, a nawet o przywłaszczenie przez niego pieniędzy swoich żołnierzy. Nie jest podana żadna wzmianka o pracy Pułaskiego nad stworzeniem z kawalerii niezależnego oddziału uderzeniowego Armii Kontynentalnej, a nie

---

[4] Army Times, Fisher, Griffin, Griswoll, Lancaster 1, Lancaster 2, Preston.
[5] Griffin, Griswold, Lancaster 2.

tylko oddziału wspierającego piechotę. Raz jeszcze pojawia się stereotyp kłótliwego i niewiarogodnego Polaka[6].

Pułaski wystąpił do Kongresu w kwestii utworzenia Legionu, niezależnego korpusu, by pokazać Waszyngtonowi i innym, o jakiej kawalerii myślał. Kongres przekazał mu fundusze na rekrutację i wyszkolenie 68 ułanów i 200 piechurów. Pułaski wybrał ich z grupy jeńców wojennych i dezerterów z armii brytyjskiej, (wbrew rozkazom Waszyngtona), oraz innych ochotników europejskich. Przyjął jeszcze dodatkowo 62 osoby. Legion miał niewielkie fundusze i był zmuszony korzystać z niechętnej pomocy miejscowych farmerów. Po raz pierwszy został wysłany do New Jersey i Egg Harbor, gdzie został zdradzony przez dezertera; następnie legioniści stacjonowali w rejonie Delaware. Oba przydziały były marnowaniem talentów legionistów, głównie chodziło tam o prace garnizonowe i Pułaski zaprotestował w Kongresie. W końcu przeniesiono Legion na front południowy, by walczył pod Charleston i Savannah.

Sześciu autorów wzmiankuje o Legionie Pułaskiego, prawie każdy wypowiada się o nim w sposób negatywny. Jeden z autorów nazywa go *małą siłą lanc*, podczas gdy inny *zjednoczeniem korsarzy* i *różnorodną mieszaniną poszukiwaczy przygód*. Dwaj autorzy podają rekrutację przez Pułaskiego brytyjskich i haskich żołnierzy, wbrew rozkazom Waszyngtona, jako przykład zwyczajnej niesubordynacji Pułaskiego. Zapomnieli jednak wziąć pod uwagę rozczarowania Pułaskiego Amerykanami i ich niechęć do nauki europejskich technik kawaleryjskich. Pułaski nie miał się do kogo zwrócić poza innymi Europejczykami. Jest również oskarżony o utratę – z powodu złego dowodzenia w Egg Harbor – pięćdziesięciu ludzi i dezercję jednego, brytyjskiego jeńca wojennego. Jest przedstawiany jako nieposłuszny i niekompetentny oficer. Podobne zarzuty można by postawić G. Waszyngtonowi i B. Arnoldowi, ale byłoby to absurdem, tak jak potępienie Pułaskiego za Egg Harbor. Legion był oddziałem wojskowym, który był niedozbrojony i źle wykorzystany jako straż graniczna przeciwko flocie brytyjskiej i wspierającym Brytyjczyków Indianom. Natomiast wspomniani autorzy traktują Legion i jego niepowodzenie jako dodatkową możliwość krytykowania Pułaskiego.

Przeniesienie na front południowy było dla kawalerzystów szansą sprawdzenia się w bitwie, ale zamiast tego przyczyniło się do ich końca[7].

Kiedy Pułaski przybył na południe, sytuacja wojsk lądowych pogarszała się szybko. Miasto Charleston było na granicy poddania się i przyjazd Pułaskiego przedłużył tylko to, co było nieuniknione. Pułaski wymyślił zasadzkę, która mogła zmienić przebieg bitwy, ale przemieniła się w masakrę, kiedy jeden z żołnierzy zaatakował zbyt wcześnie. Rezultatem tej klęski była utrata prawie całej piechoty. Zła passa Pułaskiego przylgnęła do niego jak tabliczka, na której wypisywano jego brak umiejętności dowódczych.

---

[6] Freeman, Griswold.
[7] Army Times, Fisher, Leckie, Miller, Montross, Stember.

W październiku 1779 r. Pułaski przybył z armią do Savannah. Oddziały brytyjskie zdołały ufortyfikować miasto i siły francuskie i amerykańskie próbowały wyprzeć ich stamtąd. Atak rozpoczął się 9 października, ale Brytyjczycy byli nań przygotowani, za sprawą dezertera z armii amerykańskiej. Dowódca francuski padł od pierwszej salwy Brytyjczyków i atak zaczął się załamywać, Pułaski popędził naprzód, by utrzymać natarcie, kiedy został trafiony kartaczem. Zmarł w dwa dni później. Trzynastu autorów, mniej niż połowa z tych, którzy o nim piszą, odnotowuje śmierć Pułaskiego. Dziesięciu autorów podaje tylko pobieżną informację o śmierci Pułaskiego jako jednego z wielu, którzy polegli w tej bitwie. Jeden z nich próbuje umniejszyć jej wagę przez przyjęcie stanowiska, iż Pułaski zginął trafiony jedną, małą kulą. Inni autorzy nie potrafią ustalić miejsca trafienia, wymieniając brzuch, nogę lub pachwinę. Kilku autorów, biorąc jako pretekst jego szarżę na pozycję wroga bez odpowiedniego wsparcia, przedstawia Pułaskiego jako nieroztropnego dowódcę. Jedynie Charles Ryster traktuje Pułaskiego jako męczennika sprawy amerykańskiej jako wzór dla innych Amerykanów. Uważa, iż dla zwycięstwa było konieczne swoiste poświęcenie życia przez polskiego generała. Dla większości autorów jest on jednak szalonym Polakiem, który bezsensownie stracił swe życie dla przegranej sprawy[8].

Wracając do pytania, które zadaliśmy sobie na początku tej rozprawy, dlaczego ludzie wiedzą tak mało o Kazimierzu Pułaskim, odpowiedź — w świetle tego, co powiedziano wyżej — wydaje się jasna. Pułaski jest dla autorów książek o amerykańskiej wojnie o niepodległość kimś nieistotnym (*non-person*). Czy są one podręcznikami do nauki historii Ameryki, czy też specjalnymi opracowaniami na temat rewolucji amerykańskiej, Pułaski jest w nich raczej pomijany lub jego nazwisko pojawia się tylko w przypisach. W tych kilku pracach, w których się o nim wspomina, pojawia się on nie wcześniej niż tuż przed śmiercią. Dzielny i waleczny żołnierz zjawia się znikąd i ginie podczas szarży.

Dlaczego zainteresowanie człowiekiem, który miał znaczący wpływ na losy kawalerii amerykańskiej jest tak niewielkie?

Odpowiedzi należałoby powiązać z amerykańską historiografią i jej nastawieniem do Polski. Kiedy powstawały pierwsze prace historyczne dotyczące wojny o niepodległość w początkach XIX w., Polska straciła suwerenność i — jak mówi porzekadło — *co z oczu to i z pamięci* (*out of sight-out of mind*). Francja i Prusy istniały, dlatego w świadomości Amerykanów zachowały się nazwiska Lafayette'a, czy von Steubena. Nie było Polski, by pozostawić żywe nazwisko Pułaskiego. Kiedy kolejne pokolenie historyków pisały swe dzieła przy końcu XIX i na początku XX w., zachęcano Amerykanów, by trzymali niechcianych obywateli Europy Wschodniej z daleka od Ameryki. Ostatnią rzeczą, którą „dobry" Amerykanin chciałby zrobić w tym czasie, było oddanie czci Polakowi.

---

[8] Black, Billians, Commanger, Cumming, Fiske, Gordon, Griswold, Lancaster 2, Lodge, Mitchell, Preston, Royster.

Pierwsza ważna biografia Pułaskiego pojawiła się w Stanach Zjednoczonych Ameryki dopiero w latach czterdziestych XX w. i została zrobiona bez współczucia dla udziału Polaków w zmaganiach wojennych przeciw nazistowskim Niemcom. W latach pięćdziesiątych, gdy Polska była częścią bloku sowieckiego, wielu historyków postrzegało wszelkie wystąpienia przeciwko Moskwie jako buntownicze, szaleńcze zmagania — wtedy polonijni bohaterowie rónież stali się buntownikami. Od lat sześćdziesiątych do dziewięćdziesiątych zadaniem historyków było z kolei przywrócenie należnego miejsca tym grupom społecznym, które były marginalizowane w przeszłości. Polacy jednak znów znaleźli się poza uprzywilejowaną częścią społeczeństwa. Ten nowy ruch był skierowany głównie do Czarnych, Chińczyków itp., nie zaś do obywateli wschodniej i południowej Europy. Polacy i Pułaski nadal więc pozostali nie dostrzegani bądź ledwie dostrzegani w podręcznikach historii Stanów Zjednoczonych Ameryki.

Amerykanie polskiego pochodzenia byli zbyt potulni, pozwalając półprawdom i nieprawdzie pozostawać bez sprostowania. Dopiero ostatnio nowa biografia Pułaskiego autorstwa Leszka Szymańskiego przynosi (choć nie wszystkie) odpowiedzi na zarzuty stawiane Pułaskiemu. Również w czasopiśmie „Military History" (marzec 1997 r.) David Zabecki opublikował artykuł, w którym próbuje przedstawić Pułaskiego jako połączenie George'a Custera i Don Quixote'a i robi to bardzo dobrze, prezentując wyważone stanowisko na temat roli Pułaskiego w amerykańskiej wojnie o niepodległość.

To jednak dopiero początek rozwiązywania tego problemu. Potrzebujemy intensywniejszych badań i wielu jeszcze prac, by należycie ukazać miejsce Polaków w historii Ameryki — aby pewnego dnia uczniowie w Chicago wreszcie mogli zrozumieć dlaczego obchodzą Dzień Pułaskiego.

Bibliografia

Times Army, *Great American Cavalrymen,* 1964.
George Billias, *George Washington's Generals,* 1964.
Jeremy Black, *War For America,* 1991. Henry Commager, *Spirit of Seventy Six,* 1958.
William Cumming, *The Fate of the Nation,* 1975.
Sidney Fishar, *The Struggle for American Indenpendence,* 1908.
Fiske John, *The American Revolution,* 1891. Freeman William, *George Washington,* 1951.
Gordon William, *The History of the American Revolution,* 1788. Greene Jack, *Blackwell Encyklopedia of the American Revolution,* 1991.
Griffin Martin, *Catolics in the American Revolution,* 1911. Griswold Rufus, *Washington and His Generals,* 1872.
Lancaster Bruce, *From Lexington to Liberty,* 1955. Lancaster Bruce, *The American Heritage Book of the American Revolution,* 1958.
Leckie Robert, *George Washington's War,* 1892.
Lodge Henry, *The Story of the Revolution,* 1898.
Miller John, *Triumph of Freedom,* 1948. Mitchell Joseph, *Discipline and Bayoners,* 1967.
Montross Lynn, *The Story of the Continental Army,* 1952.
Perkins James, *France in the American Revolution,* 1911.

Regina Gorzkowska

Fenomen Pułaskiego w środowisku Polonii amerykańskiej

Ocenę skali zjawiska, jakim jest obecność generała Kazimierza Pułaskiego w życiu amerykańskim ułatwi rzut oka na ogólnostanowy skorowidz wydania *Omni Gazetteer of the United States*. Nazwy geograficzne pochodne od nazwiska generała (bynajmniej nie wszystkie, figurujące jedynie w atlasach i na mapach) zajmują kolumnę druku na stronie skorowidza i liczą 113 pozycji. Porównawczo: wykaz oznakowań na mapach z nazwiskiem generała Steubena — to pół kolumny druku (44 pozycje), a wykaz nazw według nazwiska Waszyngtona — głównodowodzącego wojny o niepodległość Stanów Zjednoczonych i pierwszego prezydenta — wynosi 8,5 kolumny druku (ok. 885 nazw). Pod względem obszaru i liczby ludności dysproporcje są jeszcze bardziej wyraźnie. To, co mamy, nie jest jednak bagatelne. Pułaski użycza swego nazwiska siedmiu hrabstwom w tyluż stanach, z liczbą ludności od 8 600 w hrabstwie w stanie Georgia, 10 tys. w Virginii, po 13 tys. w hrabstwie w stanie Illinois i Indiana, ok. 50 tys. w Kentucky i Missouri i 356 900 w Arizonie. Łącznie według danych z *Omni Gazetteer* — ponad pół miliona ludności zamieszkuje w hrabstwach noszących miano od nazwiska Pułaskiego. Zjawisko to zwielokrotnia się, powtarzając w nazwach: sądów, okręgów wyborczych, szkół, urzędów pocztowych, parków, cmentarzy i innych obiektów administrowanych przez hrabstwo. Liczba miejscowości (locales, populated places, census areas) z Pułaskim w herbie wynosi 40. Są to: Pulaski — liczące 50 tys. mieszkańców miasto w Wisconsin, Pulaski Township (Pensylwania, Południowa Dakota, Północna Dakota, Arizona, Michigan, Ohio, Minnesota) Pulaski Heights (Arizona), Pulaski Village (Nowy Jork), Pulaskiville (Ohio), Pulaskifield (Missouri). Ponadto *Omni Gazetteer* wyszczególnia 16 szkół oraz 15 parków nazwanych imieniem Pułaskiego. I tu musimy być ostrożni. Nazwy te są w większości pochodne. Nie są to koniecznie parki i szkoły im. Pułaskiego, upamiętniające generała. Po prostu mieszczą się w hrabstwach, miastach i osadach o nazwie Pulaski i są zarządzane przez administrację tychże. Nawet Pulaski Academy nie jest instytucją im. Pułaskiego. Jej pełna nazwa brzmi Pulaski Academy–Giles School i obsługuje miejscowości o tych nazwach, przywołując pamięć Polaka jedynie pośrednio, podobnie jak Dunbar–Pulaski Middle School — szkoła dla dzieci sąsiadujących miast Dunbar i Pulaski. Miejscowość Pulaski Arkansas Battery w Missouri upamiętnia baterię im. Pułaskiego przeniesioną z Arkansas, a więc nie jest nadana bezpośrednio dla uhonorowania generała, choć używa jego nazwiska. Pulaski Reservoir, czyli sztuczne jezioro w Virginii, nazywa się tak, bo położone jest na terenie hrabstwa Pulaski. Pulaski Baptist Church — mieści się przy ulicy bądź drodze Pułaskiego. Nazwa Pulaski Park, o ile nie wiąże się z nazwą miejscowości, najczęściej oznacza, że znajduje się tam pomnik Pułaskiego i to prawie na pewno łączy się z istnieniem lokalnej Polonii. Jeśli chodzi o inne nazwy geograficzne, Pułaskiego upamiętnia szczyt w Idaho — Pulaski Mount. W Minnesocie mamy Pulaski Lake. W sieci wodnej na obszarze Illinois mamy Pulaski Slogh, a w Oregonie i Teksasie dopływy Pulaski Creek. Na Florydzie ławica piaskowa w Monroe county nazywa się Pulaski Shoal.

Pozostaje kwestią otwartą, jaki wpływ na to miała Polonia. Na południu Stanów nazewnictwo jest częścią historii — wiąże się z żywym dotąd kultem Pułaskiego w Georgii. Sama obfitość nazewnictwa, potwierdzona źródłowo, jest częścią kolorytu lokalnego, np. Pulaski Lookout Tower, Pulaski Fort — warownia z okresu wojny secesyjnej. Pulaski School w pobliżu Savannah jest rzadkim przykładem celowego nazwania szkoły imieniem Pułaskiego. Podobnie nazewnictwo w Pensylwanii jest oryginalne i ściśle wiąże się ze szlakiem bojowym Pułaskiego.

Natomiast skupienie trzech nazw miejscowości w Ohio: Pulaski, Township of Pulaski i Pulaskiville, nazwanych w późniejszym okresie, świadczy o polskim osadnictwie w tym stanie. Tu już chodzi o świadome odwołanie się do paranteli z Pułaskim. Trudniej jest zebrać dokumentację nazw licznych Streets, Circles, Squares, Plazas i Malls, żeby pokazać, jak się odciska polskie osadnictwo w lokalnym nazewnictwie. Nazwisko Pułaskiego jest wszechobecne w nazwach polonijnych towarzystw patriotycznych, wojskowych i sportowych, drużyn piłkarskich, kapeli, kółek dramatycznych, festiwali, fundacji oraz ich siedzib i biuletynów, komitetów budowy pomników i obchodów Dnia Pułaskiego z paradą Pułaskiego, klubów kulturalnych. Wymieńmy choć kilka przykładów: Pulaski Cadets, zrzeszający kadetów polskiego pochodzenia z West Point. Pulaski Legion z — przykładowo — jego Filią nr 98 w Wilmington, Delaware, wynikłą z połączenia kilku towarzystw z członkami Towarzystwa Kadetów Pułaskiego — kiedyś towarzystwa ubezpieczeniowego, obecnie organizatora obchodów narodowych przy lokalnej parafii. Pulaski Democratic Club w New Britain. Liczne organizacje lokalne imienia Pułaskiego to nic więcej jak grupy towarzyskie zainteresowane podtrzymaniem więzi sąsiedzkich, czy zaakcentowaniem pochodzenia polskiego. Stać je jednak na wzniesienie się ponad własne opłotki i impuls do takich działań niekoniecznie pochodzi z zewnątrz.

Przykładowo:

Grupa w Omaha (w stanie Nebraska) w latach trzydziestych wydawała przez 5 lat miesięczny informator „The Pulaski Magazine and Digest for American Poles". Pulaski Foundation w Newark zawiązała się w 1943 r. w celu sfinansowania wydawnictwa (pod tą samą nazwą) dla polskiej propagandy wśród Amerykanów w okresie wojny. Nowojorski Pulaski Committee (założyciel i prezes John A. Pateracki) wydał popularną biografię Pułaskiego *Soldier of Liberty* (1945) autora Clarense'a A. Manninga, ułatwiającą otwarcie się społeczeństwa amerykańskiego na nową falę żołnierskiej emigracji. Pulaski Memorial Monument Committee w Hartford w stanie Connecticut przez 20 lat zbierał potrzebne fundusze (ok. 120 tys. dolarów) i wystawił Pułaskiemu – z okazji 200-lecia Stanów Zjednoczonych w 1979 r. – posąg konny (wyłącznie z prywatnych dotacji).

Ostatnią próbą świadomego kształtowania kultury polonijnej zogniskowanej wokół Pułaskiego było utworzenie (w latach 1985–1990 przez nową solidarnościową emigrację – Karola Osińskiego z Allentown wraz z Addisonem Brossem), Center for Polish American Arts and Culture w Bethlehem w Pensylwanii. Powstało ono z połączenia lokalnych antykwarycznych zainteresowań (Sun Inn Preservation Association) z działaniami ośrodków akademickich, m.in. Moravian College i Lehigh University.

W 1997 r. próbą zrewolucjonizowania sześćdziesiątej pierwszej z kolei parady Pułaskiego w Nowym Jorku było włączenie się w akcję starań o przyjęcie Polski do NATO (służyła temu m.in. działalność utworzonego wtedy biura prasowego parady).

* * *

Nazewnictwo to przyswojenie sobie miejsca, zaznaczenie obecności w krajobrazie. Dzięki Pułaskiemu trafiamy z polską obecnością w proces tworzenia się amerykańskiego mitu narodowego.

W 1826 r., był Lafayette obecny w Savannah przy położeniu kamienia węgielnego pod budowę pomnika Pułaskiego, który ostatecznie powstał w 1853 r. Nie jest to duże opóźnienie, jeśli się pamięta, że urbanistyczny plan przestrzennego zagospodarowania stolicy nazwanej imieniem Jerzego Waszyngtona, zakreślony przez Prospera L'Elfanta w 1791 r., jeszcze w połowie XIX w. był daleki od realizacji. Skrzydła Kapitolu powstały dopiero w 1859 r., a budowa wielkiej iglicy pomnika Waszyngtona zakończyła się w 1884 r.

W Filadelfii – kolebce wolności – zamysł budowy pomników dla uczczenia generałów obcokrajowców biorących udział w amerykańskiej wojnie o niepodległość powstał w 1890 r., dzięki zapisowi w testamencie generała Williama Reilly'ego. Zapis wymienia generałów: Lafayette'a, Montgomery'ego, Pułaskiego, Steibena (w tej kolejności). Realizację projektu rozpoczęto, kiedy fundusz osiągnął sumę 112 tys. dolarów w 1938 r. – pomnik Pułaskiego powstał w 1947 r. Od 1956 r. Legion Amerykański zapoczątkował tradycję składania wieńca pod pomnikiem w rocznicę zgonu Pułaskiego, co następnie zostało wkomponowane w coroczną paradę Pułaskiego.

Tradycja parad ku czci Pułaskiego, organizowanych w wielu ośrodkach z przewagą Polonii, kształtuje się w okresie obchodów stulecia jego zgonu około 1879 r. W Filadelfii jej początki związane są ze zjazdami Związku Narodowego Polskiego (ZNP) w 1897 r. i pochodu od miejsca zjazdu w Śródmieściu do Independence Hall, celem ofiarowania portretów Kościuszki i Pułaskiego do zbiorów tej instytucji (oryginały przekazano dalej do Biblioteki Kongresu, zachowując kopie).

Do zawiązania się ZNP doszło w 1880 r. właśnie w Filadelfii i jest on dziełem pokolenia uczestników powstania listopadowego i styczniowego. Niedługo potem dołączy Zjednoczenie Polskie Rzymsko-Katolickie (1874 r.). Związek miał szerokie zaplecze organizacyjne, posiadał m.in. bibliotekę i archiwum, przekształcone w 1937 r. w Muzeum Polskie w Chicago (od 1960 pn. Archiwum i Muzeum Zjednoczenia Polskiego Rzymsko-Katolickiego). Stanowił agendę polityczną Polonii i został z tej funkcji zwolniony dopiero przy okazji powołania Kongresu Polonii Amerykańskiej z końcem II wojny światowej. Po ugruntowaniu się Związku w życiu społeczności amerykáńskiej, od 1903 r., datuje się początek świetnie skoordynowanej akcji budowy pomników Pułaskiego i Kościuszki w stolicy Stanów Zjednoczonych.

Uchwała Kongresu Stanów Zjednoczonych z 29 XI 1779 r., podjęta po otrzymaniu wiadomości o zgonie Pułaskiego pod Savannah, o postawieniu mu pomnika w stolicy nie poszła w zapomnienie. ZNP, wychodząc propozycją ofiarowania stolicy pomnika Kościuszki, doprowadził do odnowienia tej ustawy. Była to reakcja na ofiarowanie Ameryce przez Prusy pomnika Fryderyka Wielkiego, co stało się swoistym wyzwaniem dla Polonii. Przeprowadzono bardzo zręcznie akcję, włączając w nią sympatyzujących polityków. Do urzeczywistnienia przyczynił się kongresman A. L. Brick z South Bend (Indiana), który wniósł petycję w imieniu swojego elektoratu o wykonanie postanowienia. Dużego poparcia udzielił stan Georgia, skąd nadeszło do Kongresu wiele listów i apeli od towarzystw naukowych, handlowych i politycznych. W wyznaczonym miejscu na narożniku placu Lafayette'a nie było miejsca na posąg konny, Polonia nie dała jednak zmienić koncepcji pomnika Pułaskiego. Na plac przed Białym Domem zaproponowano posąg Tadeusza Kościuszki (w latach osiemdziesiątych pomnik ten był ośrodkiem demonstracji środowiska waszyngtońskich Polaków). Związek opodatkował członków kosztami budowy pomnika w wysokości 5 centów miesięcznie, rozpisano konkurs na projekt monumentu. W 1907 r., na zjeździe w Baltimore postanowiono zwołać — w związku z odsłonięciem pomników, I Kongres Narodowy kraju, który od rozbiorów nie miał reprezentacji. Był to rzeczywiście *wielki dzień na gościnnej ziemi amerykańskiej* — jak pisano — z udziałem prezydenta Tafta i paradą wojskową w obecności głównodowodzącego generała Blissa. Następnego roku przygotowano w Chicago pomnikowe wydanie (650 stron *in quarto*) z pełną dokumentacją uroczystości odsłonięcia pomników i przebiegu Kongresu, przytoczeniem listów i depesz gratulacyjnych. Propagandowa funkcja uroczystości wobec zbliżającej się I wojny światowej i wysiłku zbrojnego Polonii była nieoceniona.

Rangę obchodów Dnia Pułaskiego w 1929 r. w 150-lecie jego zgonu podniósł udział dyplomacji odrodzonego państwa polskiego. Prezydent Ignacy Mościcki wyznaczył ministra Filipowicza specjalnym ambasadorem do spraw obchodów. Przewodniczącym amerykańskiego Komitetu Narodowego Obchodów był pułkownik Igniatius K. Werwiński, który ofiarował w imieniu Komitetu popiersie Pułaskiego dla Senatu w Warszawie. Obchody rozłożone były na cały miesiąc i objęły większe ośrodki polskiego wychodźstwa. Pomnik Pułaskiego wzniesiono w Northampton w stanie Massachussets. Dokładne sprawozdania prasowe zamieściła „Polonia" — organ Polsko-Amerykańskiej Izby Handlowej z siedzibą w Nowym Yorku.

W Filadelfii świetną paradę Dnia Pułaskiego poprowadzono przez dziewiętnastowieczne Śródmieście do placu przed Indenpedence Hall w najstarszej części miasta.

Wydawałoby się, że pamięć Pułaskiego jest ostatecznie ugruntowana. Tymczasem pominięto jego nazwisko na zbiorowym pomniku generałów Jerzego Waszyngtona na pobojowisku Valley Forge w 1917 r., gdy uwaga amerykańskich Polaków koncentrowała się na teatrze wojennym w Europie. Do korekty tego przeoczenia doszło w 1950 r. z inicjatywy historyka i reportera polonijnego Edwarda Dybicza ze Swedersburga w Pensylwanii. Nazwisko Pułaskiego wyryto na końcu wykazu, poza porządkiem alfabetu, w wyniku decyzji stanowego kongresu.

W stanie New Jersey, który był wielkim polem bitewnym amerykańskiej wojny o niepodległość, imieniem Pułaskiego nazwano zbudowaną w 1933 r. wielką wiszącą autostradę między Jersey City a Newark, której otwarciu w dniu 10 września przewodniczył gubernator Harry Moore. Nazwa General Pulaski Skyway szybko jednak skróciła się do Skyway. Pełną nazwę przywrócono dopiero w 1978 r. odnawiając napis na tym gigantycznym wiadukcie w 1978 r., na skutek decyzji Zgromadzenia stanowego, staraniem kongresmana Stephana R. Kopycińskiego, prezesa Pulaski Memorial Committee.

W przygotowaniu do obchodów 200-lecia Stanów Zjednoczonych przekształcono zabytkową część Filadelfii, wydobywając spod XIX-wiecznej zabudowy autentyczne miasto-kolebkę: wokół ratusza odnowiono centrum administracji kolonialnej, gdzie doszło do utworzenia państwowości Stanów Zjednoczonych. Narodowy Park Niepodległości stał się, jako zabytek klasy zerowej, odpowiednikiem unikatowego układu Błoni Waszyngtońskich, naszkicowanych przez włoskiego architekta L'Enfanta, a w całości zrealizowanego do końca XIX w.

Strona polska z okazji tych przeobrażeń zyskała Muzeum Kościuszki w kamienicy przy Pine i Third, gdzie generał wynajmował pokój podczas ostatniego pobytu w Stanach. Liczono, że Oś Północ-Południe Narodowego Parku Niepodległości, wypadająca w miejscu Independence Hall, pomieści szereg pomników bojowników o wolność i niezależność. Umieszczono je wcześniej w ogrodzie bohaterów na dolnym tarasie, poniżej Filadelfijskiego Muzeum Sztuki, co sprawia, że są słabo eksponowane w mieście kwakrów. Podobnie jak inne pomniki, pomnik Pułaskiego z 1947 r., stojący przy zjeździe do miejskiego Parku, pozostaje nadal na uboczu.

Parada Pułaskiego trasą od Longan Circle z Instytutem Franklina i katedrą św. Piotra i Pawła (gdzie spoczywają prochy kardynała Johna Króla) do Independence Hall wpisuje corocznie w plan miasta imię bohatera. Kazimierz Pułaski, jest chlubą Polonii i legitymizuje polską obecność w momencie tworzenia się nowej państwowości.

Parada filadelfijska składa hołd Pułaskiemu jako twórcy amerykańskiej kawalerii, wyprzedzającej zmotoryzowane wojsko, zachowała więc elementy parady wojskowej. Dopiero niedawno ze względu na niebezpieczeństwo zniszczenia nawierzchni ulic usunięto z niej czołgi. Paradę wyróżnia obecność gościa wojskowego, którym jest corocznie oficer wojsk USA pochodzenia polskiego, udział orkiestry Gwardii Narodowej oraz obecność pułków i oddziałów weteranów policji konnej. Przywołuje się hasło *za waszą wolność i naszą*. Elementem zasadniczym pochodu pozostaje przegląd organizacyjno–społecznego życia Polonii, z uwzględnieniem szkół nauki języka polskiego, zespołów dziecięcych i młodzieżowych tańca narodowego i ludowego, życia parafii. Parada jest barwnym festynem ludowym, pokazem dorobku Polonii, szukającej antenatów m.in. w generale Pułaskim.

Edward Pinkowski

Prochy generała Pułaskiego

Nikt w Polsce nie widział jeszcze prochów generała Pułaskiego; w Stanach Zjednoczonych tylko parę osób zostało dopuszczonych do laboratorium patologii, w którym one obecnie się znajdują. Przypuszczam, że każdy, kto stanąłby przed taką perspektywą, byłby podekscytowany niczym student medycyny — móc na własne oczy przekonać się o tym, jak dzisiaj wyglądają kości bohatera spod Savannah zniszczone przez całe lata walki i jazdy na koniu.

Kiedy dostałem zaproszenie do uczestnictwa w konferencji w Warce i wygłoszenia tu referatu o szczątkach znalezionych w ceglanej krypcie pod podstawą pomnika Pułaskiego w Savannah, w stanie Georgia, zapytałem dr Karen Burns, antropologa z Uniwersytetu Georgii, czy zechciałaby przyjechać do Warki i zabrać głos w dyskusji na temat odkrytych kości, które ostrożnie wydobyła z małej skrzynki 27 września 1996 r. Przykro mi to stwierdzić, ale nie dostałem od niej żadnej odpowiedzi. Nieco później wysłałem jej zdjęcia i dokumenty historyczne, które mogłaby użyć w przygotowaniu referatu, mimo to nadal nie dostałem odpowiedzi. W rezultacie to, co chcę dzisiaj powiedzieć o prochach generała Pułaskiego, które sam widziałem tylko dwa razy, jest nieoficjalne i składa się z moich osobistych poglądów.

Obecnym celem badań prowadzonych w Savannah jest udowodnienie przez testy DNA i inne metody analityczne, że kości znalezione w żelaznej skrzynce pochodzącej z 1854 r., z wyrytym na wierzchu napisem: GENERAŁ BRYGADY KAZIMIERZ PUŁASKI, są rzeczywiście jego prochami. Badania te prowadzone są pod kierunkiem słynnego lekarza sądowego dr. Jamesa C. Mettsa w Savannah — ich wyniki będą ogłoszone wtedy, kiedy dr Metts przygotuje raport. Ponieważ w Polsce było publikowanych wiele niedokładnych informacji na temat znalezienia szczątków, dr Metts był zirytowany tym zamieszaniem i nieprawdziwymi wiadomościami rozpowszechnianymi w Polsce.

Pisał do mnie: *Pan wie dobrze, że szczątki Pułaskiego były i są traktowane z wielkim szacunkiem, troską i są dobrze zabezpieczone. Obecnie prochy są zamknięte i strzeżone w bezpiecznym miejscu pod moją osobistą opieką. Nikt nie może wejść do tego pomieszczenia bez mojego zezwolenia.*

Najczęściej jest zupełnie niemożliwe odtworzenie życia człowieka, którego kości znaleziono w zardzewiałej skrzynce, czasami się to jednak udaje, jeśli poświęcimy wiele czasu i badań. Dzięki temu, że nieoficjalnie (ale niezależnie) współpracuję z dr. Mettsem, wiem, że długi łańcuch dowodów fizycznych i historycznych wypełni luki w historii życia najsłynniejszego polskiego bohatera w amerykańskiej historii. W trakcie trwania naszych prac postarałem się, aby wysłano do laboratorium próbki krwi żeńskich krewnych generała Pułaskiego ze strony matki w celu przeprowadzenia testów DNA.

Przyjechałem do Polski nie tylko z zamiarem zrelacjonowania historii prochów Pułaskiego, a zwłaszcza ich niezwykłego odkrycia w Savannah, ale także chciałbym odszukać kobiety nieżyjące i żyjące, które są bezpośrednio spokrewnione z matką generała Pułaskiego. W 1992 r. natrafiłem na niepublikowany wówczas jeszcze tekst Sławomira Górzyńskiego „Pułascy herbu Ślepowron" (znajdujący sie w niniejszym tomie); prowadziłem wtedy poszukiwania w dokumentach, by doprowadzić do poprawienia błędów znajdujących w opublikowanych biografiach generała Pułaskiego. Kiedy rozpocząłem poszukiwania grobów matki Pułaskiego i jego sióstr, praca Górzyńskiego okazała się nieocenioną pomocą. Poszukiwanie potomków Pułaskiego wśród kobiet wynika z zasady badań genetycznych, według których materiał genetyczny przechowuje się w liniach żeńskich. Znalezienie chociażby jednej osoby będzie przypominało szukanie igły w stogu siana. Mam jednak nadzieję, że po rozgłoszeniu tej sprawy w ciągu najbliższych miesięcy ktoś do mnie się zgłosi. Liczę również na pomoc wszystkich, do których dotrą te słowa – być może w ten sposób skończymy z mityczną historią pochowania Pułaskiego w morzu.

Wracając do historii, jeżeli chcemy wiedzieć dokładnie, gdzie leży polski generał, który walcząc o niepodległość Ameryki poświęcił swe życie, należy podążyć śladem jego ostatniej walki.

Zacznijmy może od początku historię statku Wasp. Proszę wyobrazić sobie brudny, śmierdzący 14-działowy statek kaperski pod nazwą Wasp (czyli Osa) — właścicielem jego był Józef Atkinson, kupiec z Charlestonu w stanie Południowa Karolina, zaś dowódcą statku kapitan Samuel Bulfinch, który zaczął żeglowanie po morzach świata przed laty – w Bostonie, jako bardzo młody człowiek. Od co najmniej dwóch dni czarno pomalowany Wasp ze zwiniętymi żaglami był przycumowany do drewnianego molo niedaleko plantacji Bonaventure w stanie Georgia. Tutaj wiceadmirał Charles–Henri d'Estaing, dowódca francuskiej floty morskiej składającej się z 43 statków, armii liczącej 4 456 osób oraz artylerii, założył szpital polowy we wrześniu 1779 r. Jego inżynier nazwał to miejsce Thunderbolt Bluff, ponieważ rzeka o tej samej nazwie płynęła niedaleko. Teren ten był oddalony od starego Savannah kilkoma milami lasu. Dzisiaj ta rzeka nazywa się Wilmington. Kiedy Wasp przypłynął, by załadować francuskie działa, które były użyte przy oblężeniu Savannah i przetransportować chorych i rannych do Charlestonu, ewakuacja amerykańskiego i francuskiego obozu pod Savannah była prawie na ukończeniu. Na przystani Bonaventure nie było już lekarza, *tylko jeden chłopak*, jak go nazwał kapitan Bulfinch, który miał się opiekować chorymi i rannymi na jego brygantynie. Jednym z ostatnich rannych, których przyniesiono do szpitala na Wasp, był Pułaski.

W południe 15 października 1779 r. kapitan Bulfinch nie miał już miejsca, aby zabrać więcej pasażerów. Kiedy ranny oficer, porucznik Cornelius Van Vlieland, który stracił ramię w czasie oblężenia Savannah, prosił o przewiezienie do Charlestonu, Bulfinch musiał odesłać go na inny statek. Z analizy wydarzeń wynika, że przybycie porucznika Van Vlielanda miało miejsce przed śmiercią Pułaskiego — bowiem jego śmierć zwolniłaby jedno miejsce na Wasp i gdyby młody porucznik zaczekał, wtedy Bulfinch miałby to miejsce dla niego.

Bulfinch był zajęty załatwianiem miejsca dla rannego Vlielanda i nie bardzo wiedział, co się dzieje na jego statku — nie wiedział więc o przygotowywaniu trumny z sosnowych desek dla Pułaskiego. Ze śladów, które pozostały po pracy oficerów i załogi, a były oglądane w 1853 i 1996 r., wynika, że ciało Pułaskiego przygotowano do pochowania w wojskowym mundurze okrytym flagą. Co się stało później?

Historycy nie bardzo interesowali się dziejami Pułaskiego w Ameryce, aż do czasu kiedy Jared Sparks, były pastor kościoła unitariańskiego, który został redaktorem „North American Review" w Bostonie w kwietniu 1823 r., otrzymał 38-stronicową broszurkę od Paula Bentalou, francuskiego kapitana, który był w Legionie Pułaskiego. Pisząc kolejną wersję biografii Pułaskiego, Sparks cytował fragmenty broszury, które dotyczyły powrotu w tym czasie generała La Fayette'a do Ameryki[1]. Sparks podjął pracę tam, gdzie Bentalou ją przerwał — w ciągu następnych dwóch dekad pracował nad biografią Pułaskiego, którą ukończył w 1844 r. Przeprowadzał wywiady z żyjącymi jeszcze uczestnikami amerykańskiej walki o niepodległość, odwiedził Europę kilka razy, poszukując dokumentów o Pułaskim i również powtórzył opowiadanie Bentalou, że Pułaski został pochowany w morzu. Zaznaczyć należy, że całe pokolenia przyjaciół i wielbicieli Pułaskiego zostały wprowadzone w błąd — ja, jak się okazuje, również.

Przez więcej niż półtora wieku Bentalou i Sparks byli jedynymi autorytetami, od których wielu autorów czerpało wiadomości o rzekomym grobie Pułaskiego. Oni także podali, że Wasp był okrętem wojennym Stanów Zjednoczonych. Wiele gazet, czasopism, książek, czasem mówcy na uroczystościach rocznicowych powtarzali ten sam błąd, jak również podawali nieprawdziwą datę urodzin Pułaskiego. Obecnie wiemy już, że prawdziwą datą urodzin generała Pułaskiego jest 6 marca 1745 r.

W czasie wielkiego kryzysu w latach trzydziestych XX w., by utrzymać się przy życiu zmuszony byłem wydobywać węgiel z nielegalnych szybów w Pensylwanii. Aby jednak poznać to, co chciałem wiedzieć o grobie Pułaskiego, musiałem kopać nie w kopalniach węgla, ale w górach papierów i dokumentów. Po latach badań archiwalnych nie znalazłem żadnego dokumentu dotyczącego jego pogrzebu, postanowiłem więc szukać w rządowych papierach, listach, dziennikach i innych

---

[1] J. Sparks, *Count Pulaski*, „North American Review" (kwiecień 1825), t. 20, s. 338.

materiałach pozostawionych przez francuską ekspedycję pod dowództwem admirała d'Estainga w stanie Georgia.

Biblioteka Kongresu w Waszyngtonie ma mikrofilmy dotyczące tej ekspedycji. Kiedy poprosiłem o część francuską tego mikrofilmu, pracownik biblioteki powiedział mi, że obecnie ktoś na sali właśnie czyta ten fragment. W ten sposób zostałem przedstawiony węgierskiej emigrantce, pani Ellen Szaszdi, która ofiarowała mi pomoc w szukaniu dokumentów o polskim bojowniku o wolność. W wyniku naszej rozmowy pani Szaszdi podjęła dalsze poszukiwania i znalazła francuski list z datą 12 września 1779 r., który podawał nazwisko właściciela statku Wasp. W liście tym francuski konsul w Charlestonie, pan J. Plombard, pisał do hrabiego d'Estaing:

Pan Atkinson jest kupcem w tym mieście i właścicielem brygantyny Wasp. Kapitan Bulfinch wypływa dzisiaj rano na rozkaz Pana Hrabiego. Brygantyna ta jest uzbrojona w 14 dział i wspomoże pana d'Estainga w jego oczekiwaniu na małe uzbrojone statki[2].

Ten list francuskiego konsula był wspaniałym przewodnikiem w dalszych pracach archiwalnych, m.in. w odtworzeniu stanu załogi Wasp. Ze wszystkich oficerów i marynarzy, którzy służyli na Wasp w jesieni 1779 r., tylko trzech udało się zidentyfikować. Byli to: kapitan Samuel Bulfinch, porucznik William Main i Eleazar Phillips — oficer skarbnik i steward, który w czasie pokoju był stolarzem. Kapitan Bulfinch zmarł w Filadelfii 27 II 1813 r., a Main 15 IV 1800 r. w Charlestonie. Żaden z nich nie zostawił pamiętników ani dokumentów o swojej służbie i tragicznej bitwie pod Savannah. William Main był zastępcą dowódcy, aż w randze porucznika, co pozwala sądzić, że statek miał liczną załogę. Phillips był odpowiedzialny nie tylko za przekazywanie rozkazów załodze i komunikowanie sygnałów do innych statków, ale również otrzymywał pieniądze z Dowództwa Floty w Południowej Karolinie na zaopatrzenie kapitana i oficerów na statku Wasp.

Bulfinch wydelegował oficera do Charlestonu z zadaniem poboru ochotników na załogę Wasp. Każdy ochotnik, który miał służyć na żaglowcu przez minimum 6 miesięcy, miał dostawać 100 dolarów, poprzednio płacono tylko 30. Niewolnicy nie mieli prawa otrzymywania żadnych pieniędzy — właściciele zaciągnęli ich na służbę na Wasp i za to pobierali 40 dolarów miesięcznie od każdego niewolnika. Wolni marynarze dostawali po 5 dolarów więcej na miesiąc; podoficerowie, od bosmana do artylerzysty, już 60 dolarów miesięcznie. Kapitan miał cztery dolary na dzień, plus dwa dolary na wyżywienie[3].

Nikt z załogi nie przeczuwał, że kilku z nich zostanie włączonych w orszak pogrzebowy generała Pułaskiego. Czy wśród nich byli niewolnicy? Nikt nie wie.

---

[2] Plombard do hrabiego d'Estaing, 12 września 1779, Archives Nationales, Francja, Marine B⁴ 168, s. 120.

[3] „Journal of the Commissioner of the Navy of South Carolina", 22 lipca 1779; 23 marca 1780, t. 2, s. 14–15.

Orszak pogrzebowy składał się z osób, które grzebały ciała poległych. W tych czasach większość osób pochodzenia afrykańskiego na południu Ameryki żyła w stanie niewolnictwa i nie miała dostępu do istotnych wiadomości, jak też nie pozostały po nich żadne źródła.

Im więcej szukałem, tym trudniej było odnaleźć wspomnienia z czasów generała Waszyngtona, żeby otworzyć bramy do przeszłości Pułaskiego. Jeżeli Bentalou był rzeczywiście tym drugim oficerem, który przyszedł na statek Wasp w dniu 15 października 1779 r., to i tak nie był w stanie dowiedzieć się, co stało się z ciałem. W zakurzonych aktach archiwum Narodowego nadal zachowane były pisma Marty Miller, która była żoną Eleazara Phillipsa od 1786 r. Po śmierci męża w listopadzie 1826 r. złożyła ona podanie o rządową emeryturę. W jej papierach odkryłem, że Eleazar Phillips, oficer skarbnik na pokładzie statku Wasp, zrobił trumnę dla Pułaskiego[4]. Dowody popierające fakt, że Pułaski został pochowany na lądzie, znalazłem dopiero w 1971 r.

Spędziłem kilka lat, próbując odszukać dziennik pokładowy Wasp. Nie odnalazłem go, ale wpadł mi w ręce list pisany przez Bulfincha do generała Beniamina Lincolna, dowódcy armii amerykańskich na południu, datowany 15 października 1779 r. z okolicy Thunderbolt Bluff. Lincoln nie przywiązywał wagi do listu, włożył go do skórzanej torby.

Jeśli Lincoln próbował ukryć przed Anglikami śmierć Pułaskiego, to mu się zdecydowanie nie udało — już po trzech dniach Prevost wiedział o tym fakcie. Dopiero kiedy podporucznik Charles–Frédéric Bedaulx, nominowany na zastępcę dowódcy Legionu Pułaskiego 13 listopada 1778 r., pisał o śmierci Pułaskiego do niego, Lincoln poinformował Kongres o tym wydarzeniu. Niecałe dwa miesiące później Bedaulx, wysoki, dwudziestopięcioletni szwajcarski najemnik, zmarł po długiej chorobie w szpitalu w Charlestonie. W tym czasie rozeszła się wieść, że zginął razem z Pułaskim na polu bitwy pod Savannah. W odróżnieniu od Pułaskiego, śmierć Bedaulxa została zapisana w aktach cmentarza parafialnego przy kościele św. Filipa w Charlestonie w dniu 8 grudnia 1779 r.

Kiedy Lincoln opuścił służbę w armii w 1781 r., list Bulfincha został złożony w jego domu w Hingham (w stanie Massachussets). Tam spoczywał przez półtora wieku, jak i większość papierów zachowanych z tego okresu jego życia. Dopiero w 1963 r. zostały zabrane z domu Lincolna i złożone w Bostonie, gdzie Stowarzyszenie Historyczne stanu Massachussets zrobiło z nich mikrofilmy. Kiedy tylko dostęp do tych cennych materiałów był możliwy, spędziłem niezliczone godziny na ich przeszukiwaniu, przy użyciu niezbyt dobrego projektora, szukając danych o działalności Pułaskiego w okolicy Savannah.

Według swego zwyczaju Lincoln miał wiele brudnopisów listów, które pisał do Pułaskiego i d'Estainga, ale nie było żadnych do mniej ważnych osób. Niezwykły

---

[4] C. R. Clark, *Count Cassimir Pulaski*, „Transactions of the Huguenot Society of South Carolina". No 82, 1977, s. 114–116; Pension Application R 8205, Roll 1927, National Archives, Washington, D.C.

był to dzień, w którym znalazłem list od Bulfincha, pisany z Thunderbolt, albo jak on to pisał — Tunder Bolt. Było to bardzo ważne odkrycie. Niestety, nawet przy pomocy powiększalnika nie udało mi się odczytać niektórych słow. Trzynaście lat później, dzięki ulepszeniom w kserografii, udało mi się zrobić dobre powiększenia listu, tak że niejasne wyrazy stał się czytelne. Bulfinch 15 października 1779 r. pisał:

Panie,

Pozwalam sobie poinformować Pana, że według pana rozkazu załadowałem na pokład dziewięć dział, jest to maksymalna ilość, którą można było zabrać. W dodatku niektóre podwozia musiały być złożone na szkunerze, który zabierał rannych Francuzów. Także wziąłem na pokład Amerykanów — jeden zmarł dzisiaj, więc przekazałem ciało do pogrzebu na lądzie. Mam tylko jednego chłopca do opieki nad rannymi. Byłoby dobrze, żeby Pan, Ekscelencjo, przysłał mi dodatkowych pomocników. Kapitan Vlyanland (sic) przybył tego popołudnia. Nie miałem miejsca dla niego. Statek Eagle, na którym miał odpłynąć, opuścił przystań dziś rano bez niego. Rozmawiałem z francuskim dżentelmenem, który zajmuje się rozmieszczaniem rannych Francuzów na innych szkunerach płynących do Charleston, i udało mi się go umieścić na jednym z nich.

Z najwyższym szacunkiem
Pański posłuszny sługa
Sam Bulfinch[5].

Zaraz potem statek Wasp opuścił przystań przy skarpie Thunderbolt Bluff w czasie przypływu.

Wygląda na to, że jedyne osoby, które wiedziały, gdzie spoczywa ciało generała Pułaskiego, to pani Jane Bowen, jej czwórka dzieci, brat i kilku służących zamieszkałych na plantacji Greenwich, która jest oddzielona drogą od plantacji Bonaventure. W tym czasie Bonaventure nie była zamieszkana przez właścicieli plantacji. Podczas brytyjskiej okupacji miasta Savannah właściciele plantacji, członkowie rodzin Tattanal i Mulryne, ze względów bezpieczeństwa uciekli do Savannah lub na jedną z brytyjskich wysp na Atlantyku.

Samuel Bowen, który kupił plantację Greenwich w 1765 r. , zasadził między bagnami a strumieniami przeszmuglowane z Chin nasiona soi i rozpoczął nowy przemysł w tym kraju. W krótkim czasie ożenił się z Jane Spencer, która pochodziła z arystokracji Georgii. Była córką naczelnego celnika w Savannah. Kupili wielu niewolników i nauczyli ich, jak wytłaczać olej z nasion soi, gotować bataty i robić proszek z palmy sagowej. On odkrył rzekę Thunderbolt, nazwaną tak, ponieważ piorun uderzył i pozostawił ślad, gdzie James Oglethope w 1733 r. pił wodę źród-

---

5 B. L. Papers, Massachusetts Society, Boston (Massachusetts), Film 1673, Roll 4, frame 743.

laną. Była to droga przyjemniejsza i bardziej dogodna niż piaszczysty trakt do Savannah, dlatego zbudował tam na rzece przystań do swojego użytku. Przepłynął Atlantyk wiele razy na swoich statkach, by sprzedawać w Anglii nowe produkty żywnościowe. W konsekwencji jego śmierci w Londynie 30 grudnia 1777 r. Jane Bowen została wciągnięta w zarządzanie plantacją Greenwich w czasie drugiej bitwy o Savannah. Francuzi korzystali z równie pięknej sąsiedniej plantacji Bonaventure, używając jej jako szpitala, lecz hrabia d'Estaing wolał plantację Greenwich i postawił pośrodku obozu duży namiot dla sztabu. Dwóch oficerów floty mieszkało w domu rodziny Bowen u wybrzeży Georgii. Do grudnia 1853 r. prochy Pułaskiego spoczywały w pięknym miejscu nad rzeką, co opisał wasz rodak, którego list znalazłem w Bibliotece Narodowej w Warszawie.

Tam na wzgórzu pomiędzy domem a rzeką, przy świetle pochodni, pani Bowen kazała swoim niewolnikom złożyć ciało Pułaskiego. Później jej rodzina, służba i potomstwo opiekowali się jego grobem. Kiedy Jane Bowen zmarła w 1782 r. zostawiła dla swoich czworga dzieci: 26 niewolników, 15 krów, 2 woły, świnie i cielaki, żelazne kotły, maszyny do robienia produktów z palmy sago, mączkę z palmy sagowej, proszek sagowy do robienia budyniu, a co najważniejsze, pamięć po generale Pułaskim i hrabim d'Estaing, która wzbogaciła historyczną tradycję Greenwich. Nowe warianty legendy rosły, ale nie można się temu dziwić, szczególnie kiedy podzielimy 26 niewolników między 4 dzieci i w nieskończoność powtarzaną historyczną legendę z pokolenia na pokolenie.

Kiedy wnuk Jane Bowen, major William P. Bowen, ekshumował grób Pułaskiego i szczątki jego przeniósł do Savannah, miał wielkie trudności z przekonaniem większości Amerykanów, że to właśnie są szczątki Pułaskiego, bo wersja Bentalou o pochowaniu generała w morzu była powszechnie znana. Prawda była taka, że gdyby Bowen i jego pomocnicy nie włożyli kości do żelaznej skrzynki (o wymiarach 53 cm na 28 cm) i nie umieścili jej z dwoma kamieniami węgielnymi w ceglanej krypcie na Placu Monterey, nikt by nie wiedział, że miał on dokładniejsze wiadomości o pierwszym grobie Pułaskiego niż Bentalou.

Krótko po położeniu kamienia węgielnego pod pomnik Pułaskiego, Bowen dowiedział się, że 66-letni żydowski kupiec bawełny, Jacob Clavius Levy, który przeprowadził się z Charlestonu do Savannah, w 1848 r. poznał polskiego legionistę o nazwisku Bogusławski, który odwiedził grób w 1803 lub 1804 r.

Kiedy Bowen był małym dzieckiem, znał swą ciotkę Elizabeth Ann Beecroft, właścicielkę plantacji Greenwich, która była naocznym świadkiem pogrzebu Pułaskiego i zawsze kładła kwiaty na jego grobie aż do swej śmierci w 1816 r. Najstarsza córka Samuela i Jane Bowen wyszła za mąż za brytyjskiego chirurga wojskowego dr. Samuela Beecrofta. Levy rozmawiał po francusku z kapitanem Jakubem Ferdynandem Bogusławskim, który przedstawił mu się jako siostrzeniec generała Pułaskiego. Przedtem Bogusławski uczestniczył we francuskiej ekspedycji na Haiti i służył w kompanii grenadierów.

Pamiętam go świetnie – pisał Levy do Bowena – *poznaliśmy się tak dobrze, na ile chłopiec 14- lub 15- letni może poznać dużo starszego mężczyznę. Po pewnym czasie pożegnał się z nami i powiedział, że chce odwiedzić grób swojego wujka. Wrócił do Charlestonu i nadmienił, że spełnił cel swojej wizyty.*

Generał Kazimierz Małachowski, dowódca półbrygady w nieudanej francuskiej ekspedycji tłumiącej powstanie murzyńskich niewolników, którzy chcieli ogłosić swoją niepodległość, także pisał w swoich pamiętnikach o Bogusławskim i innych polskich legionistach, którzy odwiedzili Savannah. Henryk Sienkiewicz użył postaci Bogusławskiego jako wzoru osobowego dla bohatera w jednej ze swoich nowel. Kto właściwie powiedział mu o grobie Pułaskiego, do dnia dzisiejszego jest tajemnicą.

Krótko przed swoją śmiercią William Bowen, pomysłodawca pomnika Pułaskiego w Savannah odbył podróż do plantacji Greenwich wraz z polskim rzeźbiarzem Henrykiem Dmochowskim. Henryk Dmochowski przyjechał do Savannah, na prezentację marmurowego popiersia Pułaskiego, które wystawiał w Towarzystwie Historycznym Georgii. List Dmochowskiego sprzed 139 lat, który znalazłem w mało znanym zbiorze w warszawskiej Bibliotece Narodowej, daje nam po raz pierwszy dokładny opis miejsca grobu.

Wczoraj – Dmochowski pisał 2 VI 1859 r. z Savannah – *ja i major Bowen poszliśmy na miejsce, gdzie był grób Pułaskiego. Miejsce to jest 4 mile stąd na brzegu małej rzeki, która wpada do rzeki Savannah. Tam była główna kwatera admirała i tam Francuzi wylądowali. Dom jest prześliczny i utrzymany w dobrym stanie. Przez wiele lat należał do przodków majora Bowena. Obecnie właścicielką jest wdowa, pani Gilbert, która jest chora na gruźlicę i mieszka z upośledzoną siostrą. Major Bowen pokazał mi pień drzewa palmetto i angielski krzak holly, który rósł blisko grobu. To drzewo palmetto i krzak holly były znakami które użył Bowen do odszukania grobu Pułaskiego. Miejsce to było mocno zarośnięte krzakami i sitowiem. Było tak pięknie, bardzo blisko rzeki. Ze wszystkich drzew zwisały brody mchu o przeróżnych kształtach. Sam dom jest pięknie utrzymany. Służąca była bardzo miła i grzeczna. Widziałem kilka dużych drzew magnolii posadzonych przez majora Bowena. Wziąłem kilka gałązek magnolii, liści z krzaku holly rosnącego na grobie i kilka innych pamiątek, między nimi korę z drzewa palmetto i mech. To powinno być przesłane do Poznania i do innych miejsc. Będą to rzadkie pamiątki*[6].

Trzeba dodać że chociaż wpisano to do jego życiorysu w *Polskim słowniku biograficznym*, Dmochowski nie wykonał rzeźb na pomniku Pułaskiego w Savannah.

W wielu artykułach o Pułaskim pewne fakty zostały pominięte. Parę osób, a może tylko major Bowen i jego znajomi podało, że prochy generała zostały przeniesione z grobu na plantacji Greenwich do ceglanej krypty pod pomnikiem na Placu Monterey w Savannah.

---

[6] List Henryka Dmochowskiego do Henryka Kałussowskiego z 2 czerwca 1859 r., Biblioteka Narodowa w Warszawie, Rkps sygn. III 8322,

Kiedy przeprowadzano ekshumację, część trumny zrobionej przez Phillipsa nie była zupełnie zbutwiała. Kilka gwoździ i fragmenty drewna zostały przechowane w żelaznej skrzynce pod pomnikiem Pułaskiego i zostały ponownie odkryte w 1996 r. Dr Metts zezwolił Jamsowi Wermuthowi, dyrektorowi odbudowy 142-letniego pomnika, wziąć kilka fragmentów do przeprowadzenia analizy w Rhode Island. Dla poszukiwaczy pamiątek dzień ekshumacji był wyjątkowym dniem. Między drobiazgami, które szybko zniknęły, były metalowe guziki, które wskazywały, że Pułaski był pochowany w wojskowym mundurze. Paciorki, które mogły być częścią różańca, oraz monety z 1779 r. zostały niestety skradzione. Skradziono także większość zębów bohatera bitwy o Savannah (szczęśliwie zachowało się kilka zębów trzonowych, jeden z nich zawierał materiał nadający się do badań DNA.) Większość osób była zainteresowana raczej czaszką i kośćmi niż małymi fragmentami metalu, szkła, ceramiki i itp., które znaleziono z ciałem Pułaskiego.

Podczas pierwszej ceremonii oddającej hołd Pułaskiemu w Savannah w 1825 r., generał La Fayette położył kamień węgielny pod pomnik w Chippewa Square. Ponieważ kamień nie miał wnęki, komitet pomnika złożył monety, banknoty, historyczne dokumenty i inne pamiątki w osobnej skrzynce. Zawartość jej nie została przeniesiona do nowego pomnika w 1854 r. Przeniesiono tylko ciężki kamień węgielny, nikt nie wie, co się stało z resztą.

Jedną z ostatnich osób, która widziała Pułaskiego przy życiu, był kapitan Bulfinch. W porównaniu z nim Pułaski był o kilka centymetrów niższy i cztery lata młodszy. Miał małą głowę i wąskie ramiona. Kapitan Wasp miał 165 cm wzrostu, ciemnobrązowe włosy i ciemną cerę.

Wiemy że 13 stycznia 1770 r. Pułaski został zaskoczony przez rosyjski oddział w miejscowości Grab niedaleko południowej granicy ówczesnej Polski, wtedy złamał rękę i nie mógł pisać przez pewien czas. To zdarzenie zostało opisane w dwóch listach. Prześwietlenie kości prawej ręki potwierdziło to wydarzenie, jak również dowiodło, że Pułaski był praworęczny.

Łatwo było połączyć kości znalezione w zardzewiałej żelaznej skrzynce z osobą Pułaskiego, ponieważ pochowany był w trumnie, a jego kręgosłup uległ spłaszczeniu, leżąc na dnie trumny od 1779 do 1853 r. Żadne szczątki kręgosłupa pochodzące ze zwłok, które zostały złożone do grobu bez trumny, nie nabrałyby tak płaskiego kształtu. Badanie innych szczątków kostnych daje powód do spekulacji, że skrzywiona szyja Pułaskiego była rezultatem spania w siodle przez dłuższy czas. W jednej z wielu biografii polskiego bohatera dwóch kontynentów czytałem, że Franciszka Krasińska dała mu ryngraf-medalion z wizerunkiem św. Kazimierza, który nosił na szyi na szczęście. Ryngraf ten prawdopodobnie uratował mu życie przynajmniej w jednej okazji, bo pod nim miał ślad małej rany.

Prosiłem też badaczy, aby sprawdzili, czy małe czerwone plamki na kościach zawierają barwnik, ponieważ było możliwe, że pochodziły one z amerykańskiej flagi, którą ciało było przykryte. Pod paciorkami znalezionymi w 1853 r. przy ciele były maleńkie kości, prawdopodobnie końce palców, które nie zachowały się.

Paciorki także nie zachowały się — ktoś zabrał je do swojej prywatnej kolekcji. Czy jest możliwe, żeby na ręce Pułaskiego nałożono rękawiczki? Odpowiedź na to nie jest łatwa. Za każdym razem, gdy ciało było ekshumowane, prasa nie poświęciła tej sprawie uwagi. Kiedy z ceglanej krypty wydobyto żelazną skrzynkę (nazwaną w 1854 r. metalowym pojemnikiem), w „Savannah Morning News" ukazało się o tym tylko 9 bardzo krótkich zdań; a w 1853 r., kiedy pracownicy na plantacji Greenwich pozostawili znaki łopat na kościach przy ekshumacji, pisano w prasie jeszcze mniej.

Wielu mieszkańców Georgii uznało za niesmaczną fotografię dr Karen Burns z kością nogi generała Pułaskiego w ręku, czaszką i innymi kośćmi położonymi na stosie żelaznych kawałków i odpadków, która ukazała się w „Życiu Warszawy" 13 października 1996 r. Oczywiście nie podobało się to również dr Burns. Fotograf, który zrobił to zdjęcie i sprzedał do Associated Press, został ostro skrytykowany w Savannah. Szczątki te spowodowały nowe zainteresowanie Pułaskim w środowisku naukowym. Wiele razy dr Burns jeździła swoim samochodem 160 km z uniwersytetu do Savannah, aby badać sama i z innymi naukowcami odnalezione kości.

Jeden z antropologów, specjalista w dziedzinie badania kości, dr Charles F. Merbs z Arizony, jest spokrewniony z Pułaskim, ale nie zna szczegółów powinowactwa. Naukowcy pracowali bez rozgłosu, a prasa informowała o postępujących poszukiwaniach potomków w linii żeńskiej ze strony matki Pułaskiego. Dowiedzieliśmy się, że ciało siostrzeńca Pułaskiego, Józefa Suffczyńskiego, który zmarł na żółtą febrę 17 maja 1803 r. rzekomo spoczywa w Les Cayes na Haiti; i że Józefina Jarocka, wnuczka cioteczna Pułaskiego, zmarła w Brooklynie (Nowy Jork) w 1896 r. Coraz częściej otrzymujemy istotne informacje o rodzinie Pułaskich. Oczywiście nazwisko Pułaski nie jest obce w Stanach Zjednoczonych. Według ostatniego spisu telefonicznego było prawie 21000 haseł związanych z nazwiskiem Pułaskiego. Udowodnienie tożsamości prochów Pułaskiego ma tak samo dużą wartość jak pomnik ku jego czci zaprojektowany przez Roberta Launitza i zbudowany na Placu Monterey.

Wielka szkoda, że Launitz nie zbudował go lepiej, bo przetrwałby dłużej. Wiele osób słuchających tego opowiadania było poruszonych nowymi historycznymi informacjami i chciało złożyć datki na odbudowę pomnika, ale nie wiedziało, gdzie przesłać pieniądze. Na razie więc nie wiemy, czy w końcu prochy lub to, co z nich zostało, będzie z powrotem włożone do ceglanej krypty i zamurowane. Nad nimi 20 ton marmuru, blok po bloku, będzie zacementowany w 17–metrową kolumnę, prostą jak strzała. Nie wiemy, ile osób odwiedziło pomnik Pułaskiego w Savannah, na szczycie którego stoi bogini wolności; odwiedzali go, nie wiedząc, że ciało Pułaskiego spoczywało pod nim przez ten cały długi czas.

Posłowie

Polska w końcu w. XIX i na początku następnego stulecia przeżywała najważniejsze i najbardziej bolesne doświadczenia w swych dziejach: klęskę rozbiorów i upadek niepodległości. Doświadczenie to głęboko zapadło w świadomość Polaków, a było tym silniejsze, iż towarzyszył mu, począwszy od konfederacji barskiej, rozpaczliwy zryw w celu ratowania suwerenności państwa, połączony z próbami wzmacniających go reform. Aktywność owa prowadziła do daleko idących przeobrażeń świadomości społecznej, zmian w rozumieniu istoty narodu w zbiorowej psychice.

Dlatego też owe doświadczenia położyły się cieniem na naszych dziejach, przedzieliły je niejako na dwie odrębne części. Dotychczasowa Polska ginęła, ale zarazem rodziła się nowa, która niekoniecznie musiała być związana z państwem, lecz przede wszystkim ze wspólnotą ludzi uważających się za Polaków (o czym mówią pierwsze słowa naszego hymnu narodowego). To, że wśród klęsk narodziła się także nowa, lepsza moralnie Polska, uświadomiły sobie w pełni pokolenia romantyków (co znalazło wyraz w tworzonej przez nich literaturze). Ale narastało owo przekonanie właściwie od końca epopei napoleońskiej, kiedy to zamknięty został w naszych dziejach okres, który można by za Eliadem nazwać czasem świętym (notabene zamknięty nieostatecznie: górna jego granica była ruchoma i wkrótce objęła także dwa główne powstania polskie XIX w.). Na razie zawierał się ten czas między porwaniem przez Rosjan senatorów z sejmu r. 1767 a śmiercią księcia Józefa Poniatowskiego w nurtach Elstery w 1813 r.

Czas święty w historii narodów mieści się na ogół u początku ich dziejów. W jego skład wchodzą legendy i mity, które mają moc konstytuującą owe narody w całości (klasyczny tego przykład mieliśmy u starożytnych Greków). W Polsce zresztą również istniał mit początku zawarty w legendarnych dziejach i niektórych dawnych wydarzeniach historycznych. Ale — pomijając już weryfikacje dokonane przez oświeconych — okazały się one niewystarczające, aby sprostać doznanym klęskom. Dlatego pojawił się mit nowy i wyposażył Polaków w symbole na miarę ich doświadczeń. Ostateczna kodyfikacja tych symboli przypada na czasy powstania listopadowego.

Nie zawsze uświadamiamy sobie, iż większość znaków, według których rozpoznajemy się dziś jako Polacy, wówczas właśnie się narodziła. Tylko bowiem herb państwa ma genealogię piastowską. Natomiast hymn czy barwy narodowe (uchwalone przez sejm powstańczy w 1831 r.) pochodzą z omawianego właśnie okresu.

Przede wszystkim zaś pochodzi z niego nowy pantenon bohaterów narodowych. Znalazł się w nim m.in. Kazimierz Pułaski. A obok niego Tadeusz Rejtan, twórcy Konstytucji 3 Maja, Tadeusz Kościuszko, Kiliński, Bartosz Głowacki, Jakub Jasiński, Jan Henryk Dąbrowski, książę Józef Poniatowski (później także uczestnicy powstań XIX w.). Bohaterowie ci usunęli w cień dawnych herosów (np. hetmana Stanisława Żółkiewskiego), czy po prostu zastąpili ich, np. marszałka konfederacji tarnogrodzkiej, Stanisława Ledóchowskiego — postać popularną i otaczaną czcią jeszcze w początkach panowania Stanisława Augusta. Także obrosłe legendą wydarzenia, często zresztą o wątpliwej historyczności, jak rokosz gliniański — zasadniczą rolę odgrywający w świadomości sarmatyzmu — ustąpiły pola konfederacji barskiej, Sejmowi Wielkiemu, insurekcji kościuszkowskiej czy Legionom. Wszak to dzień uchwalenia Konstytucji 3 Maja stał się już w XIX w. naszym głównym świętem narodowym.

Jakie miejsce wśród tych bohaterów zajmuje Kazimierz Pułaski? Na pewno ustępuje miejsca głównym — tym, którzy spoczywają na Wawelu: Kościuszce i księciu Józefowi. Plasuje się w drugim szeregu, gdzieś obok Jana Henryka Dąbrowskiego, choć w przeciwieństwie do twórcy Legionów nie miał swojego Berenta. Wyprzedza z kolei wielu bohaterów, którzy zdobyli sławę bądź tylko okresowo, jak Sawa czy ksiądz Marek, bądź w określonych grupach społecznych, jak Berek Joselewicz, bądź od początku byli w cieniu innych postaci, jak Józef Wybicki czy generał Kniaziewicz w cieniu Dąbrowskiego.

Miejsce Pułaskiego w panteonie narodowym z wielu względów jest szczególne. Po pierwsze, wraz z innymi uczestnikami konfederacji barskiej egzystował nie tylko we wspomnianym wyżej czasie świętym jako części mitu niepodległościowego. Wchodził on także w skład konkurencyjnej w pewnym sensie wobec tego pierwszego legendy wieku kontuszowego. Konkurencyjnej, ale i zasadniczo odmiennej, gdyż opierała się na utopii przeszłościowej, była nostalgiczna i — w przeciwieństwie do mitu niepodległościowego — nie miała siły pobudzającej do jakichkolwiek działań. Pułaski odgrywa w ramach tej legendy rolę marginesową w stosunku do takich postaci, jak Karol Radziwiłł „Panie Kochanku", ale jednak w niej występował, co należy odnotować, ponieważ żaden z głośniejszych bohaterów nowego panteonu narodowego tam nie trafił[1]. Oczywiście w ramach legendy kontuszowej występował jednoznacznie jako przedstawiciel mentalności sarmackiej.

Następnie należy odnotować jako cechę wyróżniającą Pułaskiego jego pewną niejednoznaczność aksjologiczną: to, że czasowo (i tylko w początkowym okresie) złotej legendzie naszego bohatera towarzyszyła jej czarna wersja. Ciążył na nim nie udowodniony ostatecznie, lecz przecież zupełnie prawdopodobny udział w próbie porwania króla u schyłku konfederacji. Wówczas zresztą nazywano czyn ten

---

[1] O sprawach do tej pory omawianych szerzej piszę w rozprawach: J. Maciejewski, *Legenda konfederacji barskiej w literaturze polskiej XIX wieku*, „Prace Polonistyczne", Seria XLIII 1986, s. 12; *Sejm Czteroletni i upadek Rzeczypospolitej w świadomości i literaturze polskiego pozytywizmu*, w: *Sejm Czteroletni i jego tradycje*, pod red. J. Koweckiego, Warszawa 1991.

próbą „królobójstwa". Sąd sejmowy za udział w niej skazał Pułaskiego zaocznie na karę śmierci. W świadomości późniejszej sprawa ta nie odgrywała wielkiej roli. Była jednak bardzo istotna dla ludzi końca XVIII stulecia. Walczył o rehabilitację Kazimierza jego brat, Antoni. Ten ostatni okazał się z czasem jednym z najbardziej oddanych Rosji i łapczywych na dobra materialne przywódców konfederacji targowickiej. Na pewno nie uniknąłby stryczka, gdyby był w Warszawie bądź w Wilnie w czasie insurekcji kościuszkowskiej. Ale ostatecznie za brata nikt nie może odpowiadać i — sprawiedliwie — pamięć o Antonim nie plamiła postaci Kazimierza.

Wszystko to mogło u początków kształtowania legendy mącić obraz bohatera. Niemniej sprawa „królobójstwa" — jak o tym wyżej wspominałem — przestała być istotna dla Polaków XIX w. Nie przeszkadzała więc w kreowaniu legendy Pułaskiego. Zwłaszcza, że także inni — i to wyżej stojący w nowym panteonie narodowym — mieli skazy, np. książę Józef Poniatowski z epizodem hulaki spod Blachy przed 1806 r. Wspominam jednak o tym, gdyż problem ów zostawił pewne ślady w późniejszej recepcji legendy Pułaskiego, co przywołuje w swym artykule Magdalena Rudkowska.

Istotniejsze dla kształtu tejże legendy były innego typu odrębności Kazimierza Pułaskiego w porównaniu z pozostałymi członkami nowego panteonu narodowego. Należał do nich przede wszystkim fakt, iż podstawą jej są dwa nie pozostające ze sobą prawie w żadnym związku epizody biograficzne: konfederacja barska i walka o niepodległość Stanów Zjednoczonych Ameryki. Przy czym, co charakterystyczne, tylko owe dwa epizody były legendotwórcze. Żadnego śladu w niej nie pozostawił, np. wielomiesięczny pobyt Pułaskiego w Turcji po 1773 r., szczątkowo wydarzenia wczesnej młodości. Oczywiście wieloepizodowe bywały także biografie innych bohaterów, na przykład Kościuszki. Układały się one jednak w całość, zaś w tym ostatnim przypadku walka o niepodległość kolonii amerykańskich była wstępem do dalszych działań bohatera na terenie Polski i Europy.

U Pułaskiego były one oddzielone, co więcej, egzystowały na dwóch, a nawet trzech obszarach terytorialno–społecznych w Polsce i w Stanach Zjednoczonych Ameryki — a tu z kolei inaczej wśród Polonii, inaczej zaś wśród Amerykanów o innych korzeniach etnicznych. W Polsce początkowo zdecydowanie przeważała legenda związana z konfederackim epizodem biografii Pułaskiego, będąca zresztą częścią bardzo nośnej u schyłku XVIII w., a zwłaszcza w okresie romantyzmu, legendy Baru. Sytuacja zaczęła się zmieniać w końcu XIX w., kiedy to na pierwsze miejsce wysunął się epizod amerykański, bardzo ważny zwłaszcza w okresie I wojny światowej i w dwudziestoleciu międzywojennym.

Wiązało się to zresztą z różnym wykorzystywaniem ideologicznym obu epizodów biografii Pułaskiego. Okresowi barskiemu (o czym pisał Stanisław Makowski) legenda romantyczna nadała charakter łatwy do przyjęcia przez wielbicieli swojszczyzny, niechętnych wszelkiemu kosmopolityzmowi, co więcej, stała się w jakimś stopniu elementem ideologii nacjonalizmu, który ukształtował się w końcu XIX w. Epizod amerykański odwrotnie — marginalnie obecny w legendzie romantycznej — później był na ogół często przypominany przez niechętny nacjonalizmowi ruch niepodległościowy.

Jeśli chodzi o świadomość obywateli USA, to rzecz jasna, obecny w niej był wyłącznie epizod amerykański biografii Pułaskiego. (Pisze o tym szerzej we *Wstępie* Ewa Bem-Wiśniewska). Znacznie silniej wśród Polonii, dla której udział Pułaskiego i Kościuszki w walce o niepodległość Stanów Zjednoczonych był dużym atutem wobec innych Amerykanów. Wśród tych ostatnich pamięć o bohaterze ich walki wyzwoleńczej była i jest oczywiście niepomiernie mniejsza niż pomiędzy współobywatelami polskiego pochodzenia. Rodzi to u przedstawicieli Polonii pewne żale i poczucie niedoceniania Pułaskiego, które widać szczególnie w opublikowanym w tej książce tekście Davida Stefancica. Wydaje się jednak, iż przywoływana przez niego nieznajomość Pułaskiego wśród przeciętnych uczniów i studentów amerykańskich w takich samych proporcjach występuje w Polsce, a więc jest to raczej świadectwo czasu i braku zainteresowań współczesnych młodych ludzi historią (niezależnie od tego, po której stronie Atlantyku mieszkają), nie jest zaś cechą wyłącznie opisywanego przez niego środowiska. Referat Reginy Gorzkowskiej zaś przemawia raczej na korzyść Ameryki. Liczba miast, placów, ulic, rzek, instytucji, noszących imię Pułaskiego, jest w USA na pewno większa niż w Polsce.

Podsumowując ten fragment rozważań, można stwierdzić, iż mamy do czynienia niemal z dwiema różnymi legendami biograficznymi Pułaskiego. O ile jednak w Polsce egzystuje — spełniając różne funkcje — zarówno legenda barska, jak i amerykańska, o tyle w USA istnieje tylko ta druga.

Wreszcie ostatnia cecha specyficzna na tle bohaterów ukształtowanego na początku XIX w. nowego panteonu narodowego: wyjątkowo mała liczba pozostałych po nim dokumentów i potwierdzonych nimi informacji. Gdy brakowało faktów, uzupełniała je legenda. Legenda romantyczna (jak to szeroko przedstawił Stanisław Makowski) uczyniła z marszałka łomżyńskiego bogobojnego sarmatę (nie różniącego się w zakresie wyznawanych wartości od przeciętnego konfederata), rycerza Maryi, niechętnego cudzoziemskim nowinkom, a więc i oświeceniu. Późniejsza legenda zmodyfikowała ten obraz, ale tylko przez eliminację, nie zaś przeciwstawienie (o pewnych cechach przestano mówić, przenosząc zainteresowanie na amerykańską część biografii). Zasadniczo nie podjęto polemiki z tym stereotypem.

Może więc należy porównać go z owymi nielicznymi znanymi faktami i wyciągnąć z tego wnioski, tym bardziej, że na konferencji w Warce była o tym mowa zarówno w referacie Magdaleny Rudkowskiej, jak i w dyskusji.

Czy więc Kazimierz Pułaski był sarmatą? Prawdą jest, że wziął udział w ruchu społeczno-politycznym, będącym w swej masie ostatnią wielką manifestacją świadomości sarmackiej. Ale ta manifestacja po pierwsze była naznaczona wyraźnym piętnem kryzysu wartości związanych z tamtą formacją kulturową, otwierającym perspektywy na przyjęcie wartości oświeceniowych[2]. Po drugie zaś w konfede-

---

[2] O sprawach tych pisałem obszernie w książce *Dylematy wolności. Zmierzch sarmatyzmu i początki*

racji wzięli udział także – zwłaszcza wśród jej przywódców – liczni ludzie reprezentujący kulturę oświecenia. Kategoriami oświecenia posługiwali się główni ideolodzy konfederacji barskiej: biskup Adam Krasiński i Michał Wielhorski[3], zachowania typowe dla ludzi nowej formacji przejawiał najwybitniejszy obok Pułaskiego dowódca konfederacki, komendant wielkopolski, Józef Zaremba. Oświeceniowe elity w Polsce już co najmniej od dwóch pokoleń współistniały z sarmacką szlachtą i jakoś się wzajemnie tolerowały. Gwałty zaś rosyjskie i zagrożenie niepodległości skłoniły wszystkich Polaków do zbrojnego przeciwko nim protestu.

Kazimierz Pułaski był wychowankiem elitarnego konkwiktu teatynów (w którym wcześniej przebywał przyszły król, Stanisław Poniatowski). Teatyni sekundowali pijarom w propagowaniu Oświecenia. Wiadomo, że Pułaski wyniósł stamtąd biegłą znajomość francuskiego (nie tylko mówił, lecz także pisał w tym języku, m.in. część raportów dla Kolonii Wojskowej Generalności). Francuszczyzna była w tym okresie najważniejszym wyróżnikiem (w całej Europie) nowej formacji. Sarmaci na ogół mówili po łacinie. Sądzę więc, że Pułaski kulturowo raczej należał do Oświecenia, co przecież nie wykluczało wiary, którą miał niewątpliwie. Natomiast, czy wykazywała ona charakter sarmacko–dewocyjny, jak sugerowała legenda romantyczna, wolno wątpić.

Jeśli chodzi o owe skąpe i często niepewne fakty biograficzne, to właśnie w ostatnich latach wprowadzono do nich dwie ważne korektury, a dyskusja nad nimi zajęła ważną część konferencji w Warce. Pierwsza z nich dotyczy daty urodzin bohatera. Przez ponad dwieście lat przyjmowano za pierwszymi biografami, iż urodził się Pułaski w 1747 r. (stąd i data konferencji, która miała się odbyć w 250-lecie urodzin, „bohatera dwóch kontynentów"). Wacław Szczygielski, pisząc biogram Pułaskiego dla *Polskiego słownika biograficznego*, postanowił sprawdzić księgi metrykalne parafii w Warce (do której należeli Pułascy) i znalazł tam zapiskę, że Kazimierz urodził się w 1746 r.[4] Tę datę podał w swym artykule. Ale i ona okazała się błędna. Prawdziwą przypadkowo odkrył Władysław Rudziński. Zbierając materiały do książki *Rudzińscy herbu Prus trzeci*, sprawdzał archiwum parafii św. Krzyża w Warszawie. I tu natknął się na oryginalne metryki chrztu wszystkich dzieci Józefa Pułaskiego, w tym i Kazimierza. Znalazły się w części archiwum ocalałego z pożogi wojennej i na ich podstawie można ustalić datę urodzin Kazimierza Pułaskiego na początek marca 1745 r. W tej chwili poszukiwania archiwalne m.in. w Warszawie i Warce prowadzi zabierający głos podczas wareckiej konferencji ksiądz Stanisław Wiesław Makarewicz, którego badania poza ustaleniem faktów pomogły odkryć przyczyny błędów poprzedników.

---

oświecenia w Polsce, Warszawa 1994.

[3] Jednym z wyznaczników kultury oświecenia w Europie XVIII w. były loże masońskie. Otóż w Preszowie, przy Generalności konfederacji, działała założona przez członków tejże loża wolnomularska.

[4] Zob. W. Szczygielski, *Pułaski Kazimierz h. Ślepowron (1746–1779)*, w: *Polski słownik biograficzny*, t. XXIX, Wrocław 1986, s. 386.

Okazuje się, że Pułascy poza dworem w Winiarach pod Warką mieli także dom w Warszawie. Pani Pułaska miała najwyraźniej większe zaufanie do warszawskich akuszerek niż do bab wiejskich, więc jeździła rodzić dzieci do stolicy. Stąd ich oryginalne metryki chrztu w księgach parafii św. Krzyża. Natomiast proboszcz warecki uznał, że i u niego powinna być informacja o dzieciach kolatora parafii, Józefa Pułaskiego, dlatego też sporządził notatkę zbiorczą, do której dotarł Wacław Szczygielski. Notatka była robiona wyraźnie z wieloletnim opóźnieniem, stąd wkradły się do niej błędy w datach rocznych urodzin wszystkich starszych dzieci starosty wareckiego.

Druga ważna korektura, o której była mowa na konferencji w Warce, dotyczyła okoliczności pochówku Kazimierza Pułaskiego. Obowiązująca do niedawna wersja mówiła, że rannego w bitwie pod Savannah Pułaskiego wieziono na statku Wasp, że tam zmarł i pochowano go zgodnie z marynarskimi zwyczajami w morzu. Tę wersję podał w relacji pisanej po wielu latach uczestnik walk pod Savannah — Paul Bentalou, a powtórzył ją Jared Sparks, pisząc pierwszą pracę historyczną dotyczącą udziału naszego rodaka w walce o wolność USA. Na niej oparli się wszyscy historycy wojny o niepodległość Stanów Zjednoczonych i wszyscy biografowie Pułaskiego. A była ona fantazyjna.

Naprawdę generał zmarł wkrótce po załadowaniu na statek–szpital, ciało zostało wyniesione na brzeg i pochowane w pobliskiej posiadłości, a po latach trumnę przeniesiono do Savannah i złożono pod wznoszonym właśnie pomnikiem Pułaskiego. Zachowały się dokumenty potwierdzające te fakty[5], ale historycy raczej nie zainteresowali się nimi. Sensacja wybuchła dopiero, gdy przed kilku laty w czasie konserwacji pomnika odkryto trumnę ze szczątkami Pułaskiego i wyrytym na niej jego nazwiskiem.

Sprawie tej poświęca szczególną uwagę Edward Pinkowski w publikowanej wyżej wypowiedzi. Tu ją tylko przywołuję, aby uprzytomnić, iż także po dwóch stuleciach można prostować podstawowe fakty biograficzne. Sprostowania owe nadały wyraźny akcent obradom (a zwłaszcza prasowym i radiowo–telewizyjnym sprawozdaniom z nich), choć rzecz jasna większość referatów i dyskusji dotyczyła zasadniczego przedmiotu zainteresowań zgromadzonych w Warce historyków i przedstawicieli nauki o literaturze: egzystowaniu wiedzy o Pułaskim w świadomości obu narodów, z których historią los go związał.

Janusz Maciejewski

---

[5] Dotarł do nich Władysław Konopczyński, pisząc swą monografię Pułaskiego (*Kazimierz Pułaski. Życiorys*, Kraków 1931, s. 396), i brał je pod uwagę – obok jeszcze jednej, trzeciej wersji pochówku. Ostatecznie jednak odrzucił ją, uznając wersję Pawła Bentalou za bardziej wiarygodną. Podejrzewał – jak ci nieliczni, znający owe fakty historycy amerykańscy – iż w trumnie pod pomnikiem w Savannah znajdują się szczątki jakiegoś innego poległego żołnierza. Dlatego zresztą – aby owe podejrzenia wykluczyć – aktualnie prowadzi się badanie DNA, o których pisze w swej gawędzie Edward Pinkowski.

Casimir Pulaski
in Polish and American
Consciousness

Introduction

This volume is a result of a conference commemorating the 250th anniversary of Casimir Pulaski's birth. The conference was organized last year in his birthplace Warka, Poland. In the United States Pulaski Day has been celebrated for a long time. On October 11, (the anniversary of Pulaski's death in the Battle of Savannah) numerous parades are organized in American cities, in some states it is even a holiday. It appears however, that our knowledge about his day of birth and death is still incomplete. For example the date of his birth is different than textbooks say. According to Pulaski's baptismal certificate discovered recently, the hero of the Confederation of Bar and the American Revolution was not born in 1747 but in 1745. That means that following his 250th birthday anniversary (not celebrated as yet) we will be celebrating his 253th anniversary. Polish and American scholars gathered in Warka to discuss Pulaski's legend as it has existed in literature and the social consciousness of both societies, Polish and American. They also wanted to talk about Pulaski's death. The fact that he died aboard the battleship Wasp is undisputed. But was he buried at sea, as had been traditionally suggested, or do his remains lie in a coffin that was recently found beneath his memorial in Savannah, as contemporary scholars claim? Edward Pinkowski attempts to prove the latter by DNA analysis. Pinkowski tries to compare the DNA from those remains with the DNA of Pulaski's descendants that are buried in Poland.

Papers collected in the volume do not claim to have found answers to all questions. They only now open certain research perspectives and ask questions which will have to be answered in the future. The papers form a certain relationship with each other. This extremely interesting dialogue reveals the differences of research perspectives, methods and criteria that are applied. The complexity of Pulaski's personality in the cultural traditions of America and Poland is well demonstrated in comparison of views between scholars of the Enlightenment and Romanticism from Poland, on one hand, and American historians of cultural heritage of Poles in America, on the other.

The papers collected in this volume were presented during the conference. It is however unfortunate that the interesting discussion that followed the presentations given in the manor house hosting Pulaski's Museum in Warka was not recorded. The differences of views concerning Pulaski between the representatives of various disciplines and countries were very clear. Polish American and Polish scholars see Pulaski from two completely different perspectives. They see two different Pulaskis. The main difference is the result of a very emotional attitude. For Polish Americans Pulaski is a living, important and necessary hero; for Polish historians and literature specialists he is somebody who was an important character at a certain moment of Polish history but whose importance has now passed. Somebody, whom it has become a scholarly duty to deal with, somewhat ceremoniously on anniversaries. The conference also revealed the anachronism of certain role models, that disappeared during the previous century and do not appear in the contemporary literature.

Genealogia rodu Pułaskich (*Genealogy of the Pulaski Family*) by Sławomir Górzyński is the first paper in the volume. It describes the history of the family and presents the new information about Pulaski's date of birth. That information had previously been known only from articles in the press and only briefly mentioned in some scholarly publications. The correct date of Pulaski's birth has not been noted in encyclopedias or biographical dictionaries. (Even the *Polish Biographical Dictionary* repeats the mistake, although that volume came out recently).

The next articles are written from the perspective of the literary sciences, they present some new facts and interpret historical sources. A paper by Janusz Maciejewski *Kazimierz Pułaski w literaturze konfederacji barskiej* (*Casimir Pulaski in the Literature of the Confederation of Bar*) analyses Pulaski's legend during the Confederation, changes to that legend and its interdependence on historic events (for example the attempt to kidnap the King Stanisław August). It also cites many heretofore unknown sources.

During the conference Zbigniew Sudolski presented a paper entitled *Konfederat barski na zesłaniu* (*A Bar Confederate in Exile*) in which he analyzed a very interesting historical source found recently in the Archives of Vilnius. Memoirs of a young exile (a former member of the „Filomats" an underground student organization in Vilnius) who meets an old Bar confederate while in exile. A comparison of attitudes and an apparent fascination of this young man with his elderly interlocutor gives the impression that we are witnessing the birth of this Romantic legend. This once again confirms that the elements of Old Polish culture (sarmatyzm) were transferred to Romanticism. Those role models and patterns achieved their full development in the ideology of the Confederation of Bar. That particular relationship between Old Polish culture (sarmatyzm) and Romanticism is worth mentioning because the popularization of what streamed of national consciousness by Romanticism was poured through subsequent periods (Polish Positivism, for example) and has become sometimes unnoticeably and unconsciously a part of modern Polish culture. Professor Sudolski's paper is not included in this volume and it will soon be published elsewhere.

Kazimierz Pułaski w romantycznej legendzie literackiej (*Casimir Pulaski in Romantic Literary Legend*) by Stanisław Makowski focuses on the presence of Casimir Pulaski — a military commander of the Confederacy fighting against the

Russian threat – in the Romantic texts. Makowski registers various versions of the legend that had developed according to the ideological context of the particular work in which it appeared according to the needs of the political situation of the time.

Papers by Magdalena Rudkowska and Jacek Wójcicki bring new research reconstruction. They demonstrate that Pulaski is surprisingly absent in the current literature. Rudkowska's paper *Czy to już koniec, panie Pułaski? O obecności Kazimierza Pułaskiego w literaturze polskiej XIX i XX wieku* (*Is this the End, Mr. Pulaski? Casimir Pulaski's Presence in Polish Literature of the 19th and 20th Centuries*) proves that after the Romantic period Pulaski is no longer associated with a specific set of values; on the contrary his personality is assigned some random or accidental characteristics. Wójcicki's article *Kazimierz Pułaski w pamiętnikarstwie polskim* (*Casimir Pulaski in Polish Memoirs*) analyses the reason for which Pulaski did not become a popular hero of memoirs.

A completely different perspective evolves from the papers presented by American scholars. For them Pulaski is first of all a hero of the American War of Independence. Regina Gorzkowska, a journalist who works for „Nowy Dziennik", – a Polish daily in New York, in her paper *Fenomen Kazimierza Pułaskiego w środowisku Polonii amerykańskiej* (*Casimir Pulaski's Phenomenon in the Polish American Community*) demonstrates that the legend of Pulaski in the United States is of importance only to Polish Americans. Gorzkowska analyses the widespread naming of places after Pulaski and she concludes that there is no systematic pattern or formula that could be applied to explain why or how Pulaski's name is given to American counties, cities or roads.

David Stefancic, a professor of Polish and Central European history at Saint Mary's College, Indiana, in his paper *Kazimierz Pulaski – nieznany bohater amerykański* (*Casimir Pulaski: The Unknown American Hero*) presents how textbooks available to average American high school and college students describe Pulaski. He intentionally does not include textbooks prepared for and in the Polish American community. He deplores the fact that very little is currently taught to American students about Pulaski. Professor Stefancic makes an important observation that Pulaski's legend in the United States has functioned in close relation to the way that Poland and Polish people have been seen.

Edward Pinkowski's paper *Prochy generała Pułaskiego* (*General Pulaski's Body*) provides a very detailed report about the search carried out by a historian–amateur. His search focuses on Pulaski's traces in the United States and the remains that were recently found beneath the memorial in Savannah (which may be the remains of Pulaski himself). The author presents historical and genetic arguments supporting his hypothesis that it is Pulaski's remains that were found beneath the monument in Savannah. Pinkowski's paper indicates clearly that the author is not a professional historian. Nevertheless, as the word suggests, an „amateur" is one who loves what he is doing, and what sometimes enables him to find more truth than what is available to those who do not search with their hearts. One should also remember that Edward Pinkowski is probably the only person in the United States familiar with the entirety of American sources related to Pulaski.

Papers presented by the Polish American authors show that Pulaski plays a special role in the structure of that community in the United States. Each ethnic community has its heroes that help the community sustain its own identity. The United States is a nation of immigrants, where everybody comes from somewhere else, and wants to be proud of that. The remark by David Stefancic: *We searched desperately for Polish heroes to pin our pride on fits well in that context.* There is no doubt that Pulaski sometimes is treated by Polish Americans in a very utilitarian manner. The main reason for that being the lack of famous people of the Polish origin in American history. For the majority of Americans Pulaski and Kosciuszko are the only Poles who contributed to making of American history.

A big part of the discussion that followed the presentations in Warka focused on the legend of Pulaski and the disparities between its Polish and American perceptions. Another part of the discussion concentrated on Pulaski's role in the Polish culture. The roles of Pulaski and myths related to him are different in Polish and Polish American history. It is from the American perspective that former weaknesses or shortcomings can become virtues. Nonetheless, we have to bear in mind the fact that whenever we deal with a legend we are witnesses to manipulations. Each individual uses legends for his own purposes. In Polish literature Pulaski was portrayed as a soldier from Podole, a highlander from the Carpathian Mountains, a comrade of Beniowski during his escape from exile – hardly ever was he just himself. Pulaski's name is not in relation to any particular set of symbols or values.

One can notice lack of differentiation between the Confederate (Polish) and American parts of the legend in the presentations of the Polish scholars. That confirms a hypothesis that Polish scholars have so far paid little attention to what happened to Pulaski after he left Poland. He was labeled as an exile, whose role was to miss his homeland or to possibly achieve heroic deeds that belong to rituals of Polish emigrant communities. Pulaski's achievements in the United States are seen in that context: he died for their freedom — that was what a Polish exile was supposed to do! This was recognized by the Romantics, later that fact played only a spectacular dimension in the study of Polish history.

Contemporary Polish American communities in their version of their own history do not make any reference to what Pulaski did before he came to America. There is no reference to him as a Polish freedom fighter. The Confederation of Bar is unknown. It is known that Pulaski was forced to leave his homeland and later took part in the American War of Independence, but no specifics are mentioned.

Although Pulaski lived only 34 years he had enough time to live two completely separate lives. When we hear Polish and Polish American historians discussing Pulaski it seems as if they speak about two different individuals. The one was a confederate, a descendant of a noble family: he fought with Drewicz, defended Częstochowa, attempted to kidnap the King, people sang songs about him. The other came from nowhere, did not speak English but knew how to command soldiers in battle – the father of American cavalry who fought at Brandywine, who was prematurely killed at Savannah, where he was honored by a memorial.

However, some Polish authors are not correct when they say that Pulaski's personality is incapable of providing literary inspiration. Andrzej Pastuszek, the author of the screenplay of Krzysztof Kieslowski's film *Indeks* and of the novel *Zgubiłeś mnie w śniegu* (*You Lost Me in the Snow*), who has lived in the United States since 1981, is now working on a film about Pulaski. A new legend is being created and it is very difficult to discern various threads of old and new stories related to Pulaski. Old Polish, Romantic and American patterns get mixed: A visit of Pulaski at George Washington's headquarters (...) 20 miles north of Philadelphia August 20, 1777. Pulaski: *Your Excellency, general Washington, I paid a great price for the freedom of my homeland. Unfortunately, Poland does not exist for me any longer. I want to fight for the independence of the United States to be worthy of a new homeland. My motto is: life or death*[1].

That statement by Pulaski is a credo of a contemporary Polish immigrant in the United States. It seems that Pulaski will continue to appear in American literature. It is not an accident that a paper by Edward Pinkowski is placed next in the volume after those papers that deal with Romanticism. This contemporary author uses a very similar style.

* * *

April 30, 1998, the final day of the NATO enlargement ratification debate in the United States Senate, became to an extent a measure of Pulaski's significance. The debate continued for many days, the date of the final vote was postponed several times. The proponents hoped that the final vote would happen soon but its opponents found new obstacles. It was evident that when the final vote would be taken, the treaty would be ratified. However, it was unknown when that moment would come. The decision on the timing of the final vote could be made at any moment.

On that day those who were watching the debate could sense that the vote was approaching. Nobody doubted that the final outcome would be positive for Poland. Yet it was important how many senators would declare AYE. There was a feeling of tenseness in the Senate chamber when the proponents and the opponents delivered their speeches. It was the seventh hour of the debate when Senator Barbara Mikulski from Maryland began her speech. Her relationship to Poland was

---

[1] A. Pastuszek, *Pulaski* (a part of the screenplay, scene number 10), „Nowy Dziennik", New York May 15, 1998.

obvious and she was clearly one of the most active proponents of NATO enlargement. She made a very convincing speech, in which she spoke about the Polish
road to freedom. Among the many arguments that she made (many of them were
in the reference to Polish history) she also mentioned Pulaski and Kosciuszko.

She said: *[Poland] felt so passionate about democracy that when we fought our
own revolution it sent two of its finest heroes, Kosciuszko and Pulaski to fight in
the war for America's freedom. Pulaski came and was a brilliant soldier and led
in the Battle of Savannah. Kosciuszko was a brilliant tactician and led in the
founding and building of West Point*[2].

It is difficult to determine whether that was the decisive argument. There is,
however, no doubt that it was a clear argument. The next speeches did not have
such a flame of passion. At 10:25 p.m. the Senate ratified NATO enlargement.
80 senators voted AYE, 19 voted NAY (one was absent).

In the light of subsequent events when the presidency of Bill Clinton faced
serious crises and the President was threatened with the possibility of impeach-
ment (Monica Levinsky's affair) it was clear that NATO enlargement had been
ratified at the right moment. Later debate would have been much more difficult
because of the weakened position of the White House. Poland's accession to NATO
might have been delayed for months or even years. Quite surprisingly, Pulaski was
present on that historic day.

Washington, November 1998

Ewa Bem–Wiśniewska

---

[2] „Congressional Record", April 30, 1998, s. 3856.

Sławomir Górzyński

Pulaskis of the Ślepowron Crest

The Pulaski family of Pułazie in the Bielsk lands uses the Ślepowron (literally — Blind Crow) crest as its seal. It consists of a blue field on which there is a silver horseshoe, topped by a cavalier's cross, on which sits a black crow wia golden ring in its beak. Over this is a crown and a similar bird wia ring. Several different versions of seals withis crest appeared during the Middle Ages, the oldest dating from 1352 belonging to Jan, the voivode of Sieradz. In a court record concerning the noble descent of that family, the crest is mentioned in 1398 and also described in *Klejnoty Długoszowe* (*Dlugosz's Jewels* — a book of crests) and in the so-called Little Armorial of Ambrozy written at the beginning of the 16th century.

And what do the legends have to say? Paprocki, and then Niesiecki after him, tell the story that a member of the Korwin family, *added a raven to his crest after marrying an heiress from the Poróg family*. To this episode boauthors cite legends from Roman times and the history of Maciej Korwin (1440-1490), king of Hungary from 1458. These stories are supposed to assure us of the ancient lineage of the family reaching back to ancient times and forefathers who were members of royal blood lines. After all, legends must be wondrous, and all the better if they tell of majestic kings, brave leaders, and famous men. The truis simpler and rather prosaic. The Ślepowron clan were minor nobility in Mazowsze. The crest was used by three hundred and fifty families which had few family ties between them. Some of them sometimes rose to own large properties and acquire importance in the Polish Commonwealth. Among them were the following families: Gosiewski (field commander and under-treasurer of Lithuania), Kamieński (general of the Polish armies, cavalier of the Legion of Honor and recipient of the Virtuti Militari cross, who fell at Ostrołęka in 1831), Kossakowski (Austrian counts since 1784), Krasiński (from which family came general Wincenty and his son Zygmunt the poet; they were Prussian counts in 1798, French counts in 1811, Russian counts in 1837, and Austrian counts in 1848), Kuczyński (Wiktoryn and Dominik were Podlesie castellan and senator of the Polish Kingdom in 1815), Młodziejowski (Jan, appointed bishop of Chełm received senatorial rank), Szymanowski, and, of course, Pulaski.

The Pulaski family comes from the Bielsk lands that lie in the northern part of Podlasie near the Narew and Biebrza rivers. According to a 1667 census there were 885 villages and 12 cities, or rather towns, in the area. The minor nobility which owned shares of land dominated. For 6,300 shares (in 1775) in 436 villages there were only 73 large properties. Thus each village had 14-15 landowners! This great fractionalization caused situations where a village was subdivided and each section had its own particular description. For example, one village documented from the 15century was divided into 12 separate parts. In 1775 these 12 villages had a total of 180 owners, of which 156 were known under the name Łapiński. According to Zygmunt Gloger there were 240 families on the Bielsk lands. They used mainly the Lubicz and Ślepowron crests.

The Ślepowron crest was also used by the Pulaskis. They owned the Pułazie village. The name is known since the 15th century and appeared sometimes in combination, for example: Pułazie-Grochy, Pułazie-Gołembie, Pułazie-Świerze, Pułazie-Woymy, and Pułazie-Kostry or Kostry-Pułazie. This last name causes the most trouble because Kostry was passed down through the Kostry family who also used the Ślepowron crest. The frequent marriages between the two families make genealogical studies of the Pulaski line more difficult and also cause problems in differentiating between villages. In addition in mid-17th century one of the Pulaskis — Adam, son of Tomasz, who inherited Kostry-Pułazie — signed himself as Kostro Pulaski. As a rule, many members of that family sign themselves as „Pulaski of Pułazie" (but never as Pulawski).

The great destruction of court records in Bielsk was already felt in the 19century by researchers who tried to establish the origins of the Pulaski family in the Bielsk lands. According to family tradition, which is often unreliable, they came from Lithuania. It may never be possible to establish whether this had truly happened. It is also difficult to describe the relationships between the people mentioned in the oldest existing court records. It is, however, known, that at the beginning of the 16century Pułazie was divided into the sections mentioned above. An additional problem is caused by the appearance in the records of several Pulaskis who were not described as members of the minor nobility.

Finally, in the 17th century we find records of the Bielsk stolnik, Rafał Pulaski, who in 1621 was a captain of cavalry at Chocim. Niesiecki also mentions this in his book. It should be stressed that his ten sons served in the unit! During the Bar Confederation the Pulaskis would again be fighting on the earthworks at Chocim. Captain Rafał died in 1647 and his sons founded a separate branch of the family. Descended from Wojciech, this so-called „Radenice Line" (the name is taken from their ownership of the Radenice properties) died out in 1755. It had among its members several soldiers. Wojciech was a lieutenant, then a colonel in His Majesty's army and took part in Czarniecki's expedition to Denmark in 1658. During the same period several other Pulaskis served in the armies of the Polish Commonwealth. Some took part in the defense of Częstochowa monastery against the Swedes (as was so vividly described by Sienkiewicz in his novel *Potop* (*The Deluge*). One hundred and twenty years later Kazimierz Pulaski would cover himself wiglory defending the same monastery against the Russians.

The previously mentioned Wojciech had four sons: Szymon, possibly Walenty and Kazimierz. The name of the fourson is unknown but there was also a daughter, Jadwiga, who married Stefan Olszewski. Szymon had five sons: Paweł, an armored cavalryman, fell in battle around 1706. Jakub was a hussar, he died in 1722, Mateusz and Franciszek Szymon were armored cavalrymen. The last was probably born in the 1660s. He was a lieutenant in an armored unit, a military secretary to the crown army, and finally a Podlasie podczaszy and a colonel in His Majesty's army. He took part in King Jan III Sobieski's expedition to relieve Vienna and in the Tarnogród Confederation during 1715–1717 (established under the baton of Stanisław Ledóchowski who opposed the efforts of August II to institute an absolute monarchy backed by Saxon forces). He left behind a book, published by his son Baltazar, called *A short annotation of the Warsaw and Grodno Sejms, and also of the election and coronation of the most illustrious Polish kings: Jan Kazimierz, Michał Korybut, Jan III, and August II, and the campaigns during their reigns, the annual expeditions and public ceremonies, happenings and revolutions from 1648 to 1733*, published in Lublin in 1740. The wife of Franciszek Szymon was Rozalia Winkler. They had two sons: Karol, a Jesuit; Baltazar, the Radenice starosta; and a daughter Elzbieta who married Wawrzyniec Swiderski. Franciszek Szymon was a wealthy man, best proof of this is the dowry given to his daughter which was 80,000 zlotys. He died in 1738. His son Baltazar was married twice: to Agnieszka Tereszowska, and then to Zofia Andrzejewska. He had two daughters by his first wife: Teresa (who married Antoni Kuczewski of the Lada crest) and Kunegunda who married Ignacy Karniewski and then Roch Ogrodzieński.

Most likely, the genealogical proof done in 1844, 1845 and 1865 during the Polish Kingdom refers to successors of the above mentioned Rafał. The family tree supporting the proof is presented in Table 3.

Even though the „Confederation" line, to which Kazimierz Pulaski belongs, begins with Szczęsny Pulaski of Pułazie who lived about the year 1500. The family connections between the various Pulaski family lines were strong and this is supported by the fact that a witness at the marriage of Teresa, and then the guardian of the young Kunegunda (bodaughters of Baltazar) was Józef Pulaski, the Warka starosta. We know little about the beginnings of this line in the 16century. Szczęsny was the father of Marcin, Paweł, and Jakub. Mikołaj, son of Marcin, was father of Wawrzyniec, the owner of Kostry–Pułazie. His son in turn was Aleksander, father of Tomasz and Stanisław. After Stanisław died without heir, his property passed to his nephew Adam, who signed himself as Kostro-Pulaski. He married Agnieszka Zaleska. It is possible that he had a brother Kazimierz. Adam and Agnieszka had the following sons: Albert, who died without issue in 1698; Maciej, who had sons named Wawrzyniec and Krzysztof; and Wawrzyniec who married Maryanna Kostrówna of the Ślepowron crest (it was not the first union between these families) who was the daughter of Bernard the Bielsk podsędek. Wawrzyniec was the owner of various portions of Pułazie (Kostro, Podsękowięta) and also had property in Lubowicz–Byzie.

He had two sons: Stefan and Jakub and a daughter, Joanna. In 1694 the brothers appear independently, so it seems that the father had died. Stefan began a separate branch of the family. He was married to Anastazja Koćmierowska. His sons were Jan, the Mielnik swordbearer, and Ignacy who was the Mielnik swordbearer and then treasurer of Bielsk. His daughter, Dorota, married Łuniewski; and Maryanna married Wawrzyniec Wyszyński. Ignacy's first son, Dominik fell during the Bar Confederation, the second son, Walenty, served under Kazimierz Pulaski. He only had daughters as heirs. The sons of Jan, who had married Justyna Zarembianka, also took part in the Bar Confederation. Their names were Dionizy and Franciszek and held the rank of Przemyśl captain (Dionizy took over from Franciszek). The first died without issue as the Mielnik swordbearer. Jan's middle son, Peter, had four sons. Three, Józef, Gracjan, Wiktoryn died without issue, the fourth, Tomasz, had a son named Leon. This last son was the progenitor of the Pulaskis that would inherit Pułazie in the 19century. Jan's youngest son was Franciszek, a confederation member and rent collector of Bielsk who died in Lesko on 16 August 1769 from wounds received near Ustrzyki and was buried in the local church.

Jakub was a son of Wawrzyniec and grandson of Adam. He was a soldier in the armored regiment of Jan Sobieski the crown czesnik. He married Małgorzata Zarembianka of the Prawdzic crest who was the daughter of Ludwik and Teresa Lipski of the Grabie crest. He died in 1711. It appears that his two sons: Marcin (born on 12 November 1700) and Tomasz (born on 4 December 1701) died young because the only heir was Józef who was born on 17 February 1704. He inherited sections of Pułazie and other properties. In 1724 he became the rent collector for Wieluń and the Nursk burgrave, and a member of the royal hussar regiment. In 1732 he received the Warka starostwo, and then became the military and royal secretary. He was elected a representative to the Sejm many times. As a lawyer he conducted legal affairs for the following families: Branicki, Radziwiłł, Lubomirski, but mainly for the Czartoryskis. Thanks to this activities he amassed much property in land, receiving his fees in land and rents. Thanks to this, he could purchase properties himself. He owned: Grabów, Piaseczno, Zakrzewo, Doleck and Jaruzal, Barków, Kuropiec, Machnowce, Kalityńce, Dachnówka, Żurawlińce, Dereżno, Hołubecze. His wife received several demesnes in her dowry. He owned a wooden manor in Warsaw and several inns known under the „Warka" name. His first election to the Sejm was in 1733 and he was among those signing the election document of Stanisław Leszczyński. He was part of the general confederation in 1734. After August III was made king he took part in greeting him at Marshal Bieliński's estate in Otwock. He took part in the Grodno Sejm of 1744, and in 1748 he represented the Ciechanów area at the „Boni Ordinis" Sejm where he was a leading representative for the Czartoryski faction. At that time he tried to advance reforms in the state treasury. In 1754 he broke withe Czartoryskis faction, but did not go over to the Potocki faction, rather he sided wicommander J. K. Branicki. In the years that followed he „rounded out" his properties. In 1764, together wihis sons and two nephews, he signed the electoral document for Stanisław Poniatowski. This had little effect on his relationship withe Czartoryskis, for he remained loyal to the Saxon faction. He joined the Radom Confederation in 1767, but in the following year he was one of the main founders of the Bar Confederation. He was chosen marshal of the united military. Because of this he conducted much correspondence wiforeign courts. He appealed to the Pope for support in *this Godly war*. As for the conduct of military operations, there was much dispute between Józef Pulaski, Michał Krasiński and Potocki. In December of 1768 Krasiński and Potocki imprisoned Pulaski. He died around 20 April 1769 in Kopanka on the Dniestr River. By advancing large sums for organizing the Confederation he lost a large part of his estate. This was the cause of many court cases later initiated by his son Antoni.

From his marriage to Maria Zielińska, of the Świnka crest, the daughter of Andrzej, Łomża podczaszy, and Anna Radzimińska of the Lubicz crest, he had four sons and six daughters. Wiktoria (not Marianna) was a canonness at the Marywil convent in Warsaw. Anna was born on 20 December 1740 and died after 29 January 1819. Joanna was born in 1742, was a canonness in Warsaw for a short time (between 1763 and 1765) married Anatazy Walewski of the Kolumna crest, who was the Łęczyca castellan and chamberlain to King Stanisław August. They had a son, Ksawery. She died in 1791 (the second wife of Anatazy Walewski was Maria Łączyńska). Józefa married Marcin Sławoszewski of the Godziemba crest who was a regimental commander in the Bar Confederation and then became chamberlain to King Stanisław August. Monika married Stanisław Rohozinski of the Leliwa crest. Paulina (baptized 14 February 1750) married Antoni Suffczynski of the Szeliga crest, the Czersk castellan. The last daughter, Małgorzata, married the general of the crown army Adam Skilski of the Prawdzic crest (he was also a participant in the Bar Confederation). In the biographical note for Józef Pulaski in the *Polski słownik biograficzny*[1] there is also a note about Teresa, baptized in 1754, and it could be said that she is one of the above-mentioned sisters.

At this point it may be worthwhile to mention the forbearers of the three brothers and father, members of the Bar Confederation. This is possible because of the fact that their sister Wiktoria entered the Society of Secular Canonnesses of the Immaculate Conception of the Blessed Virgin Mary at Marywil, as ran the official name of this institution. A requirement was that she presented proof of noble descent showing eight noble forbearers. On the basis of heraldic-genealogical literature it was possible to go back one generation. Among the forbearers on the father's side are mainly representatives of the minor nobility of Mazowsze, joined by the great-grandmother of Kazimierz, Teresa Lipska, withe families of the Wielkopolska (Greater Poland) senators. Through Marianna Zielińska of the

---

[1] *Polski słownik biograficzny*, vol. 29, Wrocław 1986, p. 380-386.

Świnka crest, the mother's side, there were pairings wisenatorial families of Mazowsze and Kujawy.

Józef had a son Franciszek Ksawery Piotr August Stanisław Pulaski of Pułazie
born on 26 November in 1743 in Grabów in the Czersk lands. A second baptism
for Franciszek took place on 6 March 1745 in Warsaw at Holy Cross Church. The
godparents were August Prince Poniatowski the Ruthenian voivode, Antonina
Rudzińska, wife of the Czersk castellan, and Michał Prince Czartoryski the under-chancellor of the Great Lithuanian Principality wiKonstancja Poniatowska
nee Czartoryska the wife of the Mazowsze voivode. The third pair consisted of
Adam Prince Czartoryski the Ruthenian voivode and Eleonora Nakwaska nee
Potocka wife of the Rawa voivode. Franciszek used the title of Augustów starosta,
was a colonel of the Podole voivodship and the Przemyśl marshal of the Bar
Confederation. He received a good education at the Collegium Nobilium in Warsaw (1754–1759). From 1764 he participated actively in politics at his father's side.
During the founding of the Bar Confederation he was sent as a representative to
inform the Khan in Crimea about the new Confederation. He was one of the
organizers of the Confederation in Podole. After the Bar Confederation dissolved
he went to Turkey on 23 November and he was named general counsellor at the
war council. He took part in many, generally successful skirmishes against the
Russian army. However, in his father's disputes withe Bar leadership he was on
several occasions involved in quarrels and mutual recriminations, mainly wimarshal M. Krasiński. The expedition he undertook to Lithuania wihis brother did not
bring satisfactory results, mainly because the magnates did not favor the enterprise. He returned from Lithuania to the crown lands and took part in organizing
the confederates in the Łomża lands. Franciszek Pulaski died a few months later,
after his unsuccessful expedition to Lithuania, in Włodawa 15 September 1769
when he tried to come to the aid of his brother Kazimierz.

Józef's next son was Kazimierz Michał Władysław Wiktor born in 1745 and
baptized on 6 March of the same year at Holy Cross Church in Warsaw. The
godparents were the leading members of the so-called Family — a faction of
supporters of the Czartoryski princes: Stanisław Poniatowski (father of the future
King Stanisław August Poniatowski) the Mazowsze voivode, princess Maria Zofia
Czartoryska the wife of the Ruthenian voivode, and Kazimierz Rudziński the
Czersk castellan and Eleonora Monika Czartoryska nee Waldstein the wife of the
Lithuanian under-chancellor. In the third pair was Tomasz Zieliński the Łomża
podkomorzy, uncle of Kazimierz's mother, and Ludwika Maria Poniatowska wife
of the Mazowsze voivode. Kazimierz, a Bar Confederation member, general of
American forces, is the most famous member of the Pulaski family. He died on the
deck of the brig Wasp two days after the battle at Savannah which took place on
9 October 1779. By the 29of that monthe United States Congress resolved to honor
Pulaski wia monument which was finally completed in Savannah in 1854.

The third and youngest of the brothers was Antoni. He was born on 9 March 1747. His first public act was the signing of the election document for Stanisław Poniatowski. He used the title of Czereszeń starosta, and in 1767 held the function of councilor. In 1767 he was among the first to take the oaof loyalty to the future confederation. Like his brothers, he took part in fighting against the Russian army. He took Winnica and brought the court banners to Bar. After crossing the border he was a representative to the court of Khan Gerej. He was captured by the Russians on 7 March 1769 and was sent, along wiother prisoners, to Kazań via Dubno, Polonne, and Kiev. In Kazań he had some freedom for he visited the governor A. Samaryn, and others, whose wives eased the weight of his chains and *supplied him wimoney for expenses. The cuckolded husbands* finally managed to get him moved to Orenburg. He was not included in the amnesty of 1773. He finally returned home after he had joined the Russian army and helped to put down Pugaczow's mutiny. While returning to St. Petersburg he managed to have the sequestration of his properties reversed. In November of 1775 he was in Warsaw. From that time he took the side of the king who gave him the rank of colonel and paid off several thousand ducats of his debt. He was elected a Sejm representative several times. In 1778 he petitioned for permission for his brother Kazimierz to return to Poland, and clear himself of accusations before a Sejm court. Because Kazimierz died in America the trial never took place. Even so, in 1793 Antoni wrote a new Sejm legislation which invalidated and annulled the decree that was issued in connection withe attempt on the life of the king. At the provincial assemblies (sejmiki) he appeared as a supporter of the king. In the mid–1780s he was part of commander Branicki's faction. He became a commander in the national cavalry and in 1788 was given a unit command. On 24 February 1791 he received the order of St. Stanisław. In 1791 he acted against a confederation founded in Warsaw and the reforms that took place up to that date. On his request, the leadership of the Targowica Confederation annulled all the resolutions of the Four-Year Sejm (19 March 1793). On 14 May 1793 he received the Order of the White Eagle. While that confederation lasted he cooperated closely wiSievers, the Russian Ambassador. Despite all his *contributions* he did not receive a chief commander's (hetman) baton, which he desired. After the partitions of Poland he settled on his properties in Wołyń, but held no official post. He died in Korotyszcze 26 February 1813. His wife (whom he married in 1778) Antonina Orańska of the Kościesz crest, the daughter of Stanisław the Nowogródek captain, brought several demesnes in her dowry and inherited from her father properties in Wołyń — Horbasze, Derażne, and Hołubacze.

Their son, Kazimierz Adam was born on 25 December 1784 was a staff officer in the guard (resigned in 1803). He was arrested in 1826 for membership in the Patriotic Society. He was imprisoned in Warsaw and in the fortress of Petropavlovsk. He inherited the Oratow demesne which had been part of his mother's dowry. In 1803 he married Joanna Nepomucena Świętosławska of the Pomian crest, the daughter of Wojciech the Krzemieniec captain. He died in Troszcza in 1856. There were three daughters from the marriage: Eufemia, married Bolesław Burzyński of the Trzywdar crest and died in 1850. Antonina who married the same Burzyński died in 1868. The third daughter, Ludwika, died unmarried. Antoni's only son Adam Eliasz, born in 1806 in Oratów, inherited the Oratów and Boruszkowieckie properties in Wołyń (from his mother). He married Joanna Gadomska of the Rola crest, the daughter of Ignacy. She inherited the Zawadyńce property in Podole. He died in 1882 and had two daughters: Amelia who married Adam Gadomski and Maria who married Józef Żurakowski of the Sas crest.

Adam's son was Kazimierz Ferdynand who was born in 1846 in Boruszkowice, who inherited the Zawadyńce properties in Kamieniecki county (from his mother). He was the author of many archeological and historical works, and several dozen monographs on Podole families that have been published and others that are being prepared for printing. He took part in the January Uprising and was interned in Austria. After his release he studied in Prague and Vienna. The family archives and a large part of his collection was destroyed when the manor in Zawadyńce was burned during the revolution of 1918. He died on 5 January 1926 in Poznań. He married Jadwiga Jakubowska of the Topór crest, the daughter of Charles, marshal of the nobility in Winnicki county. He had three sons: Józef Kazimierz, Franciszek Jan, and Adam Pius, and a daughter Helena Jadwiga Teresa born in 1889 in Zawadyńce.

Józef Kazimierz was born in 1873 in Zawadyńce and inherited the Boruszkowiec properties. He married Wanda Sadowska of the Nałęcz crest, daughter of Szczęsny. He had two sons: Kazimierz and Szczęsny, and a daughter, Wanda. The second son of Kazimierz Ferdynand was Franciszek Jan born on 8 March 1875 in Żylińce in Podole. A historian, historian of literature, politician, and diplomat, he was the director of the Polish Library in Paris, and the author of may historical and library tracts. In 1917 he became president of the Society for National Work in Ruthenia, founded in Kiev, which fully supported the Council of Regents. In 1918 he became a marshal of the Council of State. He took part in the work of the Polish delegation in Paris. In 1919 he became a special envoy in Washington. From 1927 he resided in Paris directing the work of the Polish library until his deaon 10 May 1956. He was buried in Paris at the Montmorency cemetery. He was awarded the great ribbon of the Polonia Restituta Order, made a commander of the Legion of Honor, and received the American orders of the Cincinnati and Kazimierz Pulaski. He had two daughters from his marriage to Helena Turowska. First was Jadwiga (1906-1983) who married Andrzej Ostrowski and then Franciszek Wrzosek. She died 28 November 1983 in New York and was buried in her father's grave at the Montmorency cemetery. The second daughter died young (around 1911-1917). The third son of Kazimierz was Adam Pius who was born in 1879 and inherited the Zawadyniec properties.

These are not all the lines of the Pulaski family of the Ślepowron crest which appear in Poland. Once again, citing the sources proving noble descent (which in most part no longer exist) we must remember those descended from Wojciech, the Lithuanian burgrave in 1721 Aleksander who married Aniela Tchórznicka, whose son Wojciech proved his noble descent in 1843 as the owner of large estates in the Kalisz gubernia. Most likely Ludomił (1871–1953) was of the same family. He was a landowner and a senator of the Polish Republic. Ludomił, son of Ludomił Henryk, nephew of Czesław, a January Uprising participant, and Michał the owner of the Siąszyce properties. Ludomił owned one of the largest land estates before the war. His estate, Grzymiszew, had 4,250 hectares. A listing of landowners from 1914 contains several more Pulaskis (and Pulawskis) in the Kalisz gubernia (Ludwik, Tadeusz, and Zygmunt), Warsaw gubernia (Aleksander) and Piotrków gubernia (Aleksander).

The Pulaski family of Pułazie of the Ślepowron crest produced exceptional people who have become part of Polish history. In just one generation, in addition to the father, there were three brothers who played a very important part in the Bar Confederation, while one of them, Kazimierz, became a hero of two nations. The family had its origins in the minor nobility of Podlasie. Some remained at this rank but some lines rose and reached higher rank in the Commonweal of the Two Nations as well as in the reborn Polish Republic. Among them were politicians, soldiers, and also scientists of high calibre. It is a family whose history is worknowing.

Janusz Maciejewski

Casimir Pulaski in Popular Literature from the Period of the Confederation of Bar

The legend of Casimir Pulaski arose early, in the time of the Confederation of Bar. Pulaski quickly became famous, although still very young — only twenty-two years old at the beginning of the confederation war. However, what he did was sufficient to make him widely known and a character described in popular literature. In the middle of 1770s Pulaski was a public figure, and even before he went to America, he was already somehow famous. Although in the future of his legendary history, the American episode will play a more important role, people in the 18th century saw him in a different light.

The fact that he was already a known figure in Europe was very important during his first weeks in America. He was, in fact, one of the best commanders of a just finished war in Europe. The Confederation of Bar was actively supported by France, and protected by Turkey, sanctioned by Germany, (Saxony and Bavaria were favorably disposed towards it, Frederick the Great wrote political pamphlets about it) was also known in other countries of the old continent.

The Confederation of Bar did not have charismatic leaders, like the Kosciuszko Insurrection of 1794 or the earlier Tarnogród Confederation (Konfederacja Tarnogrodzka). Stanisław Ledóchowski, the leader of the latter, was recognized as a hero and a role model from Poland's past in the Polish political literature of the 1760s. None of the Polish politicians or leaders of the period seemed to have much impact on social consciousness between 1767 and 1772. Karol Radziwiłł, „My dearest" („Panie Kochanku"), the unquestioned leader of the political opposition from 1764–67, humiliated himself with his behavior in Radom, when he acknowledged the fact that Russian Ambassador Repnin had the right to kidnap five Polish parliamentarians from the 1767 Seym. Later, he tried to weave between Russians and fighting Poles during the first one–and–a–half–year of the Bar Confederation. Instead, the five kidnapped members of the Polish Seym became famous and were presented as positive characters or heroes in occasional political literature. However, they were kept in isolation far away in Kaługa, Russia, and people in Poland gradually forgot about them (only their return to Poland in 1773 made them famous again for a while).

Andrzej Zamoyski had a good opportunity to become a popular leader at one point. He was the only Polish politician who dared to make a spectacular gesture of protest against the above-mentioned kidnapping when he resigned from the office of the Grand Chancellor, even though the kidnapped members belonged to the Opposition. Between October 1767 and March 1768, Zamoyski was the leading positive character in popular literature. He was also expected to become a leader of the Confederation of Bar after it began. However, he was content to ponder the decision he chose not to pursue it. Eventually, he took a neutral position and naturally disappeared from occasional literature.

Other important actors of political „theatrum" included King Stanisław August and his primal enemy Gabriel Podoski the primate of Poland, the Czartoryski family, and Karol Radziwiłł, the treasurer Wessel and many bishops, all of whom were mentioned in literature, if only as negative characters. Public opinion did not see any positive personalities in political leaders. Even official leaders of the Confederation of Bar such as Michał Pac or bishop Adam Krasiński or others were not mentioned in political literature during that time[1]. Some poems were written about Krasiński and his contribution to the Bar Confederation, but they appeared much later during the Four-Year Seym when Krasiński was a chairman of a special committee for drafting a new constitution.

The personalities who were sung and written about came from other backgrounds. Marek Jandołowicz, a priest was a chaplain of the Confederation during its first months until he was captured by the Russians in 1768 (He was in captivity until the end of the Confederation). He became a great legendary figure during Romantic Period, (the first part of the 19th century). Although in captivity, Father Jandołowicz remained present in political literature, and it was also believed that at this time he wrote a very popular prophecy poem, called *Profecja księdza Marka, karmelity* (The Profecy of Father Marek, a Carmelite)

It was, first of all, military commanders and leaders who were praised and present in the social consciousness. Only they were popular enough to become a part of the legend that was popular even among rural population. A popular song beginning with the words *Jedzie Drewicz, jedzie* (*Drewicz is going*) was sung in many regions of Poland in the beginning of the 19th century. To demonstrate who was widely popular at the time I would like to quote two parts of the song.

The poem begins:

Jedzie Drewicz jedzie	*Drewicz is going*
Trzysta koni wiedzie	*He is leading three hundred horses*
Oj poczekaj panie Drewicz	*O wait, Mr. Drewicz*
Nie twoje to będzie	*You are not going to get it.*
Od bram Częstochowy	*At the gates of Częstochowa*
Zabrzmiały podkowy	*A sound of horseshoes is heard*

---

[1] The names of Michał Krasiński and Józef Pułaski were mentioned in a positive context only in a few poems or pieces of prose written in the first months of the Confederacy.

Ho! Ho! teraz panie Drewicz	*Hey! Mr. Drewicz now*
Nie uniesiesz głowy	*You'll not raise your head*
To Kazimierz Pułaski	*It is Casimir Pulaski*
Konfederat barski	*A Bar confederate*
Ty wiesz dobrze panie Drewicz	*You know well Mr. Drewicz*
Że to rębacz dziarski².	*That he is a brave chopper²*.

The passage mentions two characters: Pulaski — a positive hero and Drewitz, a German serving in the Russian army (whose name was slightly changed to Drewicz) — a negative hero. They are most often associated with the Confederation of Bar in social consciousness. Drewicz was known not only for his victories in battles with Polish troops, but foremost for his cruelty. In a way, the passage is an extract of the Bar legend, particularly as it also mentions Częstochowa which was Pulaski's main headquarters since 1770 and which was successfully defended by Pulaski. The battle of Częstochowa was Pulaski's most famous victory in the Confederation War. He sustained Drewicz's siege and warded off dangerous Russian attacks.

The next passage comes from the middle of the song. The three stanzas give an account of the end of Drewicz's activities. According to them confederates captured him. That was only alleged and is historically incorrect. During the war rumors about the death of the Russian commander or his imprisonment were widely disseminated. They were never true. Such rumors may have constituted background to the song that we analyze.

Drewiczowe nogi	*Drewicz's legs*
Drewiczowe nogi	*Drewicz's legs*
Już nie będą zachodziły	*Will not block*
Pułaskiemu drogi	*Pulaski's path*
Drewiczowe oczy	*Drewicz's eyes*
Drewiczowe oczy	*Drewicz's eyes*
Już nie będą poglądować	*Will not look out*
Skąd Zaremba kroczy.	*Where is Zaremba coming from.*
Drewiczowe uszy	*Drewicz's ears*
Drewiczowe uszy	*Drewicz's ears*
Już nie będą podsłuchiwać	*Will not eavesdrop*
Skąd Pan Sawa ruszy³.	*Where Mr. Sawa will attack³*.

The passage mentions the names of three of the most famous military commanders of the Confederation War: Casimir Pulaski, Sawa Czalenko (or Caliński)

---

² *Literatura barska. Antologia*, ed. by J. Maciejewski, Wrocław 1976, p. 381.
³ *Literatura barska*, p. 382.

and Józef Zaremba. They were generally seen as leaders during the war. Also from the contemporary perspective one has to admit that they were the leaders of their time. They were the officers with empirical talents, and were fully engaged in the military struggle for their country. They never engaged in intriguing or plotting like many other generals did. Also they never committed acts of treason or robbery, unlike others, for example Józef Bierzyński, Michał Dzierżanowski or Szymon Kossakowski.

The public opinion selected three army commanders of the Confederation, and two of them: Sawa and Pulaski quickly became legends. Zaremba, although very popular during the war (as evidenced by the above-mentioned song), never became part of the legend. This was true for a couple of reasons (I can not discuss them now). Although Sawa is not the subject of this presentation, he deserves to be mentioned. His elevation to the status of the legend is a surprise because he was not a noble man (szlachcic). He came from a family of free Ukrainian peasants, Cossacks. Sawa spent many years in the Prussian army, including during the Seven Years War, where he rose to the rank of a NCO (non-commissioned officer). His military experience was more extensive than that of other noblemen fighting on the Confederation side. His experience and ability were recognized by the nobility, which not only agreed to fight under his command but also chose him to serve as marshal of Wyszogród. The assumption was that by virtue of his military achievements Sawa was elevated to the status of a nobleman and that all that reward was the formality of having his status confirmed by the Seym. Sawa's popularity reached its peak at the time of his death. He died on the battlefield in 1771, and while dying, he chose Casimir Pulaski to receive his sword and possibly some of his glory.

Of many Confederation participants who secured their place in legend only Pulaski's fame endured. This can be easily confirmed by the fact that he was widely mentioned in the occasional literature after 1769, like no other leader of that war. The popular literature also mentioned other commanders of the Confederation War, for example Franiszek Pulaski who was Casimir's cousin (There also was Franciszek Pulaski Casimir's brother who died in August of 1769)[4]; or Cayetan Sapieha whose death in the battle of Lanckorona in 1771 was described in many poems. Sapieha came from a well known aristocratic family and poems about his death resemble other funeral poems written about members of Polish aristocracy. But poems about Sapieha differ in character from those spontaneous writings about Pulaski or Sawa.

It was not easy for Casimir Pulaski to become a hero in the occasional literature. One of the reasons for this, is that he was too young, compared to Sawa and

---

[4] *Napisy na katafalku w czasie pogrzebu Franciszka Pułaskiego rotmistrza konfederacji koronnej postrzelonego w Lisku w kościele farnym odprowadzanego* in *Poezja barska*, ed. by K. Kolbuszewski, Kraków 1928, pp. 89-91.

Zaremba. At the same time, however, he had an advantage, since he was the son of Józef Pulaski, the first leader of the Confederation, and chief of staff of the Confederation army. Józef Pulaski nominated his three sons (Franciszek, Casimir, Antoni) to the rank of colonel, despite the fact that they had no previous military experience. One must admit that the father's choice was a very good one. Franciszek and Casimir proved to be very good military commanders. Antoni — the youngest of the three brothers did not have many chances to demonstrate his abilities because he was captured by the Russians in the first moths of the war. In 1768 Józef Pulaski was relieved of his duties. That was a result of his conflict with Michał Krasiński and Joachim Potocki, the chief military commander of the Confederation army. This happened just before Józef's death.

Casimir Pulaski initially had problems because he sided with his father in the conflict, but eventually he was not harmed in any way. Later, the fact that he was a son of the first commander of the Confederation and a brother of Franciszek, who also demonstrated military skills and died in the line of duty in a battle with Russian troops on September 15, 1769, served to increase his popularity.

Pulaski's fame and reputation resulted from his own actions. Pulaski was active from the beginning of the Confederation. He was not always particularly successful but gradually he became known as a capable commander. Until September 1769, Casimir fought along with his brother Franciszek. Together they defended the castle of Żwaniec and Holy Trinity fortress. In addition to participating in the underground activities in Southern Poland (Podkarpacie), they also went to Lithuania (Litwa), where they were welcomed as heroes and played important role in creation of Confederation chapters in both regions. Later, Casimir was active in Mazovia (Mazowsze) where he was elected the commander in Łomża region. After Franciszek's death, Casimir moved to Southern Poland. At the end of 1770, he was appointed a commander of the Southern Poland Camp. Later he established his headquarters and main base in Częstochowa, from which he launched numerous military expeditions. He even withstood a tremendous attack by the Russian Army known as „a siege of Częstochowa". He stayed in Częstochowa and Southern Poland until the end of the Confederation.

Pulaski first appears in literature in 1769, when he led an expedition to Lithuania. It was then that he proved to be a very good commander, if not a skilled negotiator. For this reason he was constantly having problems with the leaders of the Confederation in Lithuania. Eventually, he passed on the command of the Lithuanian troops to the newly nominated chief of the army and moved with his troops to Mazovia. Public opinion, however, sided with Pulaski. This is demonstrated by the poem *Lament konfederatów w Zapuszczanskim rozpuszczonych* (*A Lament of the Troops Dismissed in the Area Behind Forests*). The poem tells the story of the Confederation War in Lithuania in the summer of 1769. An unknown author, using the pseudonym Floryan Prawdorzecki, wrote about lack of activity in the Grand Duchy of Lithuania while at that time in Poland (in Korona — the

Crown) the Confederation War for faith and freedom had already been going on for two years. Prawdorzecki wrote about the breakthrough:

Na pomoc Litwie gdy mężnie Pułaski
Przybył szczęśliwie z króla królów
łaski (...)

Brave Pulaski arrived to help Lithuania
King of Kings granted him his grace

Czterykroć Moskwie dawał we znaki,
Iż rzecz niesłuszna grzebać Polaki
Dobrze też żołnierz i litewski stawał,
Póki Pułaski ordynanse dawał.
Bez szkody swoich bił licznie Moskala
Tak ino wicher dęby mocne zwala.
Biliby byli dobrze pod wodzem
walecznym,
I nie podlegali klęskom ostatecznym.
Bowiem chociaż Pułaski nie jest urodziwy,
Ale serce ma mężne, ojczyźnie życzliwy.

Pulaski four times made it clear to Moscow
That it is a bad thing to bury Poles
Also a Lithuanian soldier proved his value
When Pulaski gave him orders.
Pulaski, no losses of his troops, hit Russians
the same way as a wind breaks strong oaks.
They fought well under a brave commander
And never surrender in the field.
Although Pulaski is not very handsome
He has a brave heart and he is kind to
Homeland

Młody, lecz zdaniem przewyższał
sędziwych
A dla Ojczyzny wielu nieżyczliwych.
Nie jest pan z pana, lecz szlachcic
prawdziwy,
Dlatego Bogu, Ojczyźnie życzliwy.
Przewyższa panów bojących się straty
Dóbr swych rozległych, niedbałych
utraty
Wiary, wolności. Ba —podchlebujących
Nieprzyjaciołom więcej sprzyjających.

Young, but in wisdom before the elders

Many of whom do not wish Homeland well.
Pulaski is a true nobleman

God and Homeland are his priorities
He is unlike those who are afraid of
Losing their properties, who are not
concerned
That the country is losing faith and freedom.
Unlike those who flatter and support the
enemy.

Miłe nam było z onym przebywanie
Gorzkie, nie bez łez z tym wodzem
rozstanie.
Miłe, bo umiał i rządzić przezornie
I z żołnierzami przestawał pokornie.
Nie miał on dumy, nie pogardzał nikim
Chciał się podobać bez występku
wszystkim[5].

It was great to have him among us
It was bitter to get parted with that leader

He knew how to properly exercise his powers
He knew how he should treat the troops
He had no personal pride, disdained nobody
He wanted everyone to like him[5].

Furthermore, the author describes disagreements which started after the confederation of Lithuania elected its leadership, the Generality of the Grand Duchy of Lithuania (Generalność Wielkiego Księstwa). The leaders of the Generality were marshal Michał Pac and military commander Józef Sapieha. Sapieha wanted to take

---

[5] *Literatura barska*, pp. 300-301.

over the command of 6000 troops, most of them volunteers. Initially the Pulaski brothers and Bierzyński brought only a few hundred troops, mainly regular soldiers, but also an elite cavalry brigade under Colonel Bielak. Many volunteers quickly joined them so the number of troops increased tremendously. These troops fought mainly under Pulaski's command, which was praised by Prawdorzecki:

Bierzyński, Bielak, z wodzem jednomyślni
Byli w ojczyźnie w dziełach swych pomyślni.
Było i innych nienagannych wiele,
Nie mogę ja ich tu wyliczyć śmiele [...]
Dość na tym, ze nam mniejszej rangi braci
Codzienne były pociechy z postaci
Gorliwych wodzów, prowadzących rządnie,
Radzących o nas bez obłudy zgodnie[6].

Bierzyński and Bielak unanimous with
The commander. Their deeds served their
Homeland very well. There were many more
Of excellent people. I can't count them all (...)
We ordinary soldiers had a lot of joy and pride
of our commanders everyday.
They were skilful and law–abiding commanders
Making all decisions with no personal interest[6].

Unfortunately that changed when the new leaders of the Generality divided positions among themselves and also wanted to take over command of the troops. Prawdorzecki describes that in the following way:

Pułaski nie chcąc być w tej mierze sprzecznym,
Nie wątpiąc o ich umyśle statecznym
Taka rzecz do nich miał w polu otwartym:
„Mości Panowie, nie chce być upartym,
Ani przeszkadzam tym zapędom waszym –
Dozwólcie miejsca refleksyjom naszym.
Miejcie tytuły, jak sami żądacie.
Nieprzyjaciela nieco podać macie.
Tryb wojenny jeszcze nieświadomy
Kunszt wojownika wam nie jest wiadomy.
Ja tyle razy z niemi miałem bitwy
Szczęśliwie, póki doszedłem do Litwy.
Wiecie, ze w Litwie za pomocą Boga
Bywała nieraz dla Moskala trwoga.
Mam w Bogu ufność, iż będzie zniesiony
Drewicz, jeśli rząd będzie powierzony
Dla mnie nad wojskiem, tylko co do boju.

Pulaski who did not want to disagree
While he did not doubt about their minds
Presented his opinion openly to them:
„Gentlemen, I do not want to be stubborn
I do not want to be in your way, either.
Please allow me to share my views with you.
You can have all titles you want, but
You need to defeat the enemy.
Your war experience is limited
You do not know military skills.
I have had many battles with them
Before I arrived in Lithuania.
You know that with God's help
Lithuania scared Russians many times
In the past. I trust that this time
Drewicz can be defeated if I am given
The command over the troops during

---

[6] *Literatura barska*, p. 301.

Wam nie przeszkodzę dziel w czasie pokoju".	*The battle, you can rule at peacetime".*
Niezgoda na to, mu odpowiadają	*They do not agree and answer him*
My mamy takich, co tak dobrze znają	*We have plenty of those who know*
Wojenna sztukę, ze bez twojej rady	*Military skill and can do without your advice.*
Nie pokażemy dla ojczyzny zdrady.	*We will not betray our Homeland.*
To być nie może, gdyby weterani	*And we will not allow a young officer*
Od mołokosza komenderowani	*exercise command over old veterans or*
Byli, ani też, aby nad panami	*a simple nobleman to command over*
Szlachta bywała już komendantami[7].	*members of the best families*[7].

Participants in the debate used not only verbal arguments but one of them threatened Pulaski with a gun.

Widząc Pułaski ten zapal haniebny,	*When Pulaski saw that dishonorable eagerness*
Rzekł: „Na Moskala ten oręż potrzebny,	*He said: „This weapon is necessary to fight*
Co mamy nad z sobą dalsze czynić zwady	*Russians. Here we do not need to quarrel*
Dawać przyczynę do nieszczęsnej zdrady.	*Among ourselves.*
Wolę pójść w kraj daleko sforniejszy	*I prefer to go to another more dangerous land*
Nie lękając się Moskala, choć mniejszy	*I am not afraid of Russians, though my troops*
W sile zostanę, mam w Bogu ufania	*Will be smaller. I trust that God will help*
Wszak jego laska dotychczas ochrania"	*As He has done that so far"*
Wziął swoje wojsko z sobą i armatę,	*Very upset about Lithuanian loss*
Poszedł bolejąc nad litewską stratą	*He took his people and a cannon gun*
Ku swym granicom — jak słychać szczęśliwie[8].	*And left for his Homeland*[8].

The leadership of the Generality was completely incompetent. After the first battle which they lost, under pressure from the Russian troops advancing towards the Prussian border, they decided to break the troops and let men go home, then they themselves left the country. All of this happened in an area called Zapuszczan-skie (behind Forests) because it is situated between the Augustów Forest (Puszcza Augustowska) and the Prussian border —hence the title of the poem. Embittered soldiers proclaimed that their commanders were traitors. The author of *Lament* is of the same view. In the last part of his poem he strongly criticizes the leadership of the Generality.

The whole poem is full of very strong criticism of the leadership of the Gener-ality. On the other hand it gives a lot of recognition to Pulaski. His fame begins to grow and he is more and more perceived as a hero or as an invincible knight. News about him or his troops, now growing in numbers, began to appear in various kinds of newspapers, gazettes and poems. Very often Pulaski's name was mentioned very briefly, like in the piece *Postępek szkaradny przez wojsko moskiewskie w mieście*

---

[7] *Literatura barska*, pp. 302-303.
[8] *Literatura barska*, pp. 303-304.

grodowym Bieczu (...) wykonany a przez tego, który na to patrzał opisany which
we might call an investigative report. A sentence in the report says *Mr. Kierkor who*
served under the command of Casimir Pulaski, spent a night in Biecz and later
went towards Siepietnica[9]. Such a sentence was sufficient for strengthening
Pulaski's presence in the social consciousness and building his legend.

The peak of his fame came when Pulaski was defending the holy shrine of Jasna
Góra in Częstochowa against the Russian army under Drewicz from December 31,
1770 until January 15, 1771. The poem *Larum w czasie przypuszczonego przez*
Drewitza komendanta moskiewskiego do fortecy częstochowskiej szturmu 1771
przez konfederatów w fortecy uczynione (*A Call For Help During the Siege of the*
Fortress of Częstochowa in 1771 by a Moscow Commander Drewitz) is connected
with a big night battle of January 8-9, 1771. It begins with a desperate call:

Wstawaj Pułaski, przetrzyj swe powieki,	*Get up Pulaski, open your eyes,*
Bo jak nie wstaniesz, zginiemy na wieki!	*If you do not get up, we are lost forever!*
Bez twej komendy, łaskawy nasz panie,	*Without your command,*
Gdzie sam będziesz, niedobrze się stanie.	*Things will turn bad.*

Już zdrajca Drewicz przystawia drabiny	*Drewicz, a traitor is bringing his ladders*
Wczas wstał, bo zaczął od drugiej godziny	*He began early at two o'clock*
Już wrzeszczą, już krzyczą: „za zdrowie czarycy	*They shout and scream: „long live the Tsar*
Stupajtie skoro do tej kamienicy".	*Hurry to get this castle".*

Już każdy wiedział z Drewicza komendy	*In the Drewicz's troops they are all ready*
Gdzie który miał pójść: na rondle i wszędy,	*Each knows what to do and where to go*
Wiedział to Drewicz, ze wojska niewiele	*Drewicz knew that Pulaski had only a few*
Miał pan Pułaski i szedł sobie śmiele[10].	*So he was going forward*[10].

But Pulaski and the defendants of Częstochowa kept vigil. The Drewicz's attack
was fought off. Many of the Russian troops were killed. So Drewicz (according to
Larum)

Nie czekał kaffy, która o dziewiątej	*Did not wait for coffee that was supposed to*
Miał pić w fortecy, ale i o piątej	*Be served at nine o'clock in the fortress, but at*
Nie mógł wytrzymać, jak mężny Pułaski	*Five had to withdraw, when brave Pulaski began*
Zaczął go witać w imię Matki Boskiej[11].	*To welcome him in the name of Virgin Mary*[11].

---

[9] *Postępek szkaradny przez wojsko moskiewskie w mieście grodowym Bieczu die 5-go kwietnia 1770*
wykonany, a przez tego, który na to patrzył, opisany, ed. by J. Maciejewski and M. Rudkowska
in „Napis", vol. 3, 1997.

[10] *Literatura barska,* p. 334.

[11] *Literatura barska,* pp. 334-335.

And further anonymous author writes:

Otóż masz teraz Drewiczu szalony	*You got what you deserve, Drewicz*
Nie Bierzynski to, głupiec przekupiony,	*You finally met not Bierzyński, who is a fool*

Cos go z triumfem wywiódł zza granicy	*And you could deceive him*
Ale Pułaski bije, nie z mennicy	*You met Pulaski*
Rachuje sumy, nie chce żadnej dani	*Who pays you back*
Drwi z ciebie równo, jak i z twojej pani.	*Who mocks at you and at your lady*

Bo on ma panią, imię Jej Maryja,	*Because his lady's name is Virgin Mary,*
Twoja pani, Kaśka, kurwa, kanalija:	*Your lady, Katie is a bitch and skunk,*
Bodaj przepadła z Poniatowskim panem	*She should disappear with Mr. Poniatowski*
Pułaski żyj zdrów, na wieki wieków.	*Long live Pulaski, forever and ever, Amen[12].*
Amen[12].	

Another piece of prose *Diariusz oblężenia Jasnej Góry Częstochowskiej* (*A Diary of a Siege of Częstochowa*) gives us a detailed picture of that fight, too. There are actually many different memoirs under the same title, three of which were selected by their editor Jacek Wójcicki[13]. They describe the same events. Two of those memoirs are very similar and we know that they were very popular because numerous copies of them are found in various collections. They were widely read and copied. They do not focus solely on Pulaski, however he is their main character, since he was in command of the defense. His decisions or deeds are often mentioned in the description of the events. For example in a version marked by the editor as version A we read: *Having learned about the approaching enemy the commander of the fortress sent some units of cavalry and infantry towards them*[14].

An later: *When the night came our troops found the darkness very comfortable to attack Russians. Under cover of the night Pulaski led an attack on the Russian trenches. He left at ten o'clock together with major Kułacki and other troops. Pulaski divided them into three groups and quietly entered the enemy's trenches. There they stuck three cannons, and using their hammers they killed quietly twenty-eight Russians. They ousted many others out of the trenches and killed more than one hundred. When the Russians realized what was going on and called for help from other infantry units stationed near Saint Barbara, Pulaski skillfully protected the withdrawal of the Polish troops. They all happily returned to the fortress, only four of them were killed and five wounded*[15].

---

[12] *Literatura barska*, p. 335.

[13] J. Wójcicki, *Diariusze oblężenia Jasnej Góry w roku 1771* a manuscript to be published in the full edition of „Literatura konfederacji barskiej". Manuscript is kept in the archive of the Chair of the Occasional Literature in the Institute of the Polish Language of the University of Warsaw.

[14] J. Wójcicki, p.10.

[15] J. Wójcicki, p. 13.

Version B of the diary describing the same event adds, how Russians reacted to the attack: *Later the Russians were unable to tell what had happened. They sent their soldiers out to find out who had attacked them. When they learned that the attack came from the fortress and that Pulaski was in command, they asked local people where the exit of the tunnel was. They could not believe that after such a siege and bombardment Pulaski was able to organize his troops and attack their trenches. They talked to each other that if Pulaski came at them from under the ground, he would slaughter them all*[16].

The diaries praise not only Pulaski's courage, shrewdness and ability to make right decisions but his good sense of humor as well. We can read in an earlier part of version B: *The Russian commandant Drewicz, having received supplies of new troops, sent his officer with the proposal of Polish surrender. He promised that Polish troops would receive a free passage from embattled fortress and that the Poles would be able to return safely to their homes. Pulaski answered that if Drewicz wanted to save his troops and his butt, he should surrender to Pulaski and then his troops would be given the right of a free passage to their capital, St. Petersburg*[17].

Pulaski was also perceived as a commander who was able to foresee and prevent the enemy's actions or ambushes. *On January 9, at the beginning of the day, Russian squadrons began withdrawing, some of them towards Kłobucko, some towards Olsztyn and some towards Mstow (...) it looked like the siege was over. Pulaski discovered the plot and the enemy's strategy. He ordered new supplies of ammunition, he told the soldiers to change the positions of the cannons, he reinforced guards and told everybody to be even more careful*[18].

The significance of the defense of Jasna Góra in January 1771 outweighed its military dimension. It was not only a successful military action but it held a more complex meaning for Poles. Jacek Wójcicki writes that: *The defense of Często-chowa made the young commander and his troops famous. It was also a very important element of patriotic and religious propaganda because it was the defense of Jasna Góra, probably the most famous religious monastery in Poland, and it brought back memories of the 17th century Swedish War (The Flood) and the turning point of that war which had been the defense of the monastery, led by Father Kordecki — the abbot of the convent. Jasna Góra once again became a symbol of independence and survival because of the special protection of the Virgin Mary*[19]. Thus the legend of Pulaski was enriched by a religious element that was important for the durability of the legend itself.

---

[16] J. Wójcicki, p. 28.
[17] J. Wójcicki, p. 26.
[18] J. Wójcicki, p. 34.
[19] J. Wójcicki, pp. 1–2.

The first two versions of *Memoires* were written by people participating in the defense of Częstochowa, Pulaski's subordinates. They contributed to the increase of Pulaski's legend. They glorify and praise the persona of the commander. The third version which survived only in one copy in the archives of the convent is slightly different. It was written by a St. Paul's monk, who witnessed the fighting, but did not participate in it. The author's tone is less biased while describing the siege. It is understandable, the convent was trying to be neutral in the war. Pulaski took over the fortress and put his troops there against their will. Even though, the monk gives Pulaski a lot of recognition. He is less open and explicit about it but we have no doubt that he supported the confederates.

The defense of Jasna Góra was the height of Pulaski's popularity. In his military career we can't find an equal event. However, his reputation as a great military leader survived the lack of spectacular military victories in immediate future. Also his conflict with the rest of the leadership of the Confederation, especially commander Józef Zaremba, did not diminish Pulaski's popularity. Fortunately bad news hardly reached the general public. Pulaski's mobility during the war was very helpful for building his legend. His troops did move very quickly. Although Jasna Góra was his main home base, he would suddenly appear in the neighborhood of Warsaw, Kraków, and Zamość, as well as the mountain region. Against the orders of military commission of the Generality, Pulaski was breaking his troops into smaller units which were fighting in different areas, most of the time on the run from Russians, but active and sometimes victorious, especially when Pulaski was leading them. Pulaski's ability to promote himself was another important factor for the increase of his popularity. His reports to the Generality were read not only by the leadership of the Generality but they were made public inside as well as outside the country. Although the reports do not constitute literary works, it may be interesting to quote one of them. Pulaski writes about his expedition towards Zamość in June 1771, the purpose of the expedition was to capture a fortress in that city. *I left the camp and went all night in the deepest secrecy from Maków to Dębica. There I encountered the enemy, about 300 infantry and cavalry. I was fortunate and the enemy retreated having lost many soldiers, among them 12 horsemen (Cossacks) taken prisoners. I went further and met another unit trying to ambush me in the forest near Mielec. After a short battle the enemy escaped. Later near a village Majdan, two miles from Kolbuszowa I saw about 900 Russians with two cannons, cavalry, infantry and sharpshooters. They just arrived in Poland and that was their first battle with the Confederates. The Lord blessed us and, after a heavy fight, the enemy retreated maintaining order among their troops.*

Immediately I selected some cavalrymen to attack them. My soldiers with their spears and sabers forced the enemy to run away. After a half an hour pursuit, they caught the enemy in a small village. The enemy lost more than two hundred men. We took forty-six prisoners two hundred horses and a lot of weapons. My soldiers got their rewards there. Later we marched on and we met one hundred twenty

Russians. We slaughtered them all except three who escaped with the news about the defeat. The commanding captain was taken a prisoner. After all those successes we went to Zamość. We took prisoners and the rest with us (three hundred horses and other goods). I tried to get some rest for my troops and I thought that the big, powerful fortress might join the confederation[20].

Although the passage mentions only victories, the whole report tells also about failures: a retreat from Zamość (the city not the fortress, Jan Jakub Zamoyski the owner of the city wouldn't let the troops into the fortress), the pressure of the strong Russian army of general Suvorov that was closing on the confederates, so they had to retreat towards the mountains. Evaluating the whole expedition, Pulaski estimates the enemy's casualties at least six hundred troops and his own at one thousand killed and one thousand wounded.

I decided to quote a part of the report because I believe it could influence the creation of the Pulaski's legend. I want to make one thing very clear. Pulaski did not have to strive for popularity. Many poems were spontaneously created during those times to glorify Pulaski and his successes in the war. One of them called *Opisanie wygranej za Krakowem tynieckiej wojny* (*The Victory of the Battle of Tyniec*), describes how Pulaski and his troops marched towards city of Tyniec, which was surrounded by Russians and how Pulaski helped defeat Russians.

Mości Pułaski, przybywaj co prędzej — Pulaski, come as soon as you can
Bo będzie Tyniec i forteca w nędzy: — or the fortress of Tyniec will be in trouble
Bez twej Komendy heroiczny panie — Without your command, Sir, our camp
W naszym obozie niedobrze się stanie. — Will be in misery.
Już Moskwa przyszli, stawiają drabiny, — Russians have come, they put up their ladders
Szturm przypuszczają od pierwszej godziny (...) — They attack us since one o'clock (...)

Tylko ku niebu podnosim swej oczy — We can only raise our eyes to heaven
Widzim, że pewna śmierć ku nam się toczy. — We see death coming toward us
Niskąd nadzieji nie masz na te czyny, — Nowhere any help or hope
Od częstochowskiej chyba heroiny! — Only the Heroine of Częstochowa,
Ta bohaterka nadzieje naprawia, — Gives us some hope,
Gdy Kaźmierz ku nam posiłki przystawia. — When Casimir sends us his troops.
Tej heroiny wielmożnej wzywamy — We praise the mighty Heroine
Ciebie z posiłkiem, Kaziu, wyglądamy[21]. — When we await for Your arrival, Casimir[21].
Przybył, i nie sam; lecz ze sług Maryji — He has come, yet not alone,
Od Częstochowy dość nam protekcyji (...) — But with servants of Mary. They bring us
Na korpus piorun z fortecy tak bije, — Protection. The drum in the fortress sounds
Ze słyszeć setny Moskal ledwie żyje — Merrily that Russians are scared to death.

---

[20] Pulaski's report to the Generality of June 21, 1771 in *Konfederacja barska. Wybór tekstów* ed. by W. Konopczyński, Kraków 1928, pp. 139–140.

[21] *Poezja barska*, pp. 64–65.

A gdy złączone już stanęły siły,	And when the troops combined their forces
Resztę Moskala szczęśliwie zgnębiły[22].	They defeated the Russians[22].
Kaźmierz zaś święty w Pułaskim	Casimir Pulaski, like the Saint Casimir,
Kazimierzu,	strives
By orzeł polski zostawał w swym pierzu,	That the Polish eagle will remain in his
	feathers.
Wojuje, broni, jak patron Ojczyzny,	He fights and defends his Homeland
Waleczny walet wzajemnie Walewski,	Also Walewski fights bravely, because
Bo w nim duch prawy boski,	The spirit in him is righteous, not royal
nie królewski (...)	
W nich zmartwychwstali odważni	Brave ancestors of the Czarneckis, Sobieskis
Czarneccy,	
Chodkiewiczowie i sławni Sobiescy.	Or Chodkiewicz families resurrected in them.
Widzą w Pułaskim Dawida nowego[23].	They can see a new David in Pulaski[23].

It is quite striking that the poem shows unbelievable faith in Pulaski. The Russian commandant Drewicz personifies the evil and is associated with fears and plagues. Pulaski is the epitome of goodness, integrity and also of victory. That is why the confederates call for him when they are in trouble. He is their leader, so they call *come as soon as you can, save us bring us the hope again*. He is their only hope, the only person they can trust because they consider other leaders of the Confederation as traitors.

Another very important and controversial event took place in the end of 1771. Pulaski's name is mentioned not only in Poland but also in Europe. Confederate troops led by Stanisław Strawiński tried to kidnap the king. Strawiński was one of Pulaski's subordinates. Pulaski himself denied any involvement in that act as did the rest of the confederate leaders. In spite of this, Pulaski was formally charged with the attempted murder of the king in absentia and later sentenced to death by the Seym (parliamentary) tribunal.

When the war ended, Pulaski escaped from Częstochowa and left Poland. He couldn't return from abroad and had to use false names when traveling in other European countries, because European monarchs condemned the crime he had been charged with.

Paradoxically the notoriety overshadowed Pulaski's previous victories and heroism. His fame was more like that of Herostrates who burned the library of Alexandria. Still his legend was very much alive, but this time he was a hero and a villain. Those

---

[22] *Poezja barska*, p. 65.

[23] *Poezja barska*, pp. 65–66 Historians of the Confederacy War do not mention Pulaski's presence during the siege of Tyniec. Konopczyński is of a view that two French officers from the Dumouriez staff were in command there. Maybe Pulaski's legend was so strong that every victory was attributed to his presence, even if he actually did not take part in a battle.

two elements combined made Pulaski a more visible personality. His legend continued but in a more complex form. It was not purely positive any more.

The political situation changed in Poland. The attempt to kidnap the king didn't help the Confederation but caused it to collapse. Public support stopped in the end of the year 1771. The popularity of the king was on the rise and aftershock that followed the first partition of Poland in 1772 changed everything. The confederation was morally and militarily bankrupt. The Generality was unable to lead without support from Austria, which took the part in the partition, and from France, which condemned the attempt to kidnap the king. The fighting stopped completely in mid-1772. The Generality was thrown out from Austria and it moved to Bavaria. Most of the confederates asked the king for forgiveness, which they received – the only ones excluded were the kidnappers.

The attempt to kidnap the king is echoed in the occasional literature. Most of the occasional literature of that time sided with the king and criticized the kidnappers or expressed joy for the „miraculous escape" of the monarch. Although Pulaski's name is not often mentioned in that literature, he was perceived as the spiritual leader of the kidnappers. So all occasional literature in a way pertains to him. Not all literature was created by the king's supporters. A big part of the public was still supporting confederates, but those who might want to write positively about Pulaski were in a very difficult position. Since Pulaski distanced himself from the kidnapping and the Generality condemned him, it was impossible to defend the act of kidnapping itself. The pro-confederate literature attempted to lessen the significance of the event, and show it in comparison to all the disasters, which had been brought upon the country, for example, by Russians. The pro-confederate literature also tried to remind that the king himself was not such a great man and that he had often set a bad example. It was a defensive tactics but to an extent protective for Pulaski

Pulaski soon went into exile. He took all his legend with him; the good and the bad together. The good part opened up opportunities both in the West as well as in Poland. Pulaski was trying to go back to Poland; his brother Antoni was helping him in this matter. He even brought his brother's case to the parliament in 1778 and lost. He was trying until 1793, when, the sentence was overturned and Kazimierz Pulaski was exonerated. The fact that Pulaski's name was cleared during the infamous Seym of Grodno did not help much Pulaski's legend.

The dark part of his legend, which relates to the attempt to kidnap and murder the monarch, did not help Pulaski either in Poland or in Europe of absolute monarchies. However, there was a country where such a legend did not bring notoriety – English Colonies in North America. The Colonists' war against England and its king just started. That was the destination for Kazimierz Pulaski – a Polish nobleman, who wanted to fight for the survival of the young democracy. He went there and began to build the next chapter of his legend, the American one. He was one of the first Europeans who fought *for your freedom and ours*. That part of his life is not a subject to the paper.

Jacek Wójcicki

Casimir Pulaski in Polish Memoirs

While searching for traces of Casimir Pulaski in Polish memoirs, of which there are few considering his significance in Polish history, it is difficult not to ask oneself what form a hypothetical memoir of the hero of the second miraculous defense of Częstochowa would look like. For example, the question as to what language it would be written in is not a simple „technical" one. It leads to the a question of what language the author would use. Depending on the author's choice one could expect either the richness of old Polish, the delicacy of French, or perhaps the precision of English. In this context it is difficult to consider German as a choice for it is more suited to military commands. Latin also should be rejected but not because we do not like *Providentiae divinae evidens argumentum...*, a Latin pamphlet about an attempt to kidnap the king written in 1771 by Stanisław Bohusz Siestrzeńcewicz. One can hardly imagine Casimir Pulaski, who according to Jędrzej Kitowicz was *fast in his talk and in his walk*[1], using Roman rhetoric to write his memoirs. On the other hand, Latin was widely used publicly in the Polish–Lithuanian Commonwealth. Many generations of scholars used the term *makaronism* to describe the special relationship between the Polish gentry with Cicero and Julius Caesar (or maybe with Brutus and Cato) as well as to achieve legal accuracy to the greatest possible extent regardless of the style used by the author or the speaker. Documents signed by Pulaski show that he knew of and purposely used such language: Polish encrusted with Latin.

One here could ask who would write those never written memoirs, a group of people or maybe even Pulaski himself? Perhaps Pulaski, but only if he were in a situation similar to that of Kitowicz. He would have to swap a saddle for an armchair, a military tent for a library table. Maybe later a cassock would cover *the short and thin figure* of the Marshal of Łomża — as Kitowicz describes Pulaski? It may be easier to imagine Pulaski dictating his memoirs to his secretary or simply signing a manuscript prepared by a ghost–writer. The last hypothesis would not contradict the possibility of the practice that was applied in collective bodies like the „Generality" or field chancellery.

---

[1] J. Kitowicz, *Pamiętniki czyli Historia Polska,* ed. by P. Matuszewska, comments by Z. Lewinówna, Warsaw 1971, p. 189 (a chapter *About Pulaski and Szyc*).

There is one additional question that needs to be addressed. What kind of narration could be expected: a concise diary or a drawn-out story? *Mon journal* or *Memoires et travails? A history of my age* or — God forbid! — *Żurnal vojennych diejstwij?...* Unfortunately, we can only rely on publications of the *gesta et epistolae* type that are external to the object of this research.

Those problems will remain unresolved but some facts justify asking similar questions. We have both official records related to Pulaski as well as his correspondence. We can evaluate his abilities to communicate in both Polish and French. We can also wish that we were able to learn more about Pulaski from himself. We are unable to do so not because his memoirs did not survive to our times but because he did not write more. We also know of numerous remarks related to Pulaski in other people's memoirs, however, most of these remarks are very brief.

Before we move on to discuss them in greater detail we should ask the following question: Why is there such a discrepancy between Pulaski's fame and more lasting records? Part of the answer is trivial. Pulaski died too early to write his memoirs and lived too quickly to keep a diary on a regular basis. He did, however, write his name and signature down on numerous documents relating to the Confederacy. He did not have anyone like Tucidides or Eckerman among his associates. There do exist, for example, highly detailed diaries of the siege of Jasna Góra (Częstochowa) that demonstrate both a necessity to write even about less important events as well as the high analytical skills of the anonymous defenders of the event. The permanent presence of Pulaski's name in correspondence, gazettes or gossip columns does not surprise anyone. They are there purely as pieces of information. It is somehow striking that even in popular songs Pulaski's name is mentioned in a form that indicates a rather conventional or stereotyped manner. His name is mentioned not because of the personality but because of his rank or function. It is not Casimir Pulaski himself, who stirs up a poetic mood but a person who made things happen or was critical to our victory, whose name is repeated in a place reserved in a poem. The fact that songs were written about military commanders who won battles leads us to conclude that these songs were meant to play a role in disseminating information and were not only poetic or literary works[2]. This is

---

[2] Helena Kapeluś described the geographic and historic peregrinations of folk songs relating to the Bar Confederacy. *Pamięć konfederacji barskiej w polskiej pieśni ludowej* in *Przemiany tradycji barskiej. Studia*, Kraków 1972. The examples presented in her studies can be supplemented by a small poem which constitutes a rare example of a situation where a poetic function of a word and phonetic associations are more important than its information function: *Last disaster happened in Biecz in 1770 during the Bar Confederacy. The troops of the Confederation under Casimir Pulaski's command operated in the forests surrounding the town for a long time. Although my memory about the confederates has faded today, I learned about a recollection of an old man who witnessed that war. He repeated a poem that Derewicz allegedly sent to Pulaski's camp near Tylicz:*

    Od Tylicza aż do Biecza   From Tylicz to Biecz
    Wszędzie pełno Derewicz   Everywhere there are a lot of Derewicz (his troops)
To that threat Pulaski allegedly answered:

understood in a historical context. But why is there so little information about Pulaski in other texts, for example, those written later without the pressure of time? Why is Pulaski so rarely mentioned in memoirs?

Writers of memoirs who did not personally know Pulaski did not necessarily see this as an obstacle to writing about him. Only a few of those who wrote about King Stanisław August Poniatowski knew him relatively well. It may have been that those who wrote memoirs considered Pulaski or his name (like a title in the case of a king) so popular that a separate record of his fame was not needed. Those, who barely knew Pulaski, did not write their memoirs. Those, who decided to write about their life or to write a broad history of their homeland, may not have recognized Pulaski. They might have thought that they were dealing with a certain Mr. Rudziński[3] and would let the outlaw go[4]. Later in their memoirs, as one might expect, they would describe Pulaski as being taller, stronger, mightier, handsomer or more articulate than he really was. A similar thing once happened to the king, who, while wounded during a kidnapping attempt, managed to remain unrecognized in a miller's house near Borek Kamedulski, where he was escorted by one of his would–be assassins, Kuźma–Kosiński.

Let us here revisit our earlier question: Why do biographers ignore Pulaski, who was the most famous military commander of the Confederation of Bar and later made an American general?

This question is repeated because biographers really did ignore him. There are many cases in which Pulaski's name does not appear anywhere else than in every day correspondence or in public speeches where his name serves as *pars pro toto* and describes *all soldiers who fought under his command* or almost all „confederates" *tout court*. This can be seen in the notes of Stanisław Lubomirski[5] or the memoirs of Józef Wybicki[6] where „Pułaski" and „Drewicz" symbolically fight with

---

Między Bieczem a Tylicz	*Between Biecz and Tylicz*
Koniec będzie z Derewicem	*An end will come to Derewicz*

That last threat did not materialize. Pulaski was defeated near the village of Izby close to the Hungarian border. There, one can still see a picture of that battle painted on the wall of the church and some trenches of the confederates. The parish church in Biecz possesses a document that describes all disasters that befell the city since 1770...
(L. Siemieński, *Z okolicy podgórskiej*, in *Dzieła*, vol. 1, Warszawa, pp. 196–197).

[3] Princess Teolifa Sapieżyna in Strasbourg wrote on October 3, 1772: *Pulaski, who for security reasons used the name Rudzinski, stayed here for a few days with prince Lubomirski. Z pamiętnika konfederatki księżnej Teofili z Jabłonowskich Sapieżyny (1771–1773)*, ed. by W. Konopczyński, Wrocław 1914, p. 138.

[4] He was convicted and pronounced guilty. And since he did not show up in court he was proclaimed an outlaw, who can be killed by anybody without punishment. J. Kitowicz, *Pamiętniki*, p. 308.

[5] S. Lubomirski, *Pamiętniki*, ed. by W. Konopczyński, Lwów 1925, includes a number of remarks about Pulaski.

[6] J. Wybicki, *Życie moje oraz Wspomnienie o Andrzeju i Konstancji Zamoyskich*, ed. by A. M. Skałkowski, Kraków 1927 (BN I 106); there are two remarks about Pulaski; p. 166: *At that time Puławski defeated Drewicz, a Russian colonel, near Częstochowa.*

each other. Similar language was also used by General Kreczetnikow, one of the Poles' more dangerous opponents, whom we note for comparison with Polish authors[7].

Pulaski possesses more individual characteristics in the memoirs of Józef Konopka —actually written by Tadeusz, his son — as in during a political debate among him and fellow-citizens on the possible failure of the defense of Częstochowa, or about the transfer of a fine horse that was originally given to marshal Biedrzyński. Pulaski's stay in America was mentioned to Józef Konopka by Hugo Kołłątaj in 1776 when the two of them discussed books from Czartoryski's library.[8] Julian Ursyn Niemcewicz briefly mentions Pulaski in his memoirs (*he transferred his desire for freedom to a new part of the world and he died for it*)[9]. Niemcewicz, himself a cadet at the Szkoła Rycerska (the military academy), illegally left that institution to join the Confederacy. There he may have discussed Pulaski's responsibility for the kidnapping of the king with his colleagues. Niemcewicz may have also come across the same pros and cons that were reflected in the brief memoirs of A. Hulewicz, who wrote in defense of Pulaski and about his allegedly being surrounded by intrigues. *If Pulaski were more ambitious, he would have been more successful. The troops loved him and were on his side — and there were plenty of battalions, regiments and guards in Warsaw. It is certain that he did not plan such an act and is right in defending himself in manifestos. Those who dared to kidnap the king did so on their own will and not because he had ordered them to*[10].

All of the above-mentioned facts strengthen the common view of a public opinion divided on Pulaski. We can now move on to other authors, who are more personally engaged. This by all means does not guarantee their objectivity or positive attitude toward Pulaski. The memoirs of Charles Dumouriez are important because their author is extremely subjective and biased, but not in the Polish sense of that word. At first Pulaski is described as *a young man, who is very brave and very entrepreneurial*[11]. Pulaski was indebted to Dumouriez, who instructed him

---

[7] *Radom i Bar 1767–1768. Dziennik wojennych działań jenerał-majora Piotra Kreczetnikowa...,* translated by K. Stolnikowicz-Chełmski (K. Podwysocki), Poznań 1874, (*Pamiętniki z ośmnastego wieku*, vol. 14). Pulaski himself (not his troops) is significant in the text only a few times. Of those few times he is less significant when he writes manifestos with military demands (pp. 115–117) or when he is involved, on behalf of the Berdyczów fortress, in the negotiations about the terms of their capitulation (pp. 119–120) and more significant when — according to Kreczetnikow — his release from prison might contribute to the opinion among the Poles that Catharine II is favorably disposed towards them. (pp. 214–215).

[8] T. Konopka, *Historia domu naszego. Raptularz z czasów Stanisława Augusta,* Warszawa 1993, information about Pulaski on pp. 131, 133, 150, 159 (a conversation between Józef Konopka and Hugo Kołłątaj in 1776).

[9] J. U. Niemcewicz, *Pamiętniki czasów moich,* vol 1, ed. by J. Dihm, Warszawa 1957, p. 64.

[10] *Pamiętniczek A. Hulewicza konfederata barskiego,* ed. by K. Pułaski in „Niwa" vol. 15, 1886 pp. 467–468.

[11] *Wojna w Polsce 1770 i 1771 z pamiętników generała Dumourieza,* Poznań 1865 (*Pamiętniki*

to fortify Częstochowa[12], however, because of his insubordination, he did not follow through Dumouriez's excellent battle plans. Finally it is because of Pulaski that a frustrated and desperate Dumouriez decides to leave the disobedient and insubordinate troops[13]. Pulaski, according to Dumouriez, was *inconsistent in his ideas, unable to execute a plan, uneducated in military art, haughty because his fellow citizens were eager to flatter him but praised his small military victories and compared them to the great victories of King John III Sobieski*[14].

Dumouriez's comments coincide with remarks made by Jędrzej Kitowicz, who was mentioned earlier. His memoirs are the most extensive record we have about Pulaski in Polish literature. Several dozen pages about the period of the Confederation (which constitute about 75 % of the entire volume) describe the adventures of Pulaski as seen from an individual perspective. According to Kitowicz, Pulaski's calling in life was to do battle with the Russians, even if he did demonstrate more bravado than tactics. *During battles he would forget about everything, he was the first to expose himself to danger. That is why he would often lose*[15]. The misfortune that dogged Pulaski took the form of real people according to Kitowicz. For example, this was the case of Colonel Szyc of the hussars. He was more talented than Pulaski and as brave as Pulaski but never allowed to take part in the most important campaigns. *Many times Pulaski had Szyc with him when he went to battle with the Russians and always either won or did not suffer great losses. Many times the hot-tempered Pulaski went into battle without Szyc and was always defeated or suffered great losses*[16]. Józef Zaremba is another personification of Pulaski's misfortune. Zaremba and Pulaski loved and hated one another for reasons dictated by politics (Zaremba did not disseminate the act of interregnum issued by the Generality in Preszów) and ambition[17]. Although Pulaski had started the rumor that it was Zaremba's troops that attacked Russian trenches around the besieged Częstochowa, thereby creating disorder among the Russian troops[18], Zaremba's lack of support during the siege only increased the tension existing between the two of them. The Generality (which proclaimed the interregnum) is another personification of misfortune. That body, although a collective one, was personified by Strawiński, an assassin (*Puławski was the only one who trusted*

---

z ośmnastego wieku, vol. 6) p. 49. French edition Hamburg 1795.

[12] *Wojna w Polsce...*, pp. 29–30.

[13] *Wojna w Polsce...*, pp. 60, 62–63, 66–69.

[14] *Wojna w Polsce...*, p. 49.

[15] J. Kitowicz, *Pamiętniki...*

[16] J. Kitowicz, *Pamiętniki...*, p. 190, (a chapter *About Pulaski and Szyc* on pp. 187–190).

[17] J. Kitowicz, *Pamiętniki...*, p. 254: *the top military commanders had equal powers granted by the Generality, so none of them wanted to be subordinate to the other*, (a chapter *About Zaremba and Pulaski* on pages 254–256).

[18] J. Kitowicz, *Pamiętniki...*, p. 276. Pulaski *...attacked the sleeping Russians and slaughtered them by stabbing them and running among them shouting Zaremba, come here.*

*such false information and was always ready to execute the plans of the General-
ity faster than any other confederate)*[19]. These complicating circumstances resulted in forcing this talented military commander—who used every opportunity
available to harm Russian troops, whose actions or stories about what he could do
caused fright among them, who was even credited for having the power to work
miracles, who demonstrated unique courage during surprise attacks on the enemy,
who liked horses, who was a gambler but not a drunkard or a libertine – to leave
his homeland in disgrace, unable to appear in a court of law and only able to defend
himself by writing manifestoes.

Kitowicz learned a great deal about Pulaski during his long service under
Zaremba's command. Neither Kitowicz nor his commander participated in the
events which he describes in such great detail. For example, they were nowhere
near Pulaski when he escaped the Russians by covering himself with a coat he had
found and pretended that he was dead[20]. We can accuse Kitowicz of writing fiction
(as did Władysław Konopczyński and Tadeusz Mikulski[21]). We may also find such
details, written several dozen years later, in the stories told by veterans. It is
impossible to clearly distinguish what was real and what was added by people
repeating such stories. However, if Kitowicz's memoirs are looked at in their
entirety, one could conclude that Pulaski's personality was portrayed in a positive
manner. Some chronological and topographic details may not be reported correctly, but the overall characteristic reflects reality. Even if Pulaski was a little bit
idealized, the purpose of the touch-ups was to present him more as a hero of the
trenches of Saint Trinity fortress and less a character out of a fairy tale.

Princess Teofila Sapieżyna, one of the more active members of the Generality,
mentions Pulaski a number of times her memoirs written while in exile in Strasbourg. In 1772 she hosted *a certain Rudziński* for a few days (*Rudziński was
traveling to another part of France*). They both attended a number of meetings
where *comparisons were drawn between the lost liberties of Poland and Cor-
sica*[22]. *Six months later in March of 1773 she reports a conversation with General
Zboiński, who recently returned from Paris and knew many stories from the
capital.* Some of these stories related to Pulaski. *He is in Paris but it was not the
minister who invited him there but Bieniewski* (sic), *who had served under his
command. That Bieniewski, who earlier had escaped from the Kamchatka Pen-
insula and discovered a new passage to the Black Sea, is now in the French Navy
and soon will be going on a secret mission*[23]. At the end of our review of the

---

[19] J. Kitowicz, *Pamiętniki...*, p. 299 (a chapter *About the kidnapping of the king*).

[20] J. Kitowicz, *Pamiętniki...*, p. 276.

[21] See: W. Konopczyński, *Konfederacja barska. Przegląd źródeł*, Lwów 1934; T. Mikulski, *Z historii
i źródeł Kitowicza*, in T. Mikulski, *Ze studiów nad Oświeceniem. Zagadnienia i fakty*, Warszawa 1956,
pp. 91-155.

[22] *Z pamiętnika konfederatki...*, p. 140 (see footnote 3).

[23] *Z pamiętnika konfederatki...*, p. 177.

testimonies about Pulaski we finally encounter Maurycy August Beniowski, whose life was in many respects similar to that of Pulaski's. Stories about Beniowski were also very often reported incorrectly for which Beniowski himself was blamed, even though, he had no influence over what was being said about him. Beniowski had indeed escaped from Siberia but not by way of the Black Sea.

An exceptional book was recently published by Edward Kajdański that confirms many opinions about Beniowski, who is widely considered a liar and trouble-maker. Kajdański demonstrates that both Russia and England, although they were hostile to each other, deliberately disseminated false information. The Russians did so because they wanted to conceal their secret trade activities and their attempts to extend their borders. The English did so because they wanted to retain their primacy over new areas discovered near what is now Alaska. Those who later called Beniowski a liar very often did so only on the basis of earlier accusations. Beniowski's name needs to be cleared in many respects.

In a way Beniowski got to Siberia because of his relationship with Pulaski. He was captured while trying to join Pulaski's troops near Sambor after his unit of confederate troops was defeated by the Russians in April of 1769. This occurred after Russian troops seized the fortresses of Żwaniec and Saint Trinity, where Pulaski's brothers and Beniowski were in command. All researchers before Kajdański were very critical of Beniowski's activities in those years. Only Władysław Konopczyński tried to extract the truth out of the many reports about *a confederate chapter in Beniowski's life*, which were greatly exaggerated. It is true that a report about the events preceding his wounding and capture is extremely complicated and no doubt exaggerated. However, there is some information to indicate that Beniowski could be trusted to the same extent as Pulaski. There is, in particular, *a confederate chapter* that was written many years later by a Adolf Wynbladth, who was Beniowski's friend as well as a confederate and an exile. This chapter can be treated with as much validity as pamphlets or gazettes published during the Confederacy (that is, *no more than Confederation gazettes*, but that also does not mean that his account can be rejected blindly).

In Beniowski's biographical outline, Pulaski appears a number of times: as a military commander of the same rank, as an archetype of experiences that the author allegedly faked, or as a recipient of letters in which Beniowski recollects the events they both took part in. There are a number of letters that demonstrate the particular relationship which existed between Pulaski and Beniowski.

A letter of March 13, 1769, was sent from Chocim, the very center of the Confederation war[24]. In the Archive of the Tarnowski Family from Dzików (Archiwum Dzikowskie), which is now part of the Wawel Archives in Kraków, we can find another of Beniowski's letters to Pulaski sent from Compiegne on August 20,

---

[24] See: M. Beniowski, *Pamiętniki. Fragment konfederacki*, ed. by L. Kukulski and S. Makowski, Warszawa 1967, pp 147–148 (Appendix 7).

1772 (that is, before princess Teofila Sapieżyna mentions Pulaski's visit to Paris). That letter is very important to the research of the history of the Confederation war, because it recollects the time when Pulaski and Beniowski fought together. Some researchers argue that the letter is biased and describes the past in such a way that it would have been impossible for Pulaski to deny its content[25]. We also have at our disposal a copy of a report prepared by Pulaski for the Continental Congress in Philadelphia and submitted to them on July 28, 1777. In his report Pulaski provides some information taken from a journal Beniowski kept about an expedition to Madagascar[26]. The journal was never reviewed by the Congress, because the young democracy was not interested in pursuing a colonial policy.

While discussing the correspondence between Beniowski and Pulaski it is worth noting the French expression cousin german used by Beniowski to describe Pulaski in his letter to George Washington dated March 28, 1782, and one to the speaker of the Continental Congress dated May 6, 1782[27]. This term permitted many researchers to accuse Beniowski of lying „as usual". Beniowski in his letter to Washington makes a reference to Pulaski. *You favored my cousin Pulaski with your trust, please do the same to me and I will prove my eagerness and diligence*[28]. He uses the same arguments while explaining to the Congress why he is personally submitting a document arguing for the creation of a foreign legion. *It would be unnecessary to present to your excellency the reasons and causes of my departure from my own homeland and my decision to offer my services to another country. I assume you are familiar with the history of Poland and the reasons that brought my cousin General Pulaski to come here and offer his services to the United States*[29]. According to Stanisław Makowski, Beniowski is only creating a myth[30]. In this particular case we do not know whether to believe it or not. Without a thorough genealogical examination it is would be impossible conclude whether the Pulaski and Beniowski families were related. However, it can be argued that Beniowski, while addressing Americans, wanted to underline a special characteristic of the relationship between members of the Polish gentry, which would have been impossible to explain without using the French term „cousin" or by getting into numerous details.

Pulaski and Beniowski also shared a will to continue fighting even after the Confederation war was over. They both wanted to create and command a foreign

---

[25] M. Beniowski, *Pamiętniki...*, pp. 165-170 (Appendix 13).

[26] See: E. Kajdański, *Tajemnica Beniowskiego. Odkrycia, intrygi, fałszerstwa*, Warszawa 1994, pp. 335 -336.

[27] See: W. M. Kozłowski, *Beniowski w Ameryce*, „Biblioteka Warszawska", year 63: 1903, vol. 2, no. 1, pp. 162, 165; L. Orłowski, *Maurycy August Beniowski*, Warszawa 196,1 pp. 256-257.

[28] W. M. Kozłowski, *Beniowski w Ameryce*, p. 162.

[29] W. M. Kozłowski, *Beniowski w Ameryce*, p. 165.

[30] S. Makowski, *Piękna i niespokojna młodość Maurycego Beniowskiego*, in M. Beniowski, *Pamiętniki. Fragment konfederacki*, p. 126, footnote 15.

legion. Only Pulaski succeeded in such an endeavor, yet the relationship between the two of them continued. Kajdański is absolutely certain that Colonel Kowacz, an officer in Pulaski's legion who is praised by Pulaski in his letter to Washington, is in fact Grigorij Kuzniecow, the same person who escaped from Kamchatka aboard the „Saint Peter and Paul" (a ship captured by Beniowski)[31]. It is, however, highly improbable that after Pulaski's tragic charge in October 1779 at the Battle of Savannah, *Count Beniowski was recognized by the dying Pulaski as a cousin and heir*. If any rider had reached Savannah so that *Pulaski could be cared and consoled at his bed-side by a fellow-citizen, who also fought for the freedom of Poland*[32] that individual would have been Franciszek Serafin, Beniowski's younger brother (a drunkard and squanderer), who visited America in 1779 and 1780. During his contacts with the Continental Congress he also called Pulaski *a half-brother*, which was explained by the editor as a failed attempt to translate the French term frère d'armes[33]. We will never be sure whether that *cousin* (not *a brother-in-arms*) actually substituted Pulaski's brother and assisted him during his last hours.

We can also find some reference made to the parallel lives of Pulaski and Beniowski in Kitowicz's remark: *Pulaski was very successful in the Continental Army, where he was quickly promoted to the rank of general. But then news arrived that he was severely wounded in a battle and died. Later it was reported that Pulaski was killed in a duel by an Englishman. Regardless of how he died, it is certain that he is no longer among the living. There is no more information about him*[34].

* * *

The above-presented materials do not facilitate the process of answering questions that were posed at the beginning. For example, why is Pulaski mentioned in memoirs only in passing? We can try to formulate our answer subjectively.

Those who wrote (or rather did not write) about Pulaski were not restrained by their love for an abused king or fear of mentioning a cursed man. If such a mechanism had existed than that fear would be more imagined than resulting from the possibility of receiving real punishment. Although one has to admit that if someone's memoirs got into the wrong hands, they might become even more dangerous for the author and his family[35]! It can be argued that the silence resulted from a backlash against the

---

[31] E. Kajdański, *Tajemnica Beniowskiego*, pp. p. 381, 390-391: *Kuzniecow died in a battle at Charleston on May 12, 1779. He was a commander of infantry units in the Pulaski legion. He died some months before Pulaski*. According to Jan Guttman it is not Kuzniecow but a Hungarian count Michaly Kovacs de Fabriczy, see: *Two dashing horsemen from eastern Europe vie for the title of Father of American Cavalry* in „Military History", March 1997 p. 6.

[32] E. Kajdański, *Tajemnica Beniowskiego*, p. 340.

[33] W. M. Kozłowski, *Beniowski w Ameryce*, p. 157-158 (as a letter by Maurycy Beniowski).

[34] J. Kitowicz, *Pamiętniki...*, p. 314.

[35] *There came new from Lithuania that Pulaski's brothers were fairly successful in their dealings with the Russians. However, it is difficult to learn more details partially because some information is*

bedlam. It may have been an answer to a faster, though less bloody yet more painful, sequence of events than what transpired during the Confederation.

The trial of the regicides made news for only a short period of time. One can imagine that when people were finally mentally capable and willing to mention Pulaski in their memoirs or discuss whether he was guilty or not guilty of the regicide other events followed. Pulaski's exploits quickly became unimportant compared to the partitioning of the country or to the gradual loss of sovereignty. The fact that some of the gentry made an attempt to kidnap the king was much less important than the challenge made by Tadeusz Reytan. It was no longer necessary to discuss the kidnapping in people's memoirs. It was described well enough in gazettes and pamphlets. Subsequent news about Pulaski that reached Poland came in the form of an obituary.

The absence of Pulaski in Polish memoirs of that time is manifest on one hand and glorious on the other. He was not portrayed in the memoirs of his fellow–citizens because he did not allow them to. He belonged to a future generation or even to the next century. A generation that focused on acts not recollections. If we were to use the language of Romanticism, our conclusion would read as follows: charging in gallop over the barren land of blackened paper, from the swamps of Savannah Pulaski jumped directly into immortality.

---

confidential and partially because letters were confiscated, and partially because people were afraid to write — marshal Stanisław Lubomirski. wrote on July 26, 1769 (J. Kitowicz, Pamiętniki, p. 78) If that was a view of the chief of police, what else can be said about ordinary people who witnessed the ambassadorial rule.

Stanisław Makowski

Casimir Pulaski
in Romantic Literary Legend

The legend of Casimir Pulaski emerged and developed a parallel with his military deeds during the Confederation of Bar. This is a relatively rare phenomenon in history, but in this particular case it is sufficiently testified by contemporaries, who perceived Pulaski as an individual exceeding the limits of the average man. Poets of the Romantic period, for whom the Confederation of Bar was not a very distant event, recognized it as the first national uprising and treated it as a foretaste of successive insurrections. They also inherited the complete legend of Casimir-Pulaski, conceived as the abiding knight, battling for faith and liberty, and comprising an ideal of a national hero still very much alive and topical in the nineteenth century.

During the first half of that century, Pulaski was thus constantly present in home (oral) and literary tradition. The grandfathers of the Romantic men of letters sung Confederation songs, recorded in household collections or passed on by word of mouth. They described confederate battles whose hero was most frequently Pulaski. The Romantic writers themselves initiated the publication of 18th–century diaries and historical material in which the Pulaski family usually appeared.

The Bar theme was revived in Polish literature immediately in the wake of the defeat of the November Uprising, which, in the eyes of the Romantic authors, in numerous respects resembled the Confederation. The latter was seen as a breakthrough in the history of Poland, the first insurrection in the defense of national independence, which, despite its ultimate failure, created the idea of the sovereign existence of a nation, derived from gentry liberty. The Romantic image of the Confederation also accentuated the divergence between patriotism and the military activity of the nobility, and the diplomacy and arrogant egoism of the aristocratic leaders, emphasizing the merit of national, local features which both then and during Romanticism were contrasted with all forms of foreign impact. Furthermore, Romantic men of letters perceived the Confederation through the prism of their own moral, social and political dilemmas. Since Bar was acknowledged to be a figure of the November insurrection, the Bar theme was almost automatically present in the works of almost all the Romantic poets and writers, if not outright and directly then in a veiled manner, as in the case of Zygmunt Krasiński, associated with the aristocratic variant of the Bar tradition. Among all the great writers of the period only Norwid retained official indifference towards the Bar legend.

The Bar motifs were pursued predominantly by poets connected with the traditional gentry environment, who in Polish literature created a specific genre of the gentry tale, presenting the world from the perspective of its heroes of noble lineage.

Priority in this domain belongs to Wincenty Pol, author of *Pieśni Janusza* (*The Songs of Janusz*), whose first volume appeared in Paris in 1833. The publication begins ostentatiously with a tale-song entitled *Konfederat barski* (*A Confederate of Bar*), recounting how upon receiving news about the outbreak of the November Uprising in 1830, Sielawa, an old Bar veteran, sets off for Warsaw in the old chivalric-gentry tradition, on horseback and wielding a sword, to once again battle for Poland:

Będę radził i pocieszał,	*I shall advise and comfort,*
Z procesyją śpiewał,	*Sing in a procession,*
Łotrów, zdrajców będę wieszał,	*Hang scoundrels and traitors,*
A młodych zagrzewał,	*and incite the young,*
I zobaczysz, co to będzie,	*And you shall see,*
Mój sąsiedzie Karski!	*neighbor Karski!*
Zaraz w mieście hukną wszędzie:	*Immediately the town will resound wit the cry:*
„*Konfederat Barski*" [1].	„*A Bar Confederate*" [1].

The name of the hero — *Confederate of Bar* — was usually written in capital letters, as did Pol, in order to express honor and respect for the patriotism of the participants of the Confederation.

In *Pieśni Janusza*, which deals with contemporary times, the fictitious heroes include CasimirPulaski, a valiant knight-nobleman, the embodiment of patriotic ideals, contrasted, more or less openly, with the aristocratic marshals and captains of the Confederation. Pol depicted the Confederation as a movement of the nobility, and *brother Pulaski*, its personification, is immediately confronted with the Confederation leaders, guilty of the loss of independence:

Kiedy bił się brat Pulaski,	*When brother Pulaski struggled,*
Co tamci robili?	*What did the others do?*
Z Bożej i nie z Bożej łaski	*With God's grace, or not,*
Buty nam uszyli.	*They intrigued against us.*
(*Szlachta na winie*, s. 62).	(*The Wine-imbibing Gentry*, p. 62).

In a similar manner, Pulaski is contrasted with everything that is foreign: Russian, Prussian or French, including the King and the foreign culture of his court (*Wieczór przy kominie / An Evening by the Fireside*). For representatives of the gentry, still trusting only the force of their own swords, Pulaski became the

---

[1] W. Pol, *Pieśni Janusza*, Paris 1833, pp. 20-21. Further references are localized in the text with the assistance of the number of the page.

embodiment of the Romantic doomed struggle, with no concern for circumstances and the policies pursued by the leaders (*Szlachta na winie*). Hence, he was treated by the nobility both as *brother* and *Lord Hetman*, since, as the tale spinners claimed, *according to the law and the sword each one of us was equal (Wieczór przy kominie)*. Pol portrayed Pulaski as an equal amongst equals, and, at the same time, as an extraordinary commander and charismatic defender of the homeland.

Kraj się zalał krwawym potem,	*The country became awash with bloodstained sweat,*
Jak nie stało jego głowy —	*When he advised no longer —*

declares a vagrant-emmisary (*Dziad z Korony / A Vagrant from the Crown*, p. 90). Pol's tale thus presents Pulaski as a true hetman, the defender of an independent homeland, whose characteristic traits include valor and courage. This immaculate knight is primarily endowed with local and gentry features, although he is simultaneously shown as above average and almost as an ideal. Pulaski is the personification of those qualities most shared by the Bar nobility: *Polish virtue, golden liberty and the Commonwealth (Wieczór przy kominie)*.

Such a likeness ensured popularity among the readers. The feature which contributed to winning such rank was the mysterious aura typical for his legend — some maintained that *Mr. Pulaski disappeared into the unknown (Dziad z Korony*, p. 90). A commentary to *Dziad z Korony* describes the patriotism and devotion of the hero and his family in a similar fashion, supplementing the knowledge of the narrators with information about events which they could not have witnessed:

Józef Pulaski, together with several of his sons, was the author of the immortal Confederation of Bar, which could be recognized as the dawn of our nation. The father died in prison, a victim of the envy of the magnates, bestowing a blessing upon his native land and beseeching his sons to devote the revenge for his death to the well–being of the Commonwealth. One of the sons, Franciszek, perished in the town of Lisek due to wounds received in the Region of Sanok[2]; the second son, Casimir, who could be compared with Czarniecki, defended his dying homeland to the very end, and when no hope was left, sailed to America, where his immaculate life was awarded by heroic death in a battle for the freedom of the New World. The Americans honored his memory with a statue (pp. 242–243).

The depiction of the hero, who from the perspective of the tale spinners was a typical *brother* and savior of the motherland (a portrait accompanied by assorted prejudices:*from the days of the most distant ancestors, none of the Pulaski mounts*

---

[2] Actually, this was a nephew, also Franciszek, who died of the same causes in Lesko on 16 July 1769. The son Franciszek died in Włodawa on 15 September 1769 (cf. in this volume: S. Górzyński, *Pułascy herbu Slepowron / The Pulaskis of the Slepowron Crest* and J. Maciejewski, *Kazimierz Pułaski w okolicznościowej literaturze konfederacji barskiej / Casimir Pulaski in Popular Literature from the Period of the Confederation of Bar*).

a horse unscathed, Wieczór przy kominie) rendered him a suggestive and live figure, near the heart of the nineteenth-century reader. A synthetic vision was proposed by Pol in one of the more than a hundred vignettes entitled *Szajne-katarynka (Szajne-Barrel Organ,* 1845), published in the second volume of *Pieśni Janusza* (Lwów 1863):

Painted on glass, Pulaski, brandishing a curved sword and in Old-Polish costume, rides at the head of a regiment dressed similarly. The music intones The Old-Polish March:

A to jedzie po błoniu	*Pulaski astride a white mount*
Pułaski na białym koniu!	*Prancing on the meadow!*
A tuż za nim jadą chwaty	*Followed by stalwart lads*
Te Barskie Konfederaty!	*The confederates of Bar!*
Których Pan Bóg cnotę zrodził,	*Whose virtue was awakened by God,*
Kiedy Polskę wróg nachodził.	*When the enemy approached Poland.*
Oj, ostatni to ostatni	*This is the very last*
Polskiej szlachty poczet bratni!	*Brotherly guard of the Polish gentry!*
Co kraj zlała krwią poczciwą	*Who flooded the country in honest blood*
I walczyła szablą krzywą,	*And fought with a curved sword,*
Ufnem sercem w łaskę Boga	*With hearts trusting in God's grace*
Szła za głosem prawdy z nieba –	*They heeded the voice of heavenly truth –*
Nie pobiła ona wroga,	*They did not defeat the foe,*
Ale legła jak potrzeba[3].	*But perished fittingly*[3].

The literary creation of Pulaski as devised by Pol (sacrifice for the sake of the homeland) became the foundation of one of the prime motifs of the Romantic legend.

In contrast to *Pieśni Janusza, Szopka (Nativity Crčche)* by Teofil Lenartowicz, dedicated to Pol *as evidence of friendship and respect* (Wrocław 1849) represented a genre similar to *Szajne-katarynka* and comprised a gallery of historical and fictitious figures from the reign of King Lech to modern times. In the fragment concerning the Bar era, Klecha cites a prophetic manifesto by Father Marek, while Wernyhora, disguised as a Cossack, predicts that the *Polish lords will fare well* (p. 65) and a Confederate recalls the battle waged by Pulaski and Drewicz:

Ja to jestem, któż mi nie rad,	*I am a former Bar Confederate,*
Ongi Barski Konfederat	*Whom all wish well,*
Com z Pułaskim Polski bronił,	*A defender of Poland together with Pulaski.*
Za Drewiczem z szablą gonił.	*Now I go caroling.*
Teraz chodzę po kolędzie,	*My children,*
Moje dziatki dobrze będzie[4].	*All will be well*[4].

---

[3] W. Pol, *Pieśni Janusza,* vol. II, Lwów 1863, p. 55. *Szajne-katarynka* was published earlier in „Orędownik naukowy" no. 41: 10 October 1844.

[4] T. Lenartowicz, *Szopka,* in idem: *Poezja (Poetry),* introd. by K. Wojciechowski, Wroclaw 1849, p. 66.

In his comprehension of the figure of Pulaski Lenartowicz followed the route paved by Pol. A much more occasional and marginal appearance was made by Casimir Pulaski in *Pamiątki J. Pana Seweryna Soplicy* (*The Mementos of His Excellency Seweryn Soplica*), written by Henryk Rzewuski in 1830-1840 and published for the first time in Paris in 1839-1841.

Here, the narrator presents Pulaski as a victor from Lanckorona (!) *where without forgetting us, the gentry* (...) *he thrashed Muscovy in earnest* (*Kazanie konfederackie / A Confederate Sermon*), and as a commander of the defense of Częstochowa, *always of modest habits* (...) *and jocular,* as well as an organizer of armed sorties (*Pan Bielecki*). Finally, Pulaski is recalled as the defender of besieged Berdyczów, *where he stayed in the Carmelite fortress like a trapped mouse* (*Pawlik*).

Soplica conceived Pulaski as the courageous, modest and magnanimous commander of the confederate gentry (*Stanisław Rzewuski, Pawlik*), whom the Russians treated as the most dangerous enemy and whom they pursued most fervently of all (*Ksiądz Marek / Father Marek*).

In *Pamiętniki...* Pulaski embodied the domestic patriotism of the gentry as well as inborn wisdom and nobility of character, contrasted with all that which is foreign. He has no need to learn anything from Demouriez (*Pan Wołodkowicz*) nor to heed his commands (*Pan Dzierżanowski*). Pulaski was a self-taught military and political leader of the nobility. Furthermore, he was a consistent opponent of regicide: *has anyone heard of a Pole who soiled his hands with royal blood?* (*Stanisław Rzewuski*). In every respect, therefore, he was perceived by the milieu of Soplica as *primus inter pares.* The Rzewuski portrait remains rather similar to the figure created by Pol, and thanks to the popularity of *Pamiątki...* it became well grounded in social consciousness. Such a role was no longer played by the three-volume novel *Listopad* (*November*), (published in 1845), in which Rzewuski described the story of Michał Strawiński. The third volume presents Casimir Pulaski as a marginal figure, mistakenly portrayed as the starosta (and not the son of the starosta!) of Warka. The author transferred Pulaski to the background of the plot despite the fact that this hero appeared to be *one of the bravest leaders of the Confederation, since only he was capable of creating some sort of discipline in a crowd composed of the gentry and their household servants,* and as the *actual commander of the Confederation of Bar, which he swayed according to his will*[5], *whom the King regarded as his greatest opponent and a priori deprived of royal* favors.

The plot of the novel thus depicts Pulaski, residing in Częstochowa, as the organizer of a group which presented the monarch with a summons issued by the Generality, calling him to join the Confederation; subsequently, he appears as the

---

[5] H. Rzewuski, *Listopad*, Kraków 1923, p. 399, 497.

organizer of yet another group, headed by Łukawski, which was to abduct the King and take him by force to Częstochowa, where he could become the leader of the Confederation. Pulaski treated abduction as the sole remedy for a cause, for whose sake he had fought for three years. When this solution failed, the only opportunity for saving our hero was emigration to America, at the time embroiled in a struggle for its independence.

In *Listopad*, the figure of Pulaski, so enigmatically outlined in *Pamiątki Soplicy*, was enhanced by attributing to him the role of a realiser of a conception devised by the Generality, namely, the union between the King and the Confederation.

In his introduction of the Bar tradition in *Pan Tadeusz (Master Thaddeus)* (1834) Adam Mickiewicz based himself on a similar principle of a gentry tale. Old Maciek Dobrzyński is a veteran of the Confederation and his manner of thought and deed preserves the spirit of Bar. The confederate battle call *Jesus, Mary!* is used by Kropiciel during a skirmish against the Russians (book IX, v. 438). Similarly as in the works of Pol, *the Confederation of Bar in Pan Tadeusz is a distant episode in the biography of the heroes and a respected national tradition*[6].

The poet did not try to reconstruct history and evoke historical heroes. Pulaski, or rather the Pulaskis, appear only in the recollections of Old Maciek as representatives of the domestic values and national traditions of Bar patriotism, opposing vehemently all that is foreign:

Pamiętam, że Pułascy, moi przyjaciele	*I remember that the Pulaskis, my friends*
Mawiali, poglądając na Dymuryjera,	*Used to say, glancing at Demouriez,*
Że dla Polski polskiego trzeba bohatera,	*That Poland needs a Polish hero,*
Nie Francuza ani też Włocha, ale Piasta	*Not French or Italian, but a Piast,*
Jana albo Józefa, lub Maćka – i basta.	*A Jan, a Józef or – a Maciek.*
(Ks. XII, w. 381–385).	(Book XII, v. 381–385).

Naturally, Maciek shares the convictions of the Pulaskis. Similarly to them, he regards religion and Catholic religiosity as the supreme value and a condition for victory over the enemy, albeit he does not reveal those sentiments. Furthermore, he shares the following reflection with General Dąbrowski:

„*A muszą też być z wami Turki czy Tatary*	„*You must be accompanied by Turks, Tartars*
Czy syzmatyki, co ni Boga, ani wiary:	*Or Schismatics, who have neither God or faith:*
Sam widziałem, kobiety w wioskach napastują,	*I saw myself, how they pester village women,*
Przechodniów odzierają, kościoły rabują!	*Rob passerbys and plunder churches!*
Cesarz idzie do Moskwy! daleka to droga,	*The Emperor is off to Moscow! a far road*
Jeśli Cesarz Jegomość wybrał się bez Boga!	*If His Highness left without God!*

---

[6] Z. Stefanowska, *Konfederaci barscy w twórczości Mickiewicza (Confederates of Bar in the works of Mickiewicz)*, in: *Przemiany tradycji barskiej (Transformations of the Bar Tradition)*, Kraków 1972, p. 167.

Słyszałem, że już popadł pod klątwy biskupie;	I heard that he has already been cursed by bishops;
Wszystko to jest..." Tu Maciej chleb umoczył w supie	All this is..." Here Maciej dipped bread in soup
Jedząc nie dokończył ostatniego słowa.	And eating did not finish the last word.
(Ks. XII, w. 390–398).	(Book XII, v. 390–398).

In *Pan Tadeusz,* the Pulaski family and the Bar tradition become an element of an opposition against all that is ethnically alien or belongs to another civilization; the representative of this stand is the peerless Maciek, *a friend of the Pulaskis.* Not until the drama *Konfederaci barscy (Confederates of Bar)* (1836) did Mickiewicz depict Pulaski as an active hero. The extant two acts of this work, written in French, and thus with the foreign audience in mind, present the situation prior to the seizure of Cracow by the confederates. Mickiewicz revealed a rather unrestrained approach to history, topography and accounts about Pulaski. He was not concerned with precise facts, but with a presentation, upon the example of the Bar events, of certain characteristic features of Polish history and the situation of Poland, as well as a portrayal of the very essence of Polish ethnic distinctness, the Polish character or the Polish national spirit. Casimir Pulaski, who enjoyed renown as the first confederate, became the personification of such Polishness.

Obviously, the poet was acquainted, from various sources, with the deeds of Pulaski and his legendary biography. He also had some knowledge about the true or presumed love for Franciszka Krasińska, a Courland Princess, and the time spent by Pulaski at the Krasiński manor in Maleszyce in the Carpathian Highlands, but he transposed this information freely onto persons and motifs created in the drama and subjected to his own beliefs and imagery. The plot of the drama is situated in 1772, and merges two events from confederate undertakings in Cracow: the entry of Casimir Pulaski into the town in the summer of 1770, and the capture of Wawel Hill in February 1772 by a confederate French detachment led by Major de Choisy.

The prime hero of the drama, contrary to appearances, is, obviously, Casimir Pulaski, who in act I remains behind the scenes. Nonetheless, he is the focal point of interest on the part of the Russian governor–general and the Voivode of Cracow as well as his daughter, the Countess. The portrayal of the latter two persons echoes the emotional ties between Pulaski and the Krasiński household, in particular Franciszka Krasińska. Both this motif and the featured figures are enriched with the poet's own experiences. The Countess is named after Karolina Sobańska, the Russian doctor brings to mind Boszniak, and the General resembles de Witte[7].

What does the Mickiewicz creation of Pulaski consist of? The list of *dramatis personae* describes him enigmatically: *Casimir Pulaski, leader of the Confederates*

---

[7] W. Hahn, *Konfederaci barscy A. Mickiewicza w uzupełnieniu Tomasza Olizarowskiego (The Confederates of Bar by A. Mickiewicz, supplemented by Tomasz Olizarowski),* „Pamiętnik Literacki" 1948, pp. 418–428.

of Bar. A young man, aged thirty[8]. This presentation underlines the category of youth and leadership. By combining both those features, Pulaski appears immediately as an above average personality, the embodiment of the Romantic ideal of ingenious youth, capable *of shifting the globe from its foundations.*

In his capacity as a military leader, he is a *valiant equestrian* (p. 354), acting *via* emissaries (p. 349) and contaminating Polish society with pro–independence ideals (*the Pulaski malady*, p. 375). While active, he remains *as tireless as the whole of Poland* (p. 300) and poses a threat to the Russians every step of the way, at the same time skillfully evading them. The announcements about his death, made from time to time by the Russians, are the reason why Pulaski appears eternally alive or capable of renascence. Such is the likeness of the confederate outlined in conversations held by representatives of Cracow society in act I. Pulaski is described as a fascinating personification of ideals and the program of the Confederation, identified with the essence of Politeness. He becomes a patriotic myth, a dream about independence, and for the Countess – a dream about her first love (p. 363). Nonetheless, he does not enter the stage until the second act, dressed in a confederate *costume,* equipped with a shotgun, a sword and a pistol (p. 388), and, contrary to history, the *first–born son of the mountains.* Childhood associations with the Carpathians enabled the poet to bring forth the biological and emotional attachment of the hero to his birthplace, regarded as the source and justification of undertakings in their defense, and providing indispensable topographic knowledge: *The plan of [activity] is inscribed on my heels, and I am familiar with every rock* (p. 394), Pulaski declares at a certain moment.

This strategy of activity, encoded by native Polish land (the Tatra Mts. and Cracow; Pulaski remains aloof towards borderland Lithuania and Ukraine, p. 389), and one which does not require additional calculation, becomes one of the features of the hero. All plans and projects prove to be superfluous the moment when he returns to *the land of his childhood,* where he experienced the rapture and disappointment of his first love (p. 392), and where he feels a direct, physical attachment to his native soil, rendering the cause of the defense of its independence tangible. In this situation, he is satisfied with the greatness of the idea which he serves and a boundless devotion to it.

Pulaski readies himself for seizing Cracow without any plan or military cover. He regards his native land, the pro–independence idea and the existence of a prophet, who will introduce this idea into the awareness of *the masses of the people,* and will stir the nation, entirely sufficient.

Just a single tap of my foot – declares Pulaski – *and streams of warriors will spring forth from those rocks. And you, Father Marek, are an entire army. If only your voice would resound in Cracow akin to a bell of warning, a voice which*

---

[8]   A. Mickiewicz, *Dzieła* (*Works*), vol. III, Warszawa 1995, p. 347. Further localization in the text with reference to the number of the page in this edition.

frequently inspired entire masses of the people (...) *The inhabitants of Cracow worship you like a saint... you can stir them with a single word* (pp. 396-397).

The leader of the confederates treats the prophecies of Father Marek as a guarantee of victory, an infallible vision of what will take place: *A prophecy of Father Marek is just as unfailing as my sword, and Father Marek told us that we shall perish in a struggle for the same, victorious cause!* (p. 391).

Pulaski is willing to fulfill unwaveringly this thoroughly Romantic prophecy, which foresees that a victorious cause requires bloody sacrifice (p. 409). After all, similarly as in the interpretation proposed by Pol, he cultivates the Romantic conviction about the necessity of sacrificing life for the sake of regaining independence. Mickiewicz depicted Pulaski as a typical Romantic desperado, devoid of inner dilemmas. Even Father Marek proves to be more reasonable:

Pulaski, come to your senses! For the sake of the living God, we need all of our sensibility, all of our cold blood. The heart of the matter does not concern our hollow fame, but our cause (p. 399).

Nonetheless, Pulaski remains his true self. He does not accept the admonitions of the prophet, and rejects *the damned strategic calculations* of Major de Choisy (p. 398), the reason why the Frenchman, disillusioned with Poland, perceives Pulaski as a true Pole, with whom it is impossible to speak about figures (p. 393). This was precisely the way in which Mickiewicz attempted to portray Pulaski, in order to demonstrate to the foreigner the very essence of the Polish spirit and character. To it he added suitable physical features: *tall and handsome* (p. 363) and, possibly, ascribed to him also the typical trait of a Polish nobleman, discovered by a certain Russian physician, namely, a right hand which is *fleshier and two inches longer than the left* (p. 377), the supposed outcome of *wielding the sword* already from birth.

The poet also attributed similar features to the Voivode, a *barbarian* keeping his distance towards Western civilization (p. 405), and to other Poles. Mickiewicz accentuated their autogeneous qualities, national uniqueness and, thus, distinctness in relation to Western nations, traits which he accepted without any reservations. Pulaski was seen in a similar vein also by Major de Choisy:

Yes, you are always the same. Just like I have always imagined – already the very name of a Pole brought to mind a crest, a lance and a sword. Yes, I know that each of you is a giant but together you are a dwarf (p. 391).

This was the way in which Mickiewicz tried to depict *the leader of the Confederation of Bar*, a lone *giant with a frantic* character, cherishing a Romantic system of unyielding values, and realizing the Romantic stance of a desperado setting off into battle.

In 1864, Tomasz August Olizarowski added further three acts to the drama. In the forefront, he placed the figure of the Countess, torn by moral (an abandoned husband, a conflict with her father) and political dilemmas (contacts with a Russian general), in order to render the monolithic figures portrayed by Mickiewicz more dynamic. Pulaski, who remains on the margin of the main events of the drama, succumbs to despair caused by the hopeless military situation. All those endeavors did not introduce any novel elements into the Mickiewicz version of this figure. The French text by Mickiewicz did not appear in Paris until 1867 (*Drames polonais*), and thus had no impact on the shaping of the Romantic legend.

The same holds true for *Jakub Jasiński* (1836), another French drama by Mickiewicz, in which the reminiscences of an old nobleman evoked the person of Pulaski *with the eye of an eagle and the breast of a lion.*

The Confederation of Bar and its average and above-average heroes, albeit not its marshals and Generality, were discussed by Mickiewicz in the College de France on 15 and 18 February 1843. In his second lecture, Mickiewicz accentuated that the Confederation *toppled (...) the political construction of old Poland and ushered in a new Poland, while the figures of its heroes recall a romance, and contain something which brings to mind the heroes of the Iliad and mediaeval knights*[9].

Dzierżanowski, Pulaski, Sawa and many others performed deeds which could offer authors of romances copious themes. The most brilliant was undoubtedly the young Casimir Pulaski. After year-long battles he alone survived out of a large family. His old father died in prison, suspected even by confederates; his brothers and a close relative also perished in prison or on the battlefield. He alone fights on. Tracked and pursued from all sides, in the summer he battles in Podolia, near Kiev, on the Ukrainian steppes, and in winter seeks refuge in the Carpathian Mountains and attacks Royal Prussia, both routes inconceivable according to the modern principles of the art of war; sometimes, he traveled 40 to 50 miles, day and night (p. 182).

Further on, Mickiewicz added:

When Pulaski was offered amnesty, and even promised that Russian troops would be withdrawn from Poland, he answered that he would then pursue the Muscovites into Russia; he had resolved not only to liberate his homeland, but also to crush the state which hampered its growth (p. 185).

In one of the numerous skirmishes, Pulaski was entreated to flee. Alone, he attacked the enemy; true, he was taken captive, but then prior to the battle all sensible and cautious people abandoned their commander, who was accused of fanaticism (p. 187).

Apparently, Mickiewicz depicted Pulaski in a highly Romantic fashion, as a solitary, *honorable* (p. 187) hero, a fanatic, tirelessly struggling not only for the independence of his native land, but also for the annihilation of the inner and outer political system. As envisaged by Mickiewicz, Pulaski became the personification of the very idea of the Confederation of Bar, *the ancient Polish idea, the idea of nobility, devotion and zeal, which rejects all calculations and overcomes all*

---

[9] A. Mickiewicz, *Dzieła (Works)*, vol. X, Warszawa 1955, p. 181. Further references in the text indicate the number of the page.

difficulties (...) becoming (...) a national idea that encompasses the entire country (p. 186). The poet also perceived Pulaski as the personification of that aspect of the Confederation which followed the ideological fanaticism of the republican revolution, intent on shattering the neighboring monarchies: Russia and Prussia, and thus aiming at a complete change of the political configuration of Europe.

Mickiewicz portrayed Pulaski as devoted to the nation, serving the idea of independence, a solitary *madman* who at all moments was ready to sacrifice his life for the victory of that idea. In this manner, Pulaski became the worthy brother of both Canards, and hence a typical Romantic hero.

* * *

Another variant of Pulaski's Romantic legend was created by Juliusz Słowacki. The figure of Pulaski appeared rather late, namely, during the writing of *Ksiądz Marek* (*Father Marek*, 1843) and the so-called Edition C of *Beniowski* (1845-1846). Quite possibly, an inspiring role was played by the lectures given by Mickiewicz, which Słowacki attended, although it must be noted that in 1840 the Christian name of Pulaski, a favorite of the poet and exploited already from the time of *Król Ladawy* (*King of Ladawa*, 1832), was given to Beniowski, the titular hero of the discursive poem. Making frequent appearances in the poem as *Mr. Casimir*, he could produce the impression that this is the son of the starosta of Warka and not *a poor nobleman from Podolia*. In the Towiański-inspired *Ksiądz Marek* Słowacki created two Pulaskis: father and son.

In act I, the starosta of Warka appears as *Mr. Pulaski, the regiment commander, holding a manifesto* announcing the confederation, *a new Calvary of the peoples* (Act I, v. 245)[10], and thus a union which is to echo the sacrifice of Christ, necessary for the regaining of the homeland and the salvation of *the peoples*. In other words, the old Pulaski notices the metaphysical sense of the initiated venture. He is also a radical opponent of Michał Krasiński, the aristocratic Marshal of the Confederation, and the magnates, who *lap up the blood of the people / devour the entrails / and conceal blood-stained gold* (Act I, v. 206-208), in the Confederation, he shied away from struggle and the sacrificing of lives, relying on Turkish assistance, under the mistaken impression that *the will of the immortal preserves us for greater deeds* (Act I, v. 283-284). Słowacki thus perceived the Pulaskis as a personification of the noble current of the Confederation and as people who understood the divine plan of the Confederation struggle.

Pulaski appears in the final part of the third act, in which he arrives in Bar, seized by the Russians as an envoy of a confederate regiment sent for Father Marek. As a partisan commander he seizes Muscovite reinforcements and arrests important

---

[10] J. Słowacki, *Dzieła* (*Works*), vol. IX, Wrocław 1959. Localization in the text according to this edition, by means of the number of the song and verse.

persons (i. a. the wife and children of Krechetnikov, Act I, v. 421-434). In Bar, Pulaski witnesses the Towiański-inspired revelations of Father Marek about *a gigantic guardian spirit and patron* of the homeland, who *elevates all of creation to a higher level of perfection* (Act III, v. 671-688). In other words, the poet conceived Pulaski as the only hero who understood the meaning of the prophecies of Father Marek and his mission, and who after the death of the priest became his heir, a new prophet, the great and guiding spirit foretold by Father Marek, capable of announcing to the gathered listeners: *We all are the resurrection! / Every soul!* (Act III, v. 727-729).

As envisaged by Słowacki, Pulaski is well aware of the metaphysical dimension of the armed struggle for an independent Poland, and of the fact that this battle expresses transformations within the world of the spirit, comprising a realization of its mysterious purposes on Earth. Similarly to Father Marek, he knows that:

Pan niebios pragnie,	*The Lord of the heavens wishes*
Aby tu dwie były moce:	*That two powers would emerge here:*
Jedna, która ciałem nagnie;	*One which will compel the body;*
Druga, co duchem podniesie	*Another which will elevate the spirit*
I ukorzy w imię Pana	*And humble it in the name of the Lord*
(a. III, w. 559-563).	(Act III, v. 559-563).

Only physical, bodily suffering may yield spiritual unity. Pulaski, therefore, conceives the world in the manner of Towiański. This prophetic and comprehending consciousness is contrasted with the simple understanding disclosed by persons surrounding him, that does not exceed beyond the material shape of the world. Pulaski, endowed with the features of the great spirit, as outlined by Towiański, closes this propaganda drama with a reflection revealing the essence of the con — federate sacrifice:

Ten lud, widzę, wszędzie chory,	*I see a people ever ailing;*
Wszędy, gdzie oczyma skinie,	*Everywhere where they look,*
Widzi ogień i upiory;	*They perceive fire and phantoms;*
A ja wszę-dy w tej krainie	*I see in this land*
Widzę jedną wielką bliznę	*A single enormous scar,*
Jedną moją cierpiącą ojczyznę!	*My suffering homeland!*

Apparently, the two figures of Pulaski shown in *Ksiądz Marek* were outfitted with a Towiański-imbued consciousness. They were additionally enhanced against the background of the remaining figures and, compared to other motifs of the Romantic legend, treated in a highly original way.

As in the case of *Ksiądz Marek,* Słowacki introduced the figure of Józef Pulaski into *Beniowski* already in 1840. Contrary to historical sources, Pulaski is depicted as leading the artillery defense of Bar:

Tam jakiś starzec stanął na okopach,	*An old man stood on the ramparts,*
Wzniósł ręką, czapkę przekręcił na ucho —	*raising his hand he tipped his cap —*

I działa jak psy legły mu przy stopach;	*The guns lay down at his feet like docile dogs;*
On je pogładził i szczekały głucho.	*He patted them and they barked hollowly.*
Kule gruchnęły po moskiewskich chłopach;	*Bullets showered the Muscovite peasants;*
Szczęsny, któremu to uszło na sucho,	*Fortunate he who survives when*
Że pan Pułaski jurysta ma ferie,	*Mr. Pulaski, the jurist, is on holiday,*
I zamiast pisać akt – stawia baterie.	*And instead of writing acts – readies*
	the artillery.

(p. III w. 177-184)[11].

(song III, v. 177-184)[11].

Casimir Pulaski, on the other hand, appears in fragments of the poem from 1845, i. e. those whose characteristic feature was a distinctly Genesis-inspired comprehension of the world; presumably, the poet wished to replace Beniowski, a representative of a Poland of the nobility, who could not become the *new spirit*, with the figure of Pulaski. The chosen hero of a true *God's war* (VIII C, v. 149-156) is to be a new knight, *with wide blue eyes* and the gift of prophecy, familiar with the spiritual essence of the world. This mysterious hero, bestowed with angelic features – although as yet unnoticed by his surrounding – proves to be Pulaski in Ladawa, seized by the confederates:

Pułaski, który w szarej się czamarce	*Pulaski, wearing his gray coat*
Po salach włóczył, a czasem przez wonny	*Roamed the chambers, and sometimes rode his horse*
Kłąb lip... wyprawiał na swym koniu harce	*Amidst aromatic linden groves*
Jakoby młody srebrny anioł konny,	*Resembling a young mounted silver angel,*
Gdy pod lipami stały chłopy starce,	*When the old men gathered under the lindens,*
Kiwając łbami, będąc jednotonny	*Swaying their heads, he, ever monotonous in conversation,*
W rozmowie, wśród bab stał zawsze z daleka	*Stood at a distance, among the women*

(p. VI C, w. 57-64).

(song VI C, v. 57-64).

People around Pulaski always saw him in the way in which he was portrayed in diaries, e. g. those by Kitowicz[12]. At the beginning of the song, when Lady Sybilla disappears from Ladawa together with Lubor:

Pani Sybilla z księciem (...) Luborem, (...)	*Lady Sibilla with prince (...) Lubor, (...)*
Więc żart powiedział nie lada Kazimierz Pułaski	*said an excellent joke Casimir Pulaski*
– że ucho do ziemi	*That one should place one's ear*
Po wojskowemu przyłożyć wypada	*Close to the ground, in the military fashion*

---

[11] Ibid, vol. III. Further localization in the text with the assistance of the number of the song and verse.

[12] *He was greatly moderate both as regards drink and women. His favorite pastimes, while not engaged by the enemy, was to fire pistols, wrestle with a sturdy opponent, perform assorted tricks on horseback, and play cards all night long,* J. Kitowicz, *O Pułaskim i Szycu (On Pulaski and Szyc)* „Tygodnik Literacki", no. 19: 5 August 1839.

I słuchać... Na co księżna
[-nie dostrzegając ironii-]
Rzekła sucho,
Aby przyłożył do księżyca ucho –
Bo pewnie na nim są...

(p. VIII C, w. 12-17).

And listen... To which the countess
[oblivious of the irony]
Replied dryly,
That he should place his ear on the Moon –
Since that is where they probably are...

(song VII C, v. 12-17).

The poet constantly accentuated the enormous chasm between the prophetic awareness of Pulaski and that of the nobility, on whom he wished to base his plans:

Jemu już w oczach gdzieś karpacka zima
Srebrna, bez dachu i nawet bez płota,
Jednymi tylko sztandarami złota
I ukwiecona – świeci się... a oni
O powieszeniu Żyda – radzą z boku...

(p. VIII C, w. 124-128).

He already envisions a Carpathian winter
Silvery, without a roof and even a fence,
Festooned only with golden banners
And blossoms – radiant... and they
In the corner – deliberate on hanging a Jew...

(song VIII C, v. 124-128).

The poet attached importance to the *angelic and eagle* traits of the figure, and thus its Genesis-inspired properties. Apparently, the angelic Pulaski is to reveal that the purpose of the Confederation is not *to expel the king and the Muscovite* (song VIII C, v. 183-195), but to realize the Genesis-based, spiritual plan of the world – the confederate battles are to inspire and elevate the perception of the national spirit to a higher level. It seems that it is exactly Casimir Pulaski who says the fragment of the text cited below, and who, just like the poet, has *terrible visions,* disclosing the *decisions of the Heavens* (song VIII C, v. 183-195); the nobility treats them as the result of *grand malaise* (epilepsy), *rheumatic pains* or a wound received at Winnica.

Naturally, the hero himself is aware of his unique spiritual qualities and the revelation of similar spiritual forces among his confederates. It is certainly he who addresses Joachim Potocki:

Ale u nas obu... jakiś nieśmiertelny

Grzmot słychać, duszę jakąś doskonałą,
Która jak rycerz postępuje dzielny;
Gdzie trzeba, i wnet ubiera się w ciało;

A że my straszni, to Bóg wie piekielny,
Bo zawsze na wspak stawia swoje działo
I wichrem strasznym obu nas rozdziela
I w oczy garścią nam piorunów strzela,
Gdy chcemy naprzód.

(p. VIII C, 103-111).

Some immortal thunder can be heard in both of us
Some perfect spirit,
Which acts like a valiant knight;
Whenever necessary, it immediately assumes a bodily form;

The infernal God knows that we are terrible
Since he always places his gun backwards
And separates us with an awesome wind
And blinds us with lightning
Whenever we wish to march forward.

(song VIII C, v. 103-111).

Pulaski becomes one of the leading spirits, or perhaps the foremost spirit of the nation, who links the national community into a single formation of cranes soaring into battle against the enemy. This is the manner in which he was depicted by the poet in a loose fragment, connected with the so-called edition C of the poem:

Czamarkę jego znano aż za Donem,	*His coat was known far beyond the Don*
O szabli jego gadano w Dywanie;	*His sword was discussed in the Divan;*
Komendy jego posłyszanym tonem	*The tone of his commands*
Zaczęli gadać już Wielkopolanie.	*Were already used in Great Poland.*
On, jak kometa – grzywiasty szwadronem	*Akin to a comet, he was everywhere With his long-maned squadron.*
Był wszędzie... a gdzie on – było powstanie.	*And wherever he – there the uprising.*
Kłaniało mu się chłopstwo, Żydy, zboże	*Peasants, Jews, wheat fields bowed to him*
Dziwnie – serdeczna miłość tyle może.	*Strange – how much earnest love can accomplish.*
Gdzie ona wstanie, a rządzić zaczyna,	*Wherever it rises, and begins to govern,*
Nic tam oporu – próżnego nie stawi	*Resistance disappears – all succumb,*
Nic nie pnie wyżej – wszystko się ugina,	*Nothing climbs higher – everything yields*
Wszystko szykuje – w jeden klucz żurawi,	*Ready themselves – into a single formation of cranes,*
Wszystko krzyż bierze, a mąk nie przeklina,	*All take up the cross, and do not curse their suffering,*
Ale cierpieniom własnym błogosławi.	*But bless their torments.*
Taki był ów duch – półludzki i boski	*Such was this spirit – semi-human and divine,*
Pierwszy – narodu anioł Kościuszkowski.	*The first Kościuszko-inspired angel of the nation.*

From a Towiański-conceived visionary, a bold commander of Bar, Pulaski changed into a semi-god, the first Kościuszko-like angel, transcending into the future, a veritable national King-Spirit.

When the poet started writing the *Bar Iliad*, i. e. the epic about Poles struggling for the Divine Cause (*those who fought in Your name*), his choice of the main hero was not Wernyhora, as Kleiner believed[13], but precisely Pulaski, who from the perspective of time appeared as a red, bloodstained Sun, and thus the supreme spirit of the nation, marching across the bloody battlefield:

I na Podolu dotąd lud wspomina	*Up to now the people of Podolia*
Na białym koniu jednego człowieka,	*Recall a man astride a white steed,*
Co razem jako upiór i mgła sina	*Who resembled a phantom*
Jawił się oczom... tęczowym z daleka,	*And grey mist... a distant rainbow,*
A teraz jaśniej coraz bić zaczyna	*Who now brightly strikes*
W oczy zdziwione... jak od tarczy Greka	*Astonished eyes... as if the shield of a Homeric*
Homerycznego... słońce krwią czerwone,	*Greek – a bloodstained Sun,*
Przez wieki naszym oczom odstrzelone.	*For centuries blinding our eyes.*
Pozwól, o Panie, niechajże ja w sobie	*Let me, Lord, experience*
Odczuję... ludzi tych wielkich uczucie	*The great sentiment of those people*

---

[13] J. Słowacki, *Beniowski,* prep. by J. Kleiner, Wrocław 1949, p. 461.

I niechaj rymem maleńkim zarobię   *And let my slight rhyme earn me*
Pomiędzy nimi mieć pośmiertne życie...   *A posthumous life among them.*

* * *

The figure of Casimir Pulaski played a special role in the life and works of Konstanty Gaszyński, brought up on the noble traditions of the Confederation of Bar. According to his biographer, the poet's Warsaw room contained *cross and an old sword hanging over the head of his bed and underneath — a likeness of Casimir Pulaski. Gaszyński had particular respect for the memory of this hero. He even derived the origin of the sword from him*[14].

Gaszyński shared assorted creative projects with his friend, Zygmunt Krasiński, whom he enjoined to embark upon the Bar motif[15]. Naturally, Krasiński never approached the Bar theme openly, but in a letter written in 1843 he presented his own reflections about Casimir Pulaski:

You have dreamed about Casimir Pulaski for a long time now. I recall that he was always the beloved hero of your heart and a truly Homeric figure. One could install into his breast all the present–day foreboding and bitter sorrow produced by the knowledge that the prophecies of Father Marek would be never fulfilled in his own time, although they would certainly be fulfilled in the future; just as Achilles knew that Troy would fall, but was aware of the fact that he would perish before its fall, although he hoped with his whole soul for victory and the defeat of the Trojans! This would be the truly tragic feature of Pulaski. Remember also that his whole life he was insanely in love with Krasińska, who married Charles of Saxony, and that he wished to place her on the throne. That love was his personal stimulus. It is necessary to place in his heart the thoughts and experiences of our own epoch in order to turn him into a living figure, not a historical and conscientiously recreated figure, but a spiritual and true one! The past lives, grows, and does not wither only thanks to the new blood supplied for its cold veins by the present. Poetry constitutes the subsequent resurrection of the deceased achieved thanks to the living, the foundation of the intellectual resurrection of those who have passed away, and a force which restores their life in human eyes...[16]

Here, Krasiński presented Pulaski not merely as a tragic and living figure, but also portrayed one of the Romantic variants of tragedy, and explained the essence of Romantic poetry as the reviver of the dead.

---

[14] E. Kofmian, *Żywot i pisma Konstantego Gaszyńskiego* (*The life and writings of Konstanty Gaszyński*), „Roczniki Towarzystwa Przyjaciół Nauk w Poznaniu" 1872, vol. VII, p. 89.

[15] Z. Krasiński, *List do Gaszyńskiego z 6 czerwca 1837* (*Letter to Gaszyński of 6 June 1837*), in: *Listy do Konstantego Gaszyńskiego* (*Letters to Konstanty Gaszyński*), prep. by Z. Sudolski, Warszawa 1971, pp. 163-164.

[16] Ibid., pp. 279-280.

The above-mentioned letter was also a definite proposal addressed to Gaszyński, who, however, did not wish to, or could not fully realize it. Works devoted to Pulaski demonstrate that Gaszyński did not share a tragic comprehension of the fate and life of the hero of Bar. This is the reason why in the excellent ballad *Casimir Pulaski,* written in 1845 (published in 1856), he depicted Pulaski in the same manner as the one applied in gentry tradition — without inner dilemmas and excessive Romantic consciousness.

Gaszyński perceived Pulaski as *a hero of the Bar ranks, the Ajax of Polish warriors*[17], and thus as the most courageous and noble of the confederates, and the only one who embodied the patriotic ideal of the Confederation — *the spirit of spirits.* He noticed *a heart strong with valor and ardent with faith,* and an abiding soldier and commander of his own detachment (300 riders). This Pulaski was capable of recreating his detachment after each defeat, in the firm belief that *he would drive thousands of invaders far beyond the Volga.* The hero conceived by Gaszyński was not compelled to inquire whether the victory of the cause would signify sacrificing his own life. He simply believed in victory and battled on, combining his own valor with the indubitable support of the Heavenly Queen. This is why his battle cry is *Vivat Sancta Mater,* and his prayer: *Salvavisti nos coeli Regina.*

In order to grant splendor and an above-average dimension to *the young warrior on the white steed,* modeled on the tales by Wincenty Pol, Gaszyński presented him as a commander-in — chief (hetman) in royal costume. Nonetheless, he placed prime emphasis on knightly valor and glory:

Lecz choć wiekiem młodociany	*Although young in years*
Choć wytwornie tak ubrany,	*Though dressed finely,*
Dzielny wódz to i rębacz nie lada!	*He is a courageous commander and expert swordsman!*
Przy ataku pierwszy w rocie —	*The first to attack —*
A ostatni przy odwrocie —	*The last to retreat —*
Tak głos o nim powszechny powiada!	*Such is his universal renown!*
(s. 149).	(p. 149).

Pulaski is famous, therefore, from Cracow to Lithuania and from Ukraine to Warsaw. By creating the figure of the hero in accordance with *universal renown,* Gaszyński decided that his next work about Pulaski should speak with the voice of Captain Maciej Rogowski, a representative of the nobility; this was the origin of one of the best gentry tales about Pulaski, known as *Reszty pamiętników Macieja Rogowskiego rotmistrza konfederacji barskiej (Remnants of the Diaries of Maciej Rogowski, Captain of the Confederation of Bar,* Paris 1847).

---

[17] K. Gaszyński, *Poezje (Poetry),* Paris 1856, p. 142. Further localization in the text with the assistance of the number of the page in this edition.

From the perspective of the narrator-nobleman, Pulaski is portrayed, similarly as in the poem, as the sole true representative of the ideals of the Confederation. Although the fictitious author of the diary recounts the last years in the life of the hero, the *exile,* he attaches importance not so much to the vicissitudes and achievements of an émigré, but to deeds from the confederate battles waged in Poland. The hero, just like the narrator, is stylized to resemble a post-November Uprising exile, equipped with suitable features of political consciousness.

Upon leaving Częstochowa, in order to prevent its destruction and outrage by the schismatic invaders, Pulaski sets off abroad, *to serve the homeland effectively.* Aware of the battle being waged by peoples against all tyranny, he becomes a spokesman of the Romantic slogan of a struggle for universal liberty.

Deciding to support the Americans, *engaged in a struggle for freedom from English tyranny,* Pulaski declares to Benjamin Franklin, who recruits him:

Our nation harbors disdain for all tyranny, and, primarily, foreign tyranny — wherever someone on this Earth is struggling for freedom, his battle becomes as if our own cause[18].

By outfitting his hero with contemporary, émigré consciousness, Gaszyński partly realized the suggestions made by Krasiński. Heeding the other proposals, he also introduced into the diaries the figure of Franciszka Krasińska and the motif of the *enamored* young Pulaski as well as their later mutual sympathy. Nonetheless, this theme did not produce a tragic dilemma. Gaszyński depicted the *Ajax of Bar* in the categories of the local tradition of the Confederation, which had no room for the tragic and existential dilemmas of the Romantic generation.

In other words, the Pulaski from the Rogowski diary differed little from the Pulaski in the earlier ballad. He is merely granted a more varied personality, more unusual and despondent (tragic, according to commonly held views), features naturally favored by the form of the diary, more extensive than that of a poem. Rogowski noted down:

Pulaski was a lively and rash person, easily stirred, and not without reason was it said that blood boiled in his veins (p. 21).

Gaszyński frequently emphasizes low spirits, which he ascribed to false accusations concerning the intended abduction of the King, and explains that although Pulaski knew about the plot concerning the monarch, whose vehement opponent he remained, he, nonetheless, declared to Rogowski:

The English may murder their kings — but Polish and Catholic hands have never been soiled with such blood, and shall not be (pp. 48–49).

Obviously, Pulaski disclosed the same Romantic dilemma that paralyzed the activity of other heroes (for example, *Kordian*), but *a priori* proposed an unambi-

---

[18] *Reszty pamiętników Macieja Rogowskiego, rotmistrza konfederacji barskiej,* introd. and publ. by Konstanty Gaszyński, Paris 1947, p. 85. Further localization in the text with the assistance of the number of the page from this edition.

guous solution. The author consistently deprived him of all tragic features. On the other hand, he stressed that Pulaski was a big-hearted *cavalier and a warrior of great service to Poland* (p. 36), which did not protect him against *unjust condemnation* (p. 47). He was also *extraordinarily outspoken* (p. 44, 102), another feature which did not win him popularity. The same holds true for a high regard for his own dignity, or outright inborn pride. According to the narrator, Pulaski never *allowed himself to be made a fool* or offended. He wished to be *independent of everyone and conduct a Cossack war* (p. 104). This pertained also to his attitude towards Washington, and earlier to Demouriez with whom he always remained *at odds*. Even in Turkey, Pulaski wanted to command only his own detachment. Gaszyński envisaged him as a Romantic individualist, who alone wished to decide the fate of his homeland and to save the world. Nonetheless, the most important component of this personage was not his character. The narrator placed in the forefront the military accomplishments of the hero, drawing attention to his valor, courage, familiarity with the art of war, talents as a commander and strategist, loyalty to the ideals of a struggle for the sake of *threatened faith and freedom*, and a belief *in the holiness of the cause and divine Providence*.

Although Pulaski was a master of the Old Polish art of swordsmanship, he was open to other, foreign ways of fighting:

The art of the crossed swords, brother — he stated — *was good in the olden days, but now, when our enemies know more than we do, we must learn their secret so as to equal them in battle* (p. 54).

According to the Rogowski account, Pulaski possessed his own, excellently mastered way of conducting partisan warfare, known sometimes as the „Cossack manner", a well as the skill of leading *sorties* from fortresses. He made use of those talents also in America. Furthermore, Pulaski was a determined and well-liked commander and a fair strategist. The narrator claims that he was seen as such even by the magnate members of the Confederation Generality, who kept their distance as regards the Pulaskis, but who finally summoned him to join in the discussion about the fate of the imperiled homeland, thus permitting him to participate in political debacles. The emphasis placed on Pulaski's contacts with the magnate leaders of the Confederation, and on showing him in the service of the army led by Washington, was to magnify even further the prestige of the confederate Ajax. The author of the diary boasts that on American soil he saw *the three greatest heroes of my times: Washington, Pulaski and Kościuszko, and I truly do not know to whom primacy is due* (p. 101). On the Polish scale, Pulaski appears to be *the greatest Polish hero after Stefan Czarniecki* (p. 117).

The synthetic posthumous likeness of Pulaski, created by the author of the diary, comes down to the following features: *Pulaski loved our Lord God, his native land and countrymen ardently; courageous to the limit of impudence and, although of average height, immensely strong — an unequaled swordsman. Never negligent, he was rigorous as regards the service and would not forgive even his own brother for a military error. — Never engaged in pursuing private interests, he would readily share his last shirt. — In a word, cavalier, invaluable sentiments: he was a true Polish nobleman who, as the saying goes, was quick both to quarrel and to give good counsel; good for fun and for a cause, in prayer and in battle. If he had any fault at all, then possibly only that he was much too rapid and, ignorant of pretense, he would sometimes unintentionally bring human anger and malice upon himself* (pp. 117–118).

In the gentry-like account by Gaszyński, Pulaski appeared to be a model of a Polish nobleman, and thus gained a suitably wide social bearing, turning into an ideal hero of the patriotic community of the nobility. Later storytellers were unable to add anything to this ideal. *Reszty pamiętników Macieja Rogowskiego* proved to be the foremost and best work about the Romantic literary legend of Casimir Pulaski.

* * *

Reszty... was by no means the last example in the genre of the gentry tale. Parallel with it, Rev. Stanisław Chołoniewski wrote new gentry tales about Pulaski, entitled *Magnificat* (1846). The narrator, Mr. Józef, reads to his neighbor, Wawrzyniec Karliński, the text of reflections by Father Marek concerning the famous hymn *Magnificat*, illustrated by examples of events and figures from the Confederation of Bar.

In his analysis of the hymn, Father Marek draws historiosophic and didactic conclusions, enhancing his arguments primarily by means of the suitably depicted figure of Casimir Pulaski from the period of the siege of Berdyczów, where, according to the author, and contrary to history, he was to be found.

The conclusion of the reflections and the main thesis proposed by Father Marek is that *just as our motherland collapsed together with the decline of prayer, so it could arise predominantly by prayer, whose wondrous example you will find in the hymn Magnificat — haec spes reposita est in sinu meo*[19].

Pulaski, the confederate, is thus evoked, above all, as the worshipper of the Holy Virgin Mary, in whom he always found mystical inspiration, protection, and a guarantee of victory in confederate battles.

Which of the confederate commanders, wrote Father Marek, *enjoyed greatest fortune until the very end of this seven year-long tragedy? Who was capable of preserving military discipline the best? Mr. Casimir Pulaski, he who worshipped the Most Holy Virgin Mary most earnestly and deeply. She armed his heart for the sake of magnificent and great things, she kindled dignified, reasonable, and joyful valor, full of hope, during the most fatal experiences near Okopy on the Dniestr,*

---

[19] S. Chołoniewski, *Magnificat*, in: *Pisma pośmiertne* (*Posthumous Writings*), vol. II, Leipzig 1861, p. 104. Further localization in the text with the assistance of the number of the page in this edition.

*in Berdyczów Castle, near Lanckorona, on Jasna Góra and thousands of others.
— She taught him to contra spem sperare, even across the sea, until death, omnia
sustinere, non cogitare malum, non aemulari, non agere preperans, patiens esse,
sine ambitione, non quaerere quae sua sunt, akin to that divine charitas, whose
wondrous merits are described by St. Paul* (p. 37).

In the account by Father Marek, Pulaski was a *severe, unyielding miles (knight)*,
who learned *charitas* while worshipping Our Lady. Just like a *good mother*, he
cared for his comrades in arms, himself tending to their wounds, etc. (p. 41). He
was a *verus Israelita* [i. e. Jude the Macchabee] *in quo erat dolus* (p. 38). Father
Marek describes as *completely false* the accusation of making an attempt at the life
of the Lord's anointed (p. 38).

During the siege of Berdyczów, Pulaski frequently attended morning Holy Mass.
Throughout my entire service — informs Father Marek — *he lay prostate in front of
the miraculous image of Our Lady (...) in a Hungarian coat, lined with grey fleece,
and only with a shoulder strap and an ammunition pouch — having left the rifle
and pistols in the sacristy, so that they would be within reach — in a word, I often
perceived in him a veritable image of that famous Jude the Macchabee, whom the
holy books describe as manu quidem pugans, sed Dominum corde orans — so in
Mr. Casimir piety and dauntless valor went hand in hand* (p. 39). How true!
Immediately after Mass, Pulaski started the so-called Muscovite rosary, which
Father Marek described as follows: *Mr. Casimir stood at the battlements undis-
turbed (...) slowly and loudly reciting the Ave Maria, while Jasiek [an adjutant]
aimed at a Muscovite; when the word „Jesus" was said, Jasiek fired and himself
continued reciting „Santa Maria, Mater", etc., briskly loading the rifle, and when
he accentuated slightly the word „Amen", then Mr. Kazimierz, who was already
aiming himself, fired once again — never in vain — and so on, with every „Jesus"
and every „Amen" they fired twice during a single Hail Mary, in this manner
reciting the whole third part of the holy rosary (...) there was quite a number of
such rosaries during the siege of Berdyczów* (pp. 40–41).

Chołoniewski portrayed Pulaski as a model *nobleman, hero and Catholic*
(p. 39), a true Pole — a knight of the Immaculate and the homeland, who both for
the narrator and the author comprises clear-cut evidence of the fact that *even
during our last unfortunate confederation, victory and discipline depended on
the worship of the Most Holy Virgin and wherever that worship was ignored, there
politics, art, artillery and foreign minds (...) could be of no assistance* (p. 42).

In turn, examples of those leaders of the Confederation who were doomed to
fail, as if by the very nature of things, included Marshal Potocki, who was willing
to resort to a conversion to Islam just to obtain the help of the Sultan, and Hetman
Ogiński, who cultivated French fashion (p. 43). The same holds true for all *those
Demuliers, Soazes [Choisy], and Viomeniluses — and whatever their names —
[who] brought from France if not atheismus then at the very least incredulitas,*

and with such commodities (...) had to become victims of bankruptcy, into which they drew also the confederation (p. 44).

This is the manner in which the narrator and the author saw the causes of the defeat of the Confederation of Bar. Obviously, it could not have been prevented by Casimir Pulaski, the only pious Catholic, isolated in his convictions, in whose figure the author blended the qualities of the nobleman with national virtues, nobility of character with valor, Polishness with Catholic religiosity. Pulaski towered as a model of a true Pole-Catholic, and became a *sui generis* symbol of the future renascence of Poland:

Only with Mr. Casimir did piety and the Catholic faith remain untouched, and this is why, despite innumerable *calamitates,* distrust and contradictions, which he experienced on the part of those Frenchmen and the Generality, sophisticated and indifferent towards religion, he (...) fought the most successfully in our whole confederation (...) in Częstochowa, abandoned by all, he lay down his weapons at the feet of the Holy Virgin Mary, the Queen of Poland (...) (p. 44). This is the reason why only earnest and active adoration of Our Lady will salvage our homeland (p. 45).

Aiming at this conclusion, the main narrator subjugated the figure of Casimir Pulaski to the Catholic propagation of the Marian cult in the form of a gentry tale.

* * *

Casimir Pulaski became the main literary hero also in *Obrazek historyczny Pan marszałek łomżyński (A Historical Picture – the Marshal of Łomża,* published in 1869), which, together with *Obrazek Pan starosta warecki (Picture of the Starosta of Warka,* 1856) constituted a novel entitled *Rodzina konfederatów (A Confederate Family,* published in 1869), written by Kajetan Suffczyński, a second-rate author of historical novels and a relative of the Pulaskis.

In this case, an attempt at presenting the two Pulaskis is accompanied by a willingness to outline the history of the Confederation as a whole. Structures typical for a tale are intermingled with elements of an adventure story devised by the author, and historical events and persons coexist with fiction, revealing all his literary imperfections.

Casimir Pulaski is mentioned, as a rule, by the narrators of the tales, assorted *old confederates* (Balcer Dynowski, Colonel Zarzycki). The same holds true for the description of the Confederation, *with pictures of the fearless courage, boundless devotion and religious self-denial [sacrifice] of the knights of Bar*[20].

---

[20] K. S. Bodzantowicz [K. Suffczyński], *Rodzina konfederatów. Pan starosta warecki, Pan marszałek łomżyński. Obrazki historyczne,* 2nd ed., Lwów 1883, p. 212. Further localization in the text with the assistance of the number of the page in this edition.

The main hero of the second picture is Casimir Pulaski, who *like a star reigned supreme* (...) *over other Pulaskis* (p. 97). In his company there appear such valiant and typical Bar soldiers as Maciej Szyc, and Franciszka Krasińska, that favorite of the storytellers, here described usually as a Princess. Pulaski is rent by a typically Romantic inner dilemma: *eternal battle, either against the enemy or myself, such is my fate in this world* (p. 174).

First and foremost, he is envisaged as the typical hero of the Bar era: he wears a pectoral offered by the Princess, with an embossed St. Kazimierz, a saint who is the object of a special cult. Naturally, Pulaski is dressed in a Hungarian coat and a large cloak (p. 164), and rides a white mount. He goes into battle with the call *faith and freedom* (p.102) and always, in a true Romantic fashion, he measures *strength by intentions*. The storyteller declares: *There were twice as many Muscovites as our men, but the Confederation ignored this difference* (p. 101). Needless to say, our hero always wins and enjoys the opinion of a *valiant commander* (p. 102) and a fervent believer in *the effectiveness of efforts* (p. 248). He is a specialist in nighttime sorties from besieged fortresses and partisan warfare. In his capacity as the personification of patriotic devotion, he is capable of attracting people who *love their homeland* (p. 160). An acclaimed good soldier–patriot, Pulaski is rewarded by the nobility of the voivodeship of Łomża, who elect him to the office of marshal. Even Mikołaj Potocki, the starosta of Kaniów, heeds his commands. Pulaski is, therefore, depicted as a typical representative of the Confederation, conceived as a patriotic movement of the middle gentry, which has not succumbed to outside influence.

The Bar association — asserts the author — *was composed almost entirely of the middle gentry, that true core of the nation, ever ready to make sacrifices, loyal to the liberties and religion of their forefathers, and even to their costume and custom* (p. 313).

The following fragment could be regarded as a synthesis of the author's vision of the admired hero:

I do not know whether there ever existed such a commander with such a radiant halo of renown and who would cast such a spell on his subordinates as Casimir Pulaski. In battle, extremely apt in judging his position and that of the enemy, he was capable of making use of every locality and the errors of the opponents, whose intentions he surmised, usually with some strange intuition. Unusually skilled in shooting and swordsmanship, he was a model [to be] imitated by his companions, none of whom could equal him: a highly courageous and bold equestrian, of a handsome and charming countenance, whose knightly figure inspired the zealous and brave young people whom he commanded; and when alongside those outer merits they saw his disinterestedness, pure patriotism, unsullied by any sort of bias, and witnessed his devotion, self–denial, and endurance, unbroken by any contradictions, then fervor and trust in him knew no bounds (p. 157).

In creating this portrait, maintained in the style of a gentry tale, the author drew material from French sources of the period (especially the works of Ruhli), assorted, usually haphazard documents, as well as *Reszty pamiętników Macieja Rogowskiego*, regarded as an authentic source, whose summary closes the novel, syncretic in all respects. All told, Suffczyński drew Pulaski's figure in the categories of a national hero, whom he situated between Czarniecki and Kościuszko, and from whom he demanded historical justice and satisfaction. Czarniecki was given the title of hetman, Kościuszko was buried in the royal tombs on Wawel Hill, and Pulaski received nothing in return for his deeds and was slowly doomed to oblivion. *The Poles are unfamiliar even with the features of their hero* (p. 375).

The Late Romantic „novel" by Suffczyński ended the gentry tale current in the Romantic legend of Pulaski in Polish literature. It offered a summary of that which the gentry legend had created, and justified it by recalling certain historical facts (the defense of Berdyczów, Okopy, the Lithuanian expedition, the defense of Częstochowa), but did not propose any new interpretations of the figure, in contrast to more outstanding authors.

* * *

At the closing stage of Romanticism, the echoes of the Bar tradition resounded once again in the poems by Mieczysław Romanowski, poet of the January Uprising. In this instance too, the central figure was Casimir Pulaski. First recalled from the perspective of an exile by the titular *Konfederat w Kałudze* (*Confederate in Kaługa*, 1857), he rose to become the central figure in *Savannah* (1859). Already the very title of this poem announced that the author concentrated his attention on the last moments in the life of its hero, which revealed best of all his dilemma over two values: the freedom of Poland and the liberty of America, and thus liberty for foreigners. As envisaged by the hero (and the author) the battle waged for America did not turn into a battle for the Polish cause. Pulaski under – stands it differently than was the custom of earlier Romantic heroes, and his estimation of its émigré aspect is negative:

Ósmy rok z dala od ziemi kochanej	*For eight years far from his beloved homeland*
Po obcych błoniach goni go niedola,	*Misfortune pursues him on foreign meadows,*
A jeśli spocznie jak żuraw na straży,	*And if he rests, like a watchful crane,*
Za Polską wodzi oczyma lub marzy[21].	*His eyes seek Poland or else he dreams*[21].

According to the convictions harbored by the author, the battle for the freedom of Poland may be waged only in Poland, where it will assume a supranational dimension. The hero, therefore, dreams constantly about returning to his home – land, and embarking upon strife on *native fields*. Such comprehension of the

---

[21] M. Romanowski, *Poezje* (*Poetry*), vol. IV, Lwów 1883, p. 189. Further localization in the text with the assistance of the number of the page in this edition.

struggle for independence was probably due to the fact that Romanowski lacked both the experience of an émigré and the pre-uprising atmosphere. This is how he described the hero:

Niegdyś mu grzmiała pieśń konfederacka,	Once he heard the thunderous confederate song,
Orły mu siwe wskazywały drogi,	Grey eagles marked his path,
Kiedy na wrogów rankiem szedł znienacka,	When he made forays against the foe,
Wpadał na działa i siekł co do nogi.	Charging guns and cutting all down.
Takiej tu pieśni nikt mu nie zanuci,	Here no one will intone him such a song,
Orły czekają w Polsce – czy nie wróci?	The eagles in Poland are waiting – will he not return?
(s. 191).	(p. 191).

The battle conducted abroad for the sake of the freedom of other nations could not provide the joy of victory. First, the hero had to perish. The author outfits him with the Genesis-inspired awareness, created by Słowacki, that *only great misfortune is the cradle of great spirits,* giving rise to new saviors of the nation, and that only in this dimension can the act of sacrificing one's life produce a positive result. With a foreboding of his encroaching death, predicted by the loss of a confederate scapular, the hero shares this reflection with his friend:

Na naszych błoniach mijały mię groty;	Bolts missed me on our fields;
Nie było dane dłoni mej kraj zbawić!...	It was not intended for my hand to save the country!.
Inny się zjawi jakiś anioł złoty	Some other golden angel will appear
W rycerskiej piersi, by ten ród naprawić, right,	Within the knightly breast, to set this nation
Nieszczęście wielkie – wielkich dusz kołyską,	Great misfortune is the cradle of great spirits,
Kto wie, ten anioł może jest już blisko.	Who knows, perhaps this angle is already near.
(s. 191-192).	(pp. 191-192).

In other words, the author stressed the philosophical – political dilemmas of his hero and national metaphysics. In contrast to the earlier Romantics, he was less concerned with showing the knightly accomplishments of the hero. Pulaski remains a stereotype model of the Confederation of Bar, together with exaggerated gentry religiosity and symbolism. Although he storms Savannah with the cry: *Forward!,* supposedly the first word which he learned in English, the author does not regards Pulaski's soldierly deeds as the most important. Much more significant is the dilemma of the struggle waged for independence either in the native land or abroad; just as crucial is the dimension of the saintliness gained in those battles. It is on the field of glory that Pulaski is to become the posthumous spokesman of the Polish struggle for independence:

A módl się za nas, niech nam Bóg obudzi   *Pray for us, may God awaken*
Takiego jak ty pośród wiernych ludzi.   *Among his faithful one such as you*
                    (s. 193).   (p.193).

This metaphysical and political accent closes the multi-motif Romantic legend of Pulaski.

* * *

Casimir Pulaski appeared in Polish Romantic literature soon after the fall of the November Uprising (Pol, Rzewuski, Mickiewicz). The apogee of his popularity coincided with the end of the 1840s – the threshold of the Spring of Nations (Słowacki, Krasiński, Gaszyński, Lenartowicz, Chołoniewski). All men of letters regarded him as a figure of the Confederation of Bar worthiest of literary commemoration. Moreover, Pulaski was the only one whom the Romantic writers associated with the Confederation, conceived as a movement of the nobility, and he alone, in their estimation, personified its loftiest ideals.

Generally speaking, the Romantic interpretation of Casimir Pulaski followed three directions. Mickiewicz saw him as a hero resembling Konrad, capable, by sacrificing his own life, of guaranteeing Poland its independence and of altering the political system. Słowacki modeled him on the ideals of Towiański (*Ksiądz Marek*), and during the Genesis period interpreted him as a national royal spirit, who, having attained an almost angelic degree of perception, becomes the natural leader of the nation (Edition C of *Beniowski*). In turn, Krasiński envisaged Pulaski as a tragic figure, endowed with Romantic awareness and torn between the value of his own life and love for a woman, on the one hand, and the necessity of sacrificing them for the sake of regaining national independence, on the other.

Pol and Gaszyński (and partially Rzewuski) placed emphasis on the embodiment of the patriotic ideals of the Confederation of Bar, a model of Polishness, and of heroic struggle for national independence, an ideal of valor and chivalric fortitude. From their perspective, Pulaski became an ideal of the Polish nobleman, the last knight of the old Commonwealth, who could also be a model for their contemporaries.

The figure created by the most outstanding Romantic authors – Mickiewicz, Słowacki or Krasiński – did not influence the further development or shape of the legend; nor did it affect the consciousness of the readers. Their works remained unpublished until the second half of the nineteenth century, but then too they did not play a special role in national consciousness.

On the other hand, such consciousness was moulded from the very outset by the tales about Pulaski, written by Pol, Gaszyński, Rzewuski, Chołoniewski and even Suffczyński. In accordance with accounts found in diaries, these authors aimed at a *sui generis* reconstruction of the historical figure, and at imposing on the readers the conviction that such was the appearance of brother Pulaski, nobleman and soldier of the Old Commonwealth. Furthermore, they frequently granted their creation assorted didactic functions: patriotic, moral, political and religious.

Authors of the tales stressed the gentry patriotism of the hero, his republican orientation or, like Chołoniewski, his piety and special Marian cult. Pulaski was presented as the sole embodiment of the pro-independence ideal of the Confederation of Bar. The cited authors accentuated his knightly valor, military skillfulness and talents, as well as his qualities as a commander. Nonetheless, pride of place was assigned to Pulaski's boundless devotion to his homeland and unyielding struggle for its independence, conducted *usque ad finem*.

This most general vision of Casimir Pulaski — the version proposed in the gentry tales — was inherited from the Romantics by later authors. A particular role in this legacy was played by the works by Gaszyński as evidenced if only by the fact that for the hundredth anniversary of the Confederation of Bar Chodźko decided to write *Żywot Kazimierza na Pułaziu Pułaskiego* (*Life of Casimir Pulaski of Pułaź*, Lvov 1869), maintained in the convention of a gentry tale, and integrally supplemented by *Reszty pamiętników Macieja Rogowskiego*, treated as an authentic historical source.

A similar approach to the Gaszyński work was applied by Suffczyński and Józef Ignacy Kraszewski, who expanded it into a three-volume novel entitled *Tułacze* (*Wanderers*, Poznań 1868-1870).

In this manner, it was primarily Romantic legends and tales which projected Casimir Pulaski into universal national consciousness and ensured him a place in it to this day. On the other hand, the conception of the great Romantic authors pertaining to Pulaski still remains unknown.

Magdalena Rudkowska

Is This the End, Mr. Pulaski?

On the Presence of Casimir Pulaski in Polish Literature during the Nineteenth and Twentieth Century

1. According to Stefan Czarnowski „*A national hero is a person who in a ritual manner, owing to the merits of his life or death, obtained a causal force characteristic for the group or cause which he represents and whose fundamental social value he personifies*"[1]. In this light, the life and affairs of Casimir Pulaski seem to assume certain specific features. The status of his heroic legend is rather complicated.

Parts of Pulaski's biography were preferred over others because they guaranteed him a place among national heroes. Numerous issues, however, created an obstacle for winning an indisputable place in national memory. Let us list only the basic ones: participation in the Confederation of Bar, moral responsibility for the abduction of the king, lack of detailed financial information about his stay in America, and finally his weakness for women. Literature was forced to address those problems and to interpret them regardless of the answers that historians might have submitted to those questions; hardly ever did literature ignore them. Pulaski was described as a non-regicide, non-dandy and non-deceiver. Such description does not appear in texts about Kosciuszko. The biography of Prince Józef remains unambiguously bipartite (from his residence in Pałac pod Blachą to the waters of the Elster). Disconcerting issues tend to remain in the wake of Pulaski almost to the very end of literary plots.

---

[1] S. Czarnowski, *Kult bohaterów i jego społeczne podłoże. Św. Patryk, bohater narodowy Irlandii* (*The cult of heroes and its social basis. St. Patrick, the national hero of Ireland*), in: *Dzieła* (*Works*), vol. IV, Warszawa 1956, p. 30.
See also: Z. Łempicki, *Podania o bohaterach* (*Legends about heroes*) in: *Studia z teorii literatury* (*Studies from the Theory of Literature*), introduction by R. Ingarden, Warszawa 1966; M. Micińska, *Między Królem Duchem a mieszczaninem. Obraz bohatera narodowego w piśmiennictwie polskim przełomu XIX i XX w. (1890-1914)* (*Between King Spirit and the Bourgeois. A portrait of the National Hero in Polish Writings at the Turn of the Nineteenth Century (1890-1914)*), Wrocław 1995, pp. 11-12.

Naturally, we should keep in mind the fact that Pulaski held considerably low rank in comparison with the heroes of the essay by Andrzej Kijowski[2], but it seems worth reflecting on the reason for such a status. Apparently, Pulaski was adversely affected by his family connections — I have in mind not only his brother, a participant of the Confederation of Targowica, but also his father, the starosta of Warka, held in high regard by the local nobility. The awareness of family tradition and expectations that may result from the family status usually involves much burden for a public person. For example, Stanisław Herakliusz Lubomirski spent his whole life struggling with the heritage of Jerzy Sebastian. The relations between Casimir Pulaski and his father were not so dramatic. There is however a significant difference between the case of Pulaski and Polish heroic tradition. Our hero has a father, although, he should have only a mother. The very title of Suffczyński's book *Rodzina konfederatów (Józef i Kazimierz Pułascy) — A Confederate Family (Józef and Casimir Pulaski)* is highly characteristic. In the novel by Gąsiorowski an equally prominent role is played by Casimir's comparison with his father; Casimir was a kind of his „spitting image"[3].

Even the most capacious slogan *For your freedom and ours*, which recurs frequently in texts about Pulaski, gives rise to doubts. One could offer a view that Pulaski played a role in the Polish social consciousness of the 19th and 20th centuries almost exclusively thanks to the American episode. Other leaders of the Confederation of Bar were rapidly and almost entirely forgotten. There is no unanimous opinion about the Confederation itself, one of the charges against the Confederation related to its particularism or self-centeredness. Pulaski managed to overcome this obstacle by taking part in the American War of Independence, waged in the name of values perceived as universal. Soon afterwards, paradoxically, a symptomatic transfiguration took place. Pulaski's significance declined among the Polish community in Poland and simultaneously, among the Polish Americans, Pulaski continued to be the most important person.

The contradictions mentioned here should have become the topic for literature, which under normal circumstances would have certainly focused on the fortuitous nature of the verdicts cast by social memory, as well as on the individual struggle of the national hero with his destiny. Many topics or themes were not addressed in Polish literature which, owing to obvious historical–political embroilment, was compelled to distinguish the national hero from other literary heroes. This is also a reason why the Gombrowicz–inspired categories of unclarity, incompleteness and unthinkable come to mind in the case of the literary life of secondary heroes.

Texts dealing with Pulaski give the same impression. More than one–third of them originated in the Romantic era. The majority of 20th century texts were

---

[2] See: A. Kijowski, *O dobrym naczelniku i niezłomnym Rycerzu (About the Good Commander and the Abiding Knight)*, Kraków 1984.

[3] W. Gąsiorowski, *Miłość królewicza (The Love of a Prince)*, Warszawa 1931, p. 63.

written in connection with anniversaries celebrated in 1929 and 1979. They are decidedly dominated by prose, situated on the borderland between literary and utilitarian writings (including biographies endowed with a *belles lettres* form and calendar-like stories); another frequently encountered genre is literature addressed to the young reader. Pulaski's presence is the least frequent in drama (the lost libretto reconstructed by Janta-Połczyński)[4], he is a hero of only a single work. Successful artistic creations should be connected, above all, with the works in which Pulaski is present in episodes, especially those by such masters as Mickiewicz, Słowacki, Rzewuski, Kraszewski and Chołoniewski. Actually, the only authentic attempt aimed at utilizing Pulaski's biography as the main plot of a literary work is the drama by Adolf Nowaczyński. All other artistic visions of Pulaski should be considered marginal within the context of literature.

2. Literature was one of the depositories of Polish national memory. Life of a national hero as described in literature was usually full of dramatic events. Questions concerning the beginning and end of the legend are difficult to answer, since the legend is more likely to contain information about what might have happened than what did happen. It is precisely in this manner that I propose to examine the legend of Casimir Pulaski – as a place in Polish consciousness, which during various periods of Polish history fluctuated in intensity. For this reason the silence of contemporary literature concerning Pulaski does not have to be interpreted categorically as the end of his legend. The legend can be revived in the future, although, naturally, in a dimension different from that of the past, and not necessarily in literature. This silence can also be explained within the context of general literary transformations and reevaluations that take place within the paradigm of national consciousness, which appears to focus first of all on the contemporary 20th century heroes.

Obviously, there are certain exceptions, which include the recently published book by Antoni Lenkiewicz, who refers to Pulaski while pursuing a search for the traditional reflection on Polish past and present from the perspective of the political right. I mention this particular publication although its author cherishes scientific rather than literary ambitions. Nevertheless, its form has little in common with even a widely understood model of scientific qualities. That book belongs to a category of *belles lettres* biographies, which will be discussed later.

In sum, the publication is more of a political declaration, and might prove interesting as an attempted actualization of one of the elements of the Pulaski myth – his hostility towards Russia – in the contemporary consciousness. It is worth noting that the book contains an original selection of elements sacralizing Pulaski's

---

[4] See: A. Janta-Połczyński, *Opera poświęcona Pułaskiemu*. E. Sobolewski, *Mohega, czyli kwiat leśny* (*An opera devoted to Pulaski. E. Sobolewski, Mohega, or the forest flower*) in: *Nic własnego nikomu. Szkice* (*Nothing of One's Own for Another. Sketches*), Warszawa 1977.

biography, and that he (Pulaski) is used for drawing a black–and–white image of Polish consciousness. Let me quote a characteristic passage:

Those who criticize Polish uprisings, Catholicism, and Polish struggle against Russia have never had, do not have, and cannot have a positive opinion about „the hero of two continents", while those who appreciate the significance of the struggle „for your freedom and ours" naturally locate Pulaski in the pantheon of national glory[5].

This ideological harmony would certainly be toppled by the knowledge that Pulaski was a mason.

I began this overview from its chronological end, but chronology is not the most important criterion for a literary examination of the lives of historical figures. We should focus more on precise historical moments when attention was paid to such figures rather than adopt linear perspectives. Literary references are not unbiased, they play a role in debates about current issues. The second reservation is that the aforementioned historical moment does not automatically imply the concept of a literary period.

Undoubtedly, the presence of Pulaski is marked most distinctly in the literary Romantic legend, when his figure manifested, so to speak, the universal current of patriotic works, and was inscribed into a typically Romantic system of values. Subsequent existence in literature is deprived of the features of a given period in its historical-literary meaning. The image of Casimir Pulaski in the literature of subsequent periods (Positivism, Young Poland or the interwar period) will strike us as artificial. I would be inclined, therefore, to see a diversified trend of literary interest situated above the network of conceptions that introduce order into literary time. It is also not my intention to discuss the existence of Pulaski in the entire post–Romantic literature as a continuation of Romantic traditions. Its existence remains unrelated to the range of literary periods, and it will be treated as such in this study.

Separate attention will not be given to the presence of Pulaski in Romanticism, a period that is best known thanks to works on the functioning of the Bar tradition during the 19th century[6]. The main focus will be transferred to the second half of

---

[5] A. Lenkiewicz, *Kazimierz Pułaski. Bohaterstwo – zaborczość Moskwy – zdrada narodowa* (*Casimir Pulaski. Heroism – Moscow Aggression – National Treason*), Wrocław 1994, p. 5.

[6] See, i. a. *Przemiany tradycji barskiej* (*Transformations of the Bar Tradition*), ed. U. Stefanowska, Kraków 1972; M. Janion, M. Żmigrodzka, *Romantyzm a historia* (*Romanticism and History*), Warszawa 1978; M. Maciejewski, „*Choć Radziwiłł, alem człowiek...*". *Gawęda romantyczna prozą* („*Although a Radziwiłł, I Am Still Human...*". *The Romantic Tale in Prose*), Kraków 1985; J. Maciejewski, *Legenda konfederacji barskiej w literaturze polskiej XIX w.* (*The legend of the Confederation of Bar in Polish literature during the nineteenth century*), „Prace Polonistyczne", ser. XLII, 1986; Z. Trojanowiczowa, *Dylematy romantycznego patriotyzmu. Uwagi na marginesie „Konfederatów barskich" Adama Mickiewicza* (*Dilemmas of Romantic patriotism. Remarks on the margin of „Confederates of Bar" by Adam Mickiewicz*), in: *Nasze pojedynki o romantyzm* (*Our Duels about Romanticism*), ed. D. Siwicka and M. Bieńczyk, Warszawa 1995.

the 19th century and the 20th century. Finally, the last reservation — the attempt to avoid a chronological approach — is associated also with the desire to present various contexts in which Pulaski appears. Let us add that those contexts stem from internal literary and discursive mechanisms of each text. The perspectives of the referential nature of literature and of extraliterary phenomena, which in this case include the biography of Pulaski, is rejected. To summarize, our study will deal not with the concurrence of the literary source and its historical counterpart, but with the specificity of the literary existence of the figure under examination.

3. Literature presents Pulaski most often through his interactions with other characters. His relationship with Father Marek is profound, and at times one has the impression that it was Father Jandołowicz who elevated Pulaski to the rank of a national hero. Therefore some texts beg the question whether the deeds lauded in literature were due to Pulaski's own merits.

This problem appears in Mickiewicz's *Konfederaci barscy* and the heretofore unpublished conclusion of that drama, written by Tomasz August Olizarowski. In *Dokończenie (Conclusion)*, contrary to the first acts by Mickiewicz, the plot is focused on Father Marek. He is the Great Interpreter, who possesses absolute power of judging other people. Only after an encounter with him can they achieve completion as human beings. Pulaski becomes a national hero only after he fully understands the meaning of Father Marek's teachings:

Tobie nie wolno ani żyć, jak żyją	*You must neither live an ordinary life*
Ludzie zwyczajni, ni, jak oni, umrzeć.	*Nor die like the common people.*
Ty orłem ludzkim albo lwem jedynie	*You are like an eagle or a lion*
Możesz bezkarnie śród nas się odzywać.	*Therefore you can speak freely.*
Tobie Pułaskim być do końca świata[7].	*Your destiny is to be Pulaski until the end of the world [7].*

It is worth pointing out that Father Marek performs a role of the Great Onomast (the Namegiver) — Pulaski begins his existence as a hero because he was given that name by Father Marek. According to Mickiewicz, Pulaski was full of spontaneity. Piotr Chmielowski particularly approved of that trait[8]. In Olizarowski's text, Pulaski's personality was considerably reduced, because such a description matched better the author's fervently messianistic views.

The dependence of Pulaski upon Father Marek is portrayed differently in *Tułacze (Wanderers)*, the series of historical stories by Józef Ignacy Kraszewski. Kraszewski put in a relative perspective Pulaski's fervent belief in the power of Father Marek's predictions. Also the idea that Pulaski was chosen by Providence to

---

[7] A. Olizarowski, *Konfederaci barscy. Dramat, Część druga (Confederates of Bar. Drama. Part Two)*, manuscript in the Polish Library in Paris, 102, vol. I, fasc. 8, pp. 831–953. I used a copy (p. 272) made by Janusz Maciejewski, to whom I would like to express my gratitude for his help.

[8] P. Chmielowski, *Adam Mickiewicz*, vol. 2, Warszawa 190, p. 225.

perform noble deeds was relativized and deprived of its metaphysical subtexts. On the other hand, the narrator puts Pulaski's life in the perspective of the ethos of Polish emigrants. According to Kraszewski, the starosta of Zezulin (namely Pulaski) was the person who initiated the custom of taking a handful of homeland's soil, when leaving Poland. That soil was later to be cast upon the coffin of an emigrant. Pulaski's death and his last words are granted a trait of holiness, *„Poland and included recollections and names of persons dear to him... uncaptured thoughts, images marked with a single word... interrupted by prayer and indignation, despair and love"*[9]. In Kraszewski's text, the prophecy of Father Marek related to homeless wandering and martyrdom exists only in Pulaski's consciousness. In Kraszewski's stories we can notice a tendency towards presenting the *sui generis* mental anachronism of Pulaski, the last person *who harbored the same faith that once vanquished the Swede with a cross and a prayer*[10].

A suggestion that Pulaski was good–natured and naive appears to be a crucial argument in the disputes about his responsibility for the kidnapping of the King. For Rzewuski, Chołoniewski and Kraszewski, Pulaski's naiveté was a positive feature. For Józef Antoni Rolle, it was not a good excuse. In the novel *Porwanie króla (The Kidnapping of the King)*, Pulaski is unambiguously burdened with great liability for the coup against the monarch, and the Confederation of Bar is considered a predecessor of the infamous Confederation of Targowica[11]. Also in Siemieński's *Wieczory pod lipą (Evenings under the Linden Tree)* written some years earlier, Pulaski's noble intentions are accentuated, however the idea of kidnapping the King is undermined: *although a few men are guilty, the whole country is punished* – the author implies here that partitions are the punishment[12].

At this point, it seems worth taking a closer look at an ambiguous anachronism ascribed to Pulaski and the ways it was interpreted. Słowacki viewed it mainly in mystical terms, Mickiewicz in democratic, and Rzewuski in conservative[13]. On the other hand, Maria Konopnicka included Pulaski's biography into Polish holy time, that stretched between 1767 and 1863. For Konopnicka, Pulaski is not anachronic in any way. (Pulaski was indeed anachronic but only for those who like Mickiewicz

---

[9] J. I. Kraszewski, *Tułacze, Opowiadania historyczne (Wanderers. Historical Novels)*, vol. 1, Poznań 1868, p. 358.

[10] Ibidem, p. 109.

[11] J. S. Rolle, *Porwanie króla*, in: *Nowe opowiadania historyczne (New Historical Novels)*, Lwów 1883, p. 260, 275.

[12] L. Siemieński, *Wieczory pod lipą, czyli historia narodu polskiego opowiadana przez Grzegorza spod Racławic (Evenings under the Linden Tree, or the History of the Polish Nation Told by Grzegorz, Veteran of Racławice)*, Kraków 1973 (first edition 1845), p. 331.

[13] Let us recall the noteworthy sketch by Wojciech Karpiński, subtly analyzing the purposefulness of describing such a view as conservative. The author proposed the term *right–wing Jacobinism*, which captures more aptly the characteristic traits of Rzewuski's manner of thought see: *Polska a Rosja: z dziejów słowiańskiego sporu (Poland and Russia: from the History of a Slav Dispute)*, Warszawa 1994.

wanted to bring his story up to date.) Konopnicka seems to notice differences between generations fighting for freedom and independence of Poland; therefore the Pulaski portrayed in her *Śpiewnik historyczny* (*Historical Songbook*) is given only a symbolic dimension:

Pamiętają te Karpaty,	*The Carpathians,*
Jasna Góra, Kraków,	*Jasna Góra and Cracow remember*
Jak tam walczył, jak wojował	*How he fought, how he battled*
Za wolność rodaków[14].	*For the freedom of his countryme*[14].

In her poetic cycle Konopnicka presents a picture of Pulaski galloping across a meadow on a white horse. For her, Pulaski plays the role of *a living souvenir*, and is not directly related to the later experiences of Polish patriotism. Such relativity was absent in the poem by Mieczysław Romanowski prior to the 1863 January Uprising:

A módl się za nas, niech nam Bóg obudzi	*Pray for us, that God awakes*
Takiego, jak ty, pośród wiernych ludzi[15].	*Somebody like you among his faithful people*[15].

A similar tendency, combined with a modern interpretation of the biographic legend of Pulaski, recurs in a poem by Jalu Kurek, the title of which speaks by itself *Romantyk z Savannah* (*The Romantic from Savannah*). It makes no mention of the naiveté or anachronism which created numerous obstacles for Pulaski's hagi-ographers (especially those writing communist Poland – the Polish People's Republic). On the contrary, Pulaski who fights *for freedom and civilization* makes the following declaration:

Gdzieś w górze słyszę warkot samolotów,	*Somewhere high above I hear the whirl of airplanes,*
pancerniki spalone nade mną ciężko dyszą,	*Burnt battleship gasp heavily.*
Gdy ktoś zapyta o mnie, powiedzcie, że jestem gotów,	*When someone inquires about me, tell them that I am ready,*
leżący na dnie, oblany wodą i ciszą[16].	*lying on the sea bed, submerged in water and silence*[16].

The poem by Jalu Kurek, a part of the collection published in 1932, stems from viewing poetry as a *social function*, and appears to be disturbingly concurrent with the later poetic practice of socialist realism. The use of Romantic clichés for deciphering 18th century experiences is a very characteristic element here.

---

[14] M. Konopnicka, *Pieśń żalu 1771* (*Song of sorrow 1771*), in: *Spiewnik historyczny 1767–1863* (*Historical Song-book 1767–1863*), Lwów 1905, p. 25.

[15] M. Romanowski, *Savannah*, in: J. Makłowicz, *Kazimierz Puławski, konfederat barski. Życiorys i deklamacje* (*Casimir Pulaski. Confederate of Bar. Life and Declamations*)Poznań 1929, p. 24.

[16] J. Kurek, *Romantyk z Savannah*, in: *Spiewy o Rzeczypospolitej. Poezje* (*Songs about the Commonwealth. Poetry*), Kraków 1932, p. 28.

Wacław Berent harshly criticized Polish writers for doing that[17]. Pulaski is pre-dominantly a Romantic hero, and not a figure of the Enlightenment. His death and burial at sea are Romantic in their nature. Although as it has been proven recently Pulaski in fact was not buried at sea.

In the case of Pulaski, adding some Romantic features is not the sole approach. He is frequently seen as a hero of the transition period between the old and new (post-partition) Poland. Therefore his axiological status in Polish literature is permanent. That trait is clearly visible in the third-rate literature and novels addressed to children and young readers (Trąmpczyński, Zielińska, Reuttówna), where Pulaski is the last military commander of the pre-partition Commonwealth, while Kosciuszko is the first of those who fought in the next period of national history post-partition Poland[18].

A confrontation with Kosciuszko is an important element influencing the literary portrait of Pulaski. This leader of the 1794 insurrection is the second figure (after Father Marek), who builds the textual status of Pulaski. The alleged Christmas Eve meeting with Thaddeus Kosciuszko is an important story shaping the social perception of Pulaski. The fact that it comes from the forged memoirs of a Bar confederate written by Gaszyński matters less[19]. In the novel by Kraszewski, this event provides a good opportunity to gather Poland-related features. The special atmosphere contributes to sanctification of the fate of an emigrant, who is personified by both characters. The above-mentioned encounter gives a venue for the confrontation between the two characters. Pulaski represents a dying Sarmatian tradition, where habits and customs play a crucial role. His main concern is how on American soil he should welcome his guest in the style of a true Polish nobleman, and how he can remain faithful to the Old Polish rules of hospitality and the principle of „putting up a good front whatever the cost"[20]. Although Kosciuszko represents a different background, that does not impede reaching mutual understanding since the two of them share the same émigré experience. A similar scene of the Christmas Eve meeting returns in a novel by Zofia Kossak-Szczucka. For her the civic-minded Kosciuszko is confronted by Pulaski, the nobleman. They share love for their homeland. On the other hand, the visions of the homeland that they cherish are entirely different, as is evidenced, for example by their attitudes towards titles and slavery[21].

---

[17] See, e. g. W. Berent, *Nurt* (*Current*), Warszawa 1956, p. 125.

[18] G. Skotnicka, *Dzieje piórem malowane. O powieściach historycznych dla dzieci i młodzieży z okresu Młodej Polski i dwudziestolecia międzywojennego* (*History Painted with a Pen. On Historical Novels for Children and Teenagers during the Young Poland and Inter-war Periods*), Gdańsk 1987, p. 158.

[19] K. Gaszyński, *Reszty pamiętników Macieja Rogowskiego, rotmistrza konfederacji barskiej* (*Remnants of the Diaries of Maciej Rogowski, Captain of the Confederation of Bar*), Paris 1847.

[20] J. I. Kraszewski, *Tułacze...*, op. cit., book VI.

[21] Z. Kossak-Szczucka, *Spotkanie* (*Meeting*), in: *Bursztyny* (*Amber*), prepared for print and introduced

In 1929, „Gazeta Warszawska" published an article by Adolf Nowaczyński, who suggested that *class differences* between Kosciuszko and Pulaski were too big and that an encounter between them would never take place[22]. For Nowaczyński, those differences exemplified a phenomenon which today probably would be described as a „Polish hell". In a mitigating response, Władysław Konopczyński argued that the sole difference between Kosciuszko and Pulaski was that young Kosciuszko – as a member of the Czartoryski faction – was unable to join the Confederation of Bar[23].

I would like to quote a statement from a historical novel by Jan Brzoza, that also originated in the Gaszyński's forgery: *They were almost of the same age, although Kosciuszko still pored over a book when Pulaski already wielded his sword and conducted serious military operations*[24]. These different attitudes allow us to place Pulaski within the semantic field of the adjective „last", as in *Ostatni rycerz Europy (The Last Knight of Europe)* by Janusz Roszko (1983). Let us recall, however, that in the majority of cases that adjective does not possess the same connotations that Mickiewicz had in mind when he wrote about *the last one who led a Polonaise in this way*. Since Kraszewski and up to contemporary times the adjective „last" has been associated with an embarrassing sense of anachronism. The confrontation with Kosciuszko makes that linguistic ambiguity even deeper. The rather automatic association, which served as a basis for *Pokrzepienie (Comfort)* by Goszczyński, remained in the defensive:

O Kościuszko! O Puławski (sic!)	*O Kościuszko! O Puławski (sic!)*
Lechickiej wiary męczeńskie dusze,	*The martyred souls of Lechite faith,*
Ziem lechickich geniusze,	*Geni of the Lechite lands,*
Rzućcie dziś na mnie światłem swej łaski[25].	*Cast upon me the light of your grace*[25].

This type of automatic patriotic association is characteristic for texts proposing a comprehensive interpretation of the Polish national history, such as *Pieśni Janusza (The Songs of Janusz)* by Pol or *Szopka (Nativity Crèche)* by Lenartowicz. On the other hand, Pulaski is placed in the pantheon of Sarmatian heroes such as Czarniecki, Reytan, Sawa, and Father Marek (e. g. in the works of Leon Kapliński)[26]. At this stage, there is no doubt about the status of Pulaski mentioned earlier, as someone living in the transition period.

---

by H. Skotnicka, Katowice 1990, p. 272, 274, 276.

[22] A. Nowaczyński, *Pulaski a Kościuszko (Pulaski and Kosciuszko)*, „Gazeta Warszawska" 1929, no. 293–294.

[23] W. Konopczyński, *Pulaski a Kościuszko. Odpowiedź panu Adolfowi Nowaczyńskiemu (Pulaski and Kosciuszko. An answer to Mr. Adolf Nowaczyński)*, „Gazeta Warszawska" 1929, no. 317.

[24] J. Brzoza, *Kazimierz Pułaski. Opowieść historyczna (Casimir Pulaski. An Historical Novel)*, Warszawa 1960, p. 104.

[25] S. Goszczyński, *Pokrzepienie*, in: A. Kijowski, *O dobrym...* , op. cit., p. 224.

[26] See: L. Kapliński, *Piękno i prawda (Beauty and Truth)*, in: *Zbiór poetów polskich XIX w. (Collection of Polish Nineteenth–century Poets)*, book III, prep. by P. Hertz, Warszawa 1962, p. 281.

4. As it has been said before, Pulaski is frequently confronted with other figures: his father, Father Marek or Kosciuszko. Such a comparison is part of his literary stereotype. I would like to reconstruct here the remaining elements of that stereotype. The ways in which Pulaski is characterized are essentially variants of a general scheme, which is composed of distinct textual functions of that character.

Pulaski is presented as a person of great heart. On that assumption Gąsiorowski' based the first part of his series of historical novels about Pulaski entitled *Miłość królewicza (The Love of the Young Prince)*. Emotion is the crucial category necessary to understand the attitude of Pulaski. Gąsiorowski presented the process of Pulaski's slowly maturing to the honor of loving his homeland. The other two planned parts of that series have never been written. Probably, in the last part of the series, which was to be entitled *Wróg królów (The Enemy of Kings)*, Pulaski's personality, shaped in the course of passing years, was to reach its fullness. In the first part, Gąsiorowski tailored Pulaski's image to the requirements of a popular romance. Let us quote a typical paragraph:

She [Franciszka Krasińska – M. R.] *rested her head upon his shoulder and quivered like a rose leaf touched by the velvet wings of a butterfly. The starosta's son held his breath. He dared neither touch nor glance, and was under impression that once again she huddled in his embrace just as once before, under the tree*[27].

Pulaski's portrait as drawn by Jan Brzoza contains a noteworthy abuse of tears, producing an unintended comic effect. Pulaski cries copiously after the death of Bohdanek, who was devoured by a shark, he also experiences an aesthetic and moral shock having seen a scalp, a moment later he weeps over his loneliness, and then drowns in tears after the loss of a scapular (all that happens on just a few pages)[28].

Karol Koźmiński, in turn, underlines Pulaski's intense emotional nature, associated with his belief in predictions and signs. This is true not only for the prophecies of Father Marek, but also for visions of an insane soothsayer, who warned Pulaski against a spell cast by black eyes[29]. Franciszka Krasińska is envisaged as a phantom accompanying Pulaski throughout his life. Also a hint of a more universal conviction is put forward: a national hero must free himself from all suggestions that he is concerned about himself in any way.

That subject is underlined in the novel by Jan Dobraczyński. The conversation between Franciszka and Casimir constitutes the framework of the novel. *He (the King) should not suffer the least harm* – that is how Dobraczyński recreates Pulaski's reasoning about the idea of kidnapping the King. *He, Pulaski, will gain the recognition of the Generality, Princess Franciszka will be happy, and Our Lady will bless his deed*[30].

---

[27] W. Gąsiorowski, *Miłość królewicza*, op. cit., p. 34.

[28] J. Brzoza, *Casimir Pulaski...* , op. cit., pp. 88–137.

[29] K. Koźmiński, *Bohater dwóch kontynentów. Powieść historyczna o Kazimierzu Pułaskim (A Hero of Two Continents. A Historical Novel about Casimir Pulaski)*, Warszawa 1988, p. 28.

[30] J. Dobraczyński, *Pulaski*, in: *Opowiadania Jasnogórskie (Tales of Jasna Góra)*, Warszawa 1984 (first

Pulaski's extraordinary physical appearance constitutes the next element of his characteristics. He is a dancing warrior (Kurek, Koźmiński) and a keen-sighted falcon (Konopnicka). Naturally, such metaphors imply certain mental features. Particular emphasis is placed on dignity and severity, combined with unaffected behavior. In *Pamiątki Soplicy* (*The Memoirs of Soplica*) Pulaski, *who always wore simple clothes and disliked any opulence at war*[31] declares that he is *but a simple soldier*[32]. In the novel by Szczęsny Morawski, *Pulaski emerged from the chaos of somber thoughts as luminescent and white as an angel*[33]. That manner of creating an above-average person by the use of certain allegorical subtexts, has a number of conventional variants, frequently used in the same text. In the book by Koźmiński the dignity and mystery of the hero are presented either in the semantic field of darkness (the black eyes and hair, and the dusky complexion of the *troubadour — errant knight*), or in radiance (a white horse with gold and crimson outfit)[34].

The next mandatory component of the literary image of Casimir Pulaski is contained in the formula: *A Knight of the Holy Virgin Mary*. The novel by Chołoniewski contains the following description of Pulaski's faith:

She [the Holy Virgin Mary — M. R.] *armed his heart for the sake of magnificent and great things, she lit his dignified, reasonable, joyful and full of hope courage, (...) she taught him to contra spem sperare*[35].

A similar manner of portrayal was used by Dobraczyński in his novel. When Pulaski loses his scapular with the image of the Virgin Mary *it seemed to him that he had been abandoned by someone close to him, and that the only thing left to do was to shoot himself or flee to the farthest possible place on Earth. Fortunately, the scapular was found. Immediately, his former self — confidence returned. Pulaski ordered that the chain be reinforced, and told the goldsmith that he would be hanged if the chain broke once again*[36].

Let us make a short note here. According to Dobraczyński, Pulaski frequently threatens to hang someone — this is the way in which Dobraczyński chose to present the legendary impetuosity of the quick-tempered Pulaski. Furthermore, the declarative nature of literary imagery is transferred to an ideological domain. The story claims that Pulaski was a thoroughly honest and righteous person, who became the victim of deceit. *Similarly to many young men*, adds the author *he*

---

edition 1979), p. 134.

[31] H. Rzewuski, *Pamiątki Soplicy*, prep. by Z. Lewinówna, Warszawa 1978, p. 23.

[32] Ibid., p. 248.

[33] S. Morawski, *Pobitna pod Rzeszowem. Powieść prawdziwa z czasów konfederacji barskiej w roku 1769* (*Pobitna near Rzeszów. A True Story from the Times of the Confederation of Bar in 1769*), Kraków 1864, p. 123.

[34] K. Koźmiński, *Bohater...* , op. cit., p. 49, 119.

[35] D. Chołoniewski, *Magnificat*, in: *Pisma pośmiertne* (*Posthumous Writings*), vol. 2, Leipzig 1851, p. 37.

[36] J. Dobraczyński, *Pulaski..*, op. cit., p. 126.

allowed himself to be swayed by the others[37]. (This statement resembles the discourse in *Popiół i diament* (*Ashes and Diamond*), which suggests a similar interpretation of the decisions made by members of the Home Army).

At the end of the 1970s, Waldemar Łysiak drew another political lesson from the Pulaski biography: *The fact that someone is branded publicly as a cad and a rascal in his homeland does not automatically mean that he really is one*[38]. The declarations made by Dobraczyński and Łysiak constitute a foretaste of the literary dispute about how to judge Pulaski. Just a short distance separates those authors from contemporary political dilemmas. In a certain way, Casimir Pulaski instigates such a discussion. That is much more than being just a substitute hero. Such was the textual status of Polish national heroes during the Stalinist period. For Polish authors, Pulaski, Kosciuszko, Dąbrowski, and Bem made it possible to avoid writing about Soviet characters; after all, some sort of heros was indispensable for a young state. That is true about a poem by Lucjan Szenwald, published in a series entitled *Poetry of the Union of Polish Patriots in the Soviet Union*[39], as well as a lyric poem by Flukowski, containing a different, ideologically rather neutral message, published in „Odrodzenie" in 1945[40].

5. Fortunately Casimir Pulaski was a hero of not only badly written and inept texts such as the poem *Kwatera Pułaskiego* (*The Quarters of Pulaski*) by Jan Maria Gisges, which contains the following phrases:

Fakty stłoczone jak na końskim targu	*Facts huddled like peasants and carts*
chłopi i fury: jak kamienie bruku	*at a horse market; like golden flagstones*
złote epoki, co są niby skargą	*of a period, which resembles a complaint uttered*
ściśniętej krtani, kiedy po łbie tłuką.	*by a tightened throat, when blows fall upon heads.*
Cóż jest historia? Rozgłośna śmierć sławy,	*What is history? The celebrated demise of glory,*
grzechy człowiecze czy jakiś strzęp dawny[41].	*human sins or some scrap of the past*[41].

---

[37] Ibid., p. 138.

[38] W. Łysiak, *Wielka chwała „bezecnego herszta". O Kazimierzu Pułaskim* (*The great glory of the „dishonorable brigand chief". On Casimir Pulaski*), „Kulisy" 1978, no. 43. This is an outright apology of Pulaski; on the other hand, its author describes King Stanisław August, with typical finesse, as a talented sexual partner of Catherine II.

[39] See: L. Szenwald, *Józef Nadzieja pisze z Azji Środkowej* (*Józef Nadzieja writes from Central Asia*) in: *Z ziemi gościnnej do Polski* (*From a Hospitable Land to Poland*), Moscow 1944.

[40] See: S. Flukowski, *Pulaski*, „Odrodzenie" 1945, no. 33. This poem, written in an officers' internment camp, was recalled by M. Brandys in *Wyprawa do Oflagu* (*Expedition to an Officers' Camp*), Warszawa 1955.

[41] J. M. Gisges, *Kwatera Pułaskiego*, in: *Marmury i Dmuchawce* (*Marble and Dandelions*), Warszawa 1978, p. 47.

Pulaski appears in at least two important works of Polish literature. I have in mind *Listopad* (*November*) by Rzewuski and *Pulaski w Ameryce* (*Pulaski in America*) by Nowaczyński. In the first, Pulaski is glimpsed in the background, but, similar to the work by the author of *Małpie zwierciadło* (*Monkey Mirror*), he is a part of a more essential problem, of foremost importance for the author himself. That fact leads undoubtedly to a modification of the above presented stereotype; probably more important, it was thanks to such interpretations that Pulaski became, even if only for a single moment, a fully fledged literary hero.

The novel by Rzewuski contains certain inconsistencies with historical facts, but, in accordance with my earlier declaration, I do not attach to them primary significance. Pulaski's life is a pretext for expressing a certain synthesis of political ethos or general opinions the reality. Rzewuski goes beyond abstract and general qualities, they do not satisfy him. He does not concentrate his attention solely on how to salvage a harmony of thought and facts, either; although that guarantees a sense of self-complacency. In other words, he does not try to lure reality to his own side. At the same time, he manages to preserve the autonomous nature of the portrayed figure, and to suggest its authenticity and the tragic moments of his life. He accomplishes that in several episodes. *I am indifferent to what may happen to me* — declares Pulaski — *I know well that all the blame will be placed upon me! I shall leave the land of my ancestors*[42]. Naturally, *Listopad* does not leave any clue or doubt that it was a blind and unjust destiny which drove Pulaski across the ocean.

Herein lies yet another problem which could be described as the core of political controversy, certainly one shared by Rzewuski. The entire hidden current of the novel, with the figures of Pulaski and Stanisław Rzewuski (who fulfills the function of the devil's advocate) could be interpreted as a question concerning the impact of lies on the human struggle for a content life.

The drama by Nowaczyński, written in 1917, is an ambitious attempt aimed at reinterpreting Pulaski's Romantic legend in 20th-century consciousness, and, let us add, specifically molded by the *Polish* experience. It differs from Rzewuski's novel in almost every conceivable aspect, especially due to the principle of searching for the truth instead of concealing it. Similarly to *Listopad,* Pulaski's biography plays not merely the role of a pretext, but also that of a text.

In that drama, Pulaski is a person carrying the burden of his Polishness. We encounter an associated note of irony, set free especially at the moment of overcoming the national stereotype. When Pulaski declares that he has overcome the Polish complex of defeat and suffering, his American interlocutor concludes: *Perfect, splendid, truly American*[43]. When he announces that it is possible to be

---

[42] H. Rzewuski, *Listopad. Romans historyczny z II połowy wieku XVIII* (*November. An Historical Romance from the Second Half of the Eighteenth Century*), Lwów 1936, pp. 472–473.

[43] A. Nowaczyński, *Pulaski w Ameryce. Dramat w 5 aktach* (*Pulaski in America. A Drama in Five*

a Pole *different from the one described by Rulhiere and Dumouriez*[44], without demonstrating any understanding for military accounting, he becomes a personification of *exaggeration, chaos, non-subordination* (*As long as I do not have spend nights poring over accounts! After all, by God, I am a Pole* — Pulaski will say)[45].

An equally ironic tone accompanies the deprivation of the Poles' right for a certain stereotype. American sailors on the ship carrying the body of Pulaski characterize Indians in the following way: *They have contempt for all crafts! None would ever stand behind a shop counter. They would only battle and battle. This is the theme of their songs or dances... or they gather for assemblies... sit around... chewing on their pipes, and compete in spinning tales about their achievements*[46]. The author toppled the conviction, fundamental for Polish consciousness, about our attraction in the eyes of others. By making perverse use of the Sienkiewicz's story about sachem, Nowaczyński appears to suggest that the Americans already have Indians of their own. So much for pretexts.

Finally, a stereotype of heroism, this time contained in the text itself, i. e. the biography of Pulaski — D'Estaign while making his pathos-imbued speech in Pulaski's honor, forgets the most important thing — the name of the dead hero[47]. Speaking on the same occasion, Lincoln regards Pulaski's greatest merit to consist of the fact that *he never drank whisky*[48]. This was the final overcoming of the stereotype of a Pole.

The suggested grotesque dimension of the posthumous life of the hero comprises only a single aspect of national heroism. His deeds, namely the fact that he killed many people, remain a problem. In *Noce i dnie* (*Nights and Days*) Maria Dąbrowska makes an extremely sensitive proposal characteristic of the 20th century, that in the wake of regaining independence, the heroes of the homeland should cleanse their hands of all spilt blood. The drama by Nowaczyński is insufficiently iconoclastic to place a sign of equality between a war hero and a criminal. Pacifist ideas appear as one of the voices in a controversy concerning the evaluation of Pulaski. In a conversation with the Polish colonel, Brother Nataniel expresses radical views about the war:

(...) *A person possessed by the Cain spirit, who murders hundreds and thousands not in anger but calmly and in the company of madmen resembling him... is worthy only of infamy and contempt*[49]. From the perspective of a reader, this

---

Acts) Poznań 1917, pp. 26-27.
[44] Ibid., p. 160.
[45] Ibid., p. 128.
[46] Ibid., p. 203.
[47] Ibid., p. 215.
[48] Ibid., p. 216.
[49] Ibid., p. 139.

fragment remains extremely disturbing — does it concern Pulaski? If so, then it should create a literary scandal.

Emotions abate somewhat when Pulaski is described not as an aggressor but as *a defender of liberty and natural rights*[50], since he saves clergymen from a Tory attack.

Pulaski is by no means a common criminal in Nowaczyński's drama; What matters, is quite a different issue. The heart of the matter involves the very type of problems, characteristic for the period of their formulation, based on the experiences of World War I, to which literature of the interwar period responded by means of pacifism and catastrophism[51].

6. Naturally, the figure of Pulaski no longer inspires serious literature —nor does it possess a force necessary for multiplying essential questions. Even if its role in universal consciousness will expand, this will not be due to literature (as was the case in the past). For a long time now, we have observed a considerable divergence between social awareness and literature. Unfortunately, or fortunately, this is not the occasion to answer such questions.

The history of Polish literature and writing will preserve a brief episode — the presence of Casimir Pulaski in accordance with the formula proposed by Chołoniewski, i. e. depicted as *a nobleman, a hero, and a Catholic*[52]. From my point of view, this is testimony of an already closed chapter of literary obligations and self-restrictions as well as an example of assorted transformations occurring within a stereotype and leading to its disintegration[53].

In other words, is this the end, Mr. Pulaski? Only sociologists and each of us can answer that question for him. We can do that if we put aside our scholarly perspectives and use our social consciousness.

---

[50] Ibid., p. 136.

[51] See: A. Nasiłowska, *Trzydziestolecie 1914-1944 (Three Decades 1914-1944)*, Warszawa 1995, pp. 29-32.

[52] S. Chołoniewski, *Magnificat...* , op. cit., p. 39.

[53] In her extremely valuable remarks to this paper, Prof. Alina Nowicka-Jeżowa drew attention to the necessity of reflecting on the essence of a stereotype in the perspective of its internal incoherence. This multi-motif topic, today exploited in a highly interesting manner, particularly in studies inspired by cognitivism, transcends the narrow framework of the presented article.

David Stefancic

Casimir Pulaski: The Unknown American Hero

Casimir Pulaski, or Kazimierz Pulaski, Hero of American Revolution, Defender of the Republic, Martyr of Savannah and a Father of the American Cavalry. I could go on endlessly about the various ways I heard of Pulaski described as I studied in a small Polish Parochial school in Wisconsin. Growing up in a time when anti–Polish jokes were in vogue, we searched desperately for Polish heroes to pin our pride on, Pulaski was one gravitated to since his name was easy to pronounce for us non–Polish speaking grade schoolers. There were Pulaski parades, Pulaski counties, Pulaski towns, and even a Pulaski holiday in Illinois. I even worked as a caretaker in Pulaski Park to finance my college education. Everyone knew about Pulaski or so I thought until I started to ask questions beyond my little Polish ghetto in Wisconsin.

When I began the research for this paper, I was surprised to see what little people knew about this hero of the Revolution. When my fellow professors asked about my current research and I responded Pulaski, they could not remember whether he had fought in the American Revolution or in some other war. All they recognized was his name and that he was Polish. My history students knew that they had heard the name before but that no idea why. The people of Indiana do not even know how to correctly pronounce the name of the county named in his honor; Poolaski. The low point for me came when I asked my own fifteen year old daughter who Pulaski was and she responded that she did not even know that Poles fought in the American Revolution. What happened to my hero and where did he go? Why doesn't any remember Casimir Pulaski?

If historians are the keepers and preservers of memory for a nation, then it is to them that we must look to find out why Pulaski is absent from American historical memory. The purpose of this project is to look at the historian's view of Pulaski; and historical literature review. The review will be divided into two sections. The first section will deal with how Pulaski is approached in grade and high school textbook, where children receive their first formal introduction to American historical memory. The second section will look at how writers have perceived Pulaski in general histories of the American Revolution, available in public and college libraries. I purposely avoided Polish–American histories and historians because of their Polish orientation and bias. For the intent if this literature review, it is important to see how non–Poles as well as describe our historical Polish ancestors.

The books were randomly chosen for this study with the intention of finding out what was available to the general reading public. The school textbooks derived from the class library of Mr. Gregory Bitsko, a social studies teacher from Edison Middle School in South Bend, Indiana. The textbooks were sent to Bitsko by various publishers from the 1960'2 to 1997. The research material in the second section were drawn from shelves of the public library in South Bend, the library at Saint Mary's College, and the Hesburgh library at the University of Notre Dame. Again, the purpose of the literature review is to see how the general public develops its historical memory of thé American Revolution and more precisely Casimir Pulaski's role in the revolution.

While we receive an informal historical indoctrination in the home from our family and relatives, it is in the school setting that we receive our first formal taste of our communal memory, our history. The formal education can and often does supersede the informal education we received earlier in our homes. Does Pulaski or other Poles appear in the formulation of memory?

In the textbooks of the 1960's and 1970's, Pulaski appears as a foreign volunteer and that he gave his life at the battle of Savannah. He is mentioned in two out of the three textbooks looked at from this period. A good chance of finding him. Of the textbooks from the 1980's over half of the material did not mention Pulaski or Kosciuszko. In other words, students who used these books would have had a fifty–fifty chance of knowing that Poles of any type contributed to the American Revolution. Of those books that did make note of Pulaski, half of them mentioned only his name and that he came form Poland. There is no recognition of Pulaski's rank or service to the colonial army. In only three textbooks is Pulaski given anything more than a footnote. In *Land of Liberty*. Pulaski is described as among one of the first foreign volunteers to offer assistance to the Colonial Army and was a trainer of American Troops. In *One Flag, One Land*, in a boxed section, called *Heroes of the Revolution*, Pulaski is described as a Polish hero and cavalry commander who perished in the battle for Savannah. *America's Heritage* calls Pulaski a freedom fighter who died while leading a cavalry charge at Savannah. *Liberty meant more to him than his own life*. It is interesting to note that those texts that mention Pulaski, to any extent, were written about the time of Solidarity's heyday in 1980–81 and were published soon after. When Poland was in the news, Pulaski was in the textbooks. Still your chance of finding Pulaski was now down to 50 percent. Of the texts from the 1990's, only half mention Pulaski and only in passing. If one blinked, one might just miss him. One text, *The History of the United States*, even claimed that Pulaski and Kosciuszko planned the colonial defenses at West Point along the Hudson River. Pulaski the engineer? These writers either had no idea of whom they were writing about or they didn't care enough to obtain proper information.

What does this short survey of schoolbooks tell us? First, if I had no prior knowledge of Pulaski and based upon the material I found, or rather did not find within these books, I would assess that Pulaski only played a minor role in the American Revolution and that his only claim to fame was to die at a small battle on the southern front. One could surmise that the only reason he made it into history books at all was to soothe the egos of the Polish minority in this country. Is it any wonder that children in Chicago have no clue why they have a special holiday to honor Pulaski or know who Pulaski was? If you did pick up a textbook, you would have only a one in two chance of even seeing his name appear.

Only the most driven of students would think of going to a library to search out information on the Polish martyr to the American cause. If a student did go to a library, what would they find if they sought out specialized books on the American Revolution? Surely, a book that specialized only on the revolution rather than on all of American history would have more space to devote to such a deserving historical character. Our research on Pulaski continues.

If information was found lacking about Pulaski in school textbooks, the next step would be to look at public and college library holdings to see how the revolution is approached on a more specialized level, a higher level if you will. I would expect to find his name more frequently mentioned with greater details about his life, but this did not prove to be the case.

Out of more than two hundred books looked at on a general overview of the revolution or in specialized studies on the Continental Army, only twenty-six mentioned Pulaski as a participant in the American War for Independence. The information found in these books is spotty and it would be worthwhile to trace Pulaski's career based upon what was found in those few books that Pulaski did appear in. We will move from the battle of Brandywine to Savannah with a description of Pulaski's personal character in this section.

In describing Casimir Pulaski as a person, writers seem to be somewhat confused. The characteristics used to describe Pulaski can obviously be broken down into positive and negative adjectives. These attributes can be further broken down into physical and character traits. Of his physical traits, Pulaski is described as being a handsome little man with swarthy skin and small mustache. Of his positive character traits, one can divide them into social and military categories. Pulaski's social traits, one can divide the mint social and military categories. Pulaski's social traits are described as elegant, flamboyant, magnetic, romantic, gentle, obliging, and sociable. Of his military traits, he is described as one of the best of the foreign volunteers by one author, whole others referred to him as a capable and able officer. Pulaski is credited with being a superb horseman. In battle, he is most often called gallant as well as fearless and intrepid. Pulaski is portrayed as a take charge type of person. In other words, these writers described a person who is an officer and gentleman. A man who is educated not only in military affairs, but also in the world around him. As Lafayette stated, a man that he was proud to have served with. Some other writers paint a different portrait of this man[1].

Of Pulaski's negative traits, they again can be divided into social and military characteristics. Pulaski's most frequently mentioned drawback was his inability to speak English which handicapped him as a commanding officer. He is described as having a problem working which others in that he was fractious, quarrelsome, and uncooperative with General Washington, Congress, and his own men. Pulaski is also illustrated as forever complaining, obstreperous, arrogant, moody, touchy, and a troublemaker. As a military leader he is described as a stern disciplinarian, insubordinate, fool hardy and unwilling to assume subordinate roles. In fact one author, Page Smith, referred to Pulaski as one of Washington's *most worrisome foreign officer problem*[2].

How can the traits described by these authors apply to the same person. We have in actuality described two different people, opposites of each other. Some authors have portrayed him as an incompetent officer and a bore. Which one is true? Are we actually talking about Dr. Jekyll and Mr. Hyde or are these writers completely confused about their subject matter? The average reader would be even more confused after reading these so called experts on the subject. Let us now move onto his career to see if any clarification about true Pulaski can be found there.

Pulaski's first assignment came as a volunteer on George Washington's command. His first of battle in the new world came at the battle of Brandywine which was a disaster for the Americans. The British outmaneuvered Washington and forced him to retreat, a retreat that very quickly turned into a route. Pulaski asked for command of Washington's cavalry escort to cover the retreat and allow Washington time to reorganize his troops. Seven authors made note of Pulaski's service at Brandywine. Pulaski was sent out to scout the British when he discovered an attempt by them to cut off Washington and his retreat. Pulaski returned with his information and was ordered to disrupt the British. He took his thirty horsemen out to attack General Howe's column without any preconceived plan. Pulaski shouted his orders in Polish and surprisingly his men understood and obeyed his order to charge the enemy. The cavalry went headlong into a stunned British army which had not realized that the colonials even possessed a cavalry unit. The enemy was thrown into disarray, allowing Washington to continue his retreat and saved the Continental Army from encirclement. If it had not been for Pulaski, this battle might have been the end the Continental Army. Saving the Continental Army was a major accomplishment, yet only seven authors saw fit to mention his participation and then only in passing[3].

---

[1] Army Times, Fisher, Fiske, Griffin Griswold, Lancaster 1, Lancaster 2, Leckie, Miller, Mitchell, Perkins, Preston, Royster.

[2] Cumming, Freeman, Gordon, Greene, Smith, Stember, Stokesbury.

[3] Army Times, Fisher, Griffin, Griswold, Lancaster 1, Lancaster 2, Preston.

Pulaski next saw action at Germantown where an American counterattack caught the British off guard. The American commanders squandered their success through indecision and Pulaski was again forced to use his cavalry to cover the retreat of yet another American general, Nathaniel Greene. By the time of the Germantown action, Pulaski had been named commander of the newly formed continental cavalry, thus earning him the title of the Father of the American Cavalry. Only three authors make note of Pulaski's first action as cavalry commander and only two make mention that his men were new to the saddle and very raw cavalry. One author describes Pulaski and his troops as ineffectual because they were so poorly organized and led. Pulaski is even accused of sleeping through the battle and this dereliction of duty may have led to the American defeat at Germantown. This accusation of snoozing while on duty was spread by Pulaski's enemies who were jealous of his abilities and his rank. It was quickly dispelled by Washington and Lafayette but still it appears in books written over two hundred years later. The story does perpetuate the stereotype that Poles are unreliable and lazy, a late 19th century stereotype that continued into the mid–twentieth century[4].

In the winter of 77–78, Pulaski took his troops to Trenton to train them in European cavalry style tactics and discipline. To accomplish this task, he brought in more foreign officers which made the American officers even more jealous of the upstart Pole, who was now a brigadier general while they were still new colonels. Colonel Stephen Moylan took the greatest offense and was consistently insubordinate to Pulaski and other foreign officers, including striking a fellow officer. Pulaski tried to court martial Moylan but Washington and Congress dismissed the charges. Pulaski was given no real authority over his men and decided to resign his commission in 1778. Only two authors mention his time as *Commander of Horse*; one author notes it in passing while he accuses Pulaski of destroying the colonial cavalry for the rest of the war. He also accuses Pulaski of funds from his troops. No mention is made of Pulaski's fight to make the cavalry an independent shock troop for the Continental Army instead of as a support unit for infantry, as it was used. The stereotype of the bickersome and untrustworthy Pole appears again[5].

Pulaski next petitioned Congress for the creation of a Legion, an independent corps, to show Washington and others what kind of cavalry he had in mind. Congress gave him funds to recruit and train 68 lancers and 200 infantry. Pulaski recruited from prisoners of war and deserters from the British, against Washington's orders, and from European volunteers. He over recruited by 62 men. The Legion was always short of funds and was forced to live off the land which angered the local farmers. The legion was first sent off to New Jersey and Egg Harbor where

---

4 Griffin, Griswold, Lancaster 2.
5 Freeman, Griswold.

they were betrayed by a deserter and were then stationed in the Delaware region. Both assignments were a waste of the legions talents, mainly garrison duty, and Pulaski protested to Congress. He was finally transferred to the southern front to fight at Charleston and Savannah.

Six authors mention Pulaski's Legion, all but one spoke of it in negative terms. One calls it *a small force of lance*, while another called it *a unit of freebooters* and *a motley assortment of adventurers*. Two authors point out Pulaski's recruiting of British and Hessian soldiers against Washington's orders as a sign of Pulaski's habitual insubordination. They fail to take into account Pulaski's frustration with the American's and their unwillingness to learn European cavalry tactics. He had nowhere else to turn except to other Europeans. Pulaski is also blamed for the loss of fifty men at Egg Harbor due to poor leadership and one deserter, a British POW. He is portrayed as an insubordinate and incompetent officer for the defeat at Egg Harbor. A comparable argument could also be leveled against George Washington for the Benedict Arnold affair, but that would be just as absurd as blaming Pulaski for the loss at Egg Harbor. The Legion was a military unit that was under supplied and misused as frontier guard against the British navy in one case and British Indian allies. However in other case, rather than observing this as a military unit of the future which was misused by short sighted officers, most officers chose to use the Legion and its bad luck as another chance to criticize Pulaski. The reassignment to the southern front was to be the Legion's chance to prove themselves in battle, but instead it proved to be their end[6].

When Pulaski arrived in the south, the situation was deteriorating quickly of the continental forces. Charleston was on the verge of surrender and Pulaski's arrival only prolonged the inevitable. Pulaski devised a plan of ambush which could have turned the tide of battle, but it turned into a massacre when his men attacked too early. The result of this fiasco was the loss of almost all of Pulaski's infantry. His bad luck continued to plague him, two authors chalked it up to his incompetence as a leader. In October 1779, Pulaski arrived with the Continental Army at Savannah. The British troops had been allowed to fortify the city and now French and American forces were attempting to force them out of the area. The colonial attack began on October 9, but the British were prepared for the assault because of a deserter from the American forces. The French commander went down in the first British volley and the attack began to falter. Pulaski rushed forward to keep the attack going when he was hit by canister shot. He died two days later. Thirteen of the authors, only half of those that even mention Pulaski, made note of his death. Ten of the authors only gave cursory mention of the Pulaski death as one of many who died in the battle at Savannah. One author tired to diminish the death by stating that he was struck only by a small cannon ball. Other

---

[6] Army Times, Fisher, Leckie, Miller, Montross, Stember.   .

authors can't decide where he was hit, in the stomach, in the leg, or in the groin? Several authors portray Pulaski as a foolhardy leader for his charge against fixed positions without proper support. Only one author, Charles Royster, described Pulaski as a martyr to the American cause and credits him with setting an example for other Americans as to what was necessary for victory — self sacrifice. For most authors, he is the foolhardy Pole who foolishly wasted his life in a doomed cause[7].

Returning to the original question at the start of this study, why don't people know more about Casimir Pulaski? The answer becomes quite clear. He is a non-person for the authors of books on the American Revolution. Whether these books are textbooks on the American history or specialized studies on the American Revolution, Pulaski is either left out or given footnote status. In the few works which he is mentioned, he often does not appear until his death, a brave and gallant soldier appearing from nowhere and charging to his death. Why is there so little interest in a man who had a substantial impact on the American cavalry of American history? The answer could be tied to American historiography and its' attitude towards Poland.

When the first historians wrote about the war of independence in the 19th century, Poland had ceased to exist and as they say *out of sight–out of mind*. France and Prussia kept the names of Lafayette, Von Steuben and others alive, but there was no Poland to keep Pulaski alive. When the next generation of historians began to write in the late 19th and early 20th century, there was a move in America to keep unwanted East Europeans out of the country. The last thing a „good" American wanted to do was to give praise to a Pole when they were trying to keep Poles out of the country as undesirables. The first major biography on Pulaski did not appear in the U.S. until the 1940's and this was done primarily out of sympathy for the Polish contribution to the war effort against Nazi Germany. In the 1950's the Poles were part of the Soviet Bloc and many historians viewed the Polish struggle against Moscow as nothing more than reactionary foolishness and Polish–American heroes became reactionary also. From the 1960's to the 1990's, the historians task was now to bring back into history those groups that had been marginalized in the past. The Poles again found themselves left out. The new movement was meant for Blacks, Chicanos and others, but not for Eastern and Southern Europeans. Poles and others from the right side of the European continent were now chastised for being white and European even though they had been just as mistreated or ignored as other minorities in America. The Poles and Pulaski were again left out of the history books.

Polish–Americans and Polish–American historians have been too quiet in allowing half-trurths and non-truths go unanswered. It is only recently that a new biography on Pulaski was published by Leszek Szymanski and appears to answer

---

[7] Black, Billias, Commager, Cumming, Fiske, Gordon, Griswold, Lancaster 2, Lodge, Mitchell, Preston, Royster.

few of the accusations against Pulaski. A recent article in the journal „Military History" by David Zabecki tries to paint Pulaski as a cross between George Custer and Don Quixote and does a good job of presenting a balance view of Pulaski's career in the American revolution. This is a start and only a start to solving the problem. We need to keep evolving more information and research to drive home the Polish place in American history so that one day in the future, students in Chicago may know why they celebrate the holiday commemorating Casimir Pulaski.

Bibliography

Textbooks:
Beverly Armento, *A More Perfect Union*, 1997.
Thomas Baily, *The American Pageant*, 1983.
Margaret Branson, *America's Heritage*, 1982.
Richard Braun, *One Flag, One Land*, 1985.
Joann Buggey, *America, America*, 1985.
John Garraty, *American History*, 1983.
John Garraty, *The Story of America*, 1983.
Henry Graff, *The Free and The Brave*, 1977.
Henry Graff, *The Great Nation*, 1983.
Landis Heller, *One Nation Indivisible*, 1966.
Lorna Mason, *A History of the United States*, 1997.
James Rawls, *Land of Liberty*, 1985.
Norman Risjord, *A History of United States*, 1983.
Donald Ritchie, *American History*, 1997.
Robert Sobel, *The Challenge of Freedom*, 1984.
Clearance Versteeg, *The American Spirit*, 1985.
Herman Viola, *Why We Remember*, 1997.
Richard Wade, *A History of the United States*, 1969.
Leonard Wood, *America: It's People and Values*, 1985.

Non-Textbooks:
Army Times, *Great American Cavalrymen*, 1964.
George Billias, *George Washington's Generals*, 1964.
Jeremy Black, *War For America*, 1991.
Henry Commager, *Spirit if Seventy Six*, 1958.
William Cumming, *The Fate of the Nation*, 1975.
Sidney Fishar, *The Struggle of American Independence*, 1908.
John Fiske, *The American Revolution*, 1891.
Douglas Freeman, *George Washington*, 1951.
William Gordon, *The History of the American Revolution*, 1991.
Jack Greene, *Blackwell Encyclopedia of the American Revolution*, 1991.
Martin Griffin, *Catholics in the American Revolution*, 1911.
Rufus Griswold, *Washington and His Generals*, 1872.
Bruce Lancaster, *From Lexington to Liberty*, 1955.
Bruce Lancaster, *The American Heritage Book of the American Revolution*, 1958.
Robert Leckie, *George Washington's War*, 1992.

Henry Lodge, *The Story of the Revolution*, 1898.
John Miller, *Triumph of Freedom*, 1948.
Joseph Mitchell, *Discipline and Bayonets*, 1967.
Lynn Montross, *The Story of the Continental Army*, 1952.
James Perkins, *France in the American Revolution*, 1911.
John Preston, *Revolution 1776*, 1933.
Charles Royster, *A Revolutionary People at War*, 1979.
Page Smith, *A New Age Begins Now*, 1976.
Marshall Smelser, *The Winning of Independence*, 1972.
Jared Sparks, *Letters of Eminent Men to George Washington*, II Volumes, 1853.
Sol Stember, *The Bicentennial Guide to the American Revolution*, II Volumes, 1974.
James Stokesbury, *A Short History of the American Revolution*, 1991.

Addenda:
Leszek Szymański, *Casimir Pulaski*, 1994.
David Zabecki, *Kazimierz Pulaski and the Birth of the American Cavalry*, „Military History", March 1997, Pages 46–52.

Regina Gorzkowska

The Pulaski Phenomenon and the Polish American Community

General Casimir Pulaski remains a formidable presence in Polish America. To size up the phenomenon, one can turn to the index section of *Omni Gazetteer of the United States*. Pulaski place names listed there take up a column on the printed page and number 113. This listing is by no means complete since the *Gazetteer* is limited merely to place names appearing on maps and atlases. For the sake of comparison: the *Gazetteer's* index of geographic places named after General Von Steuben takes up half a column of print and lists only 44 items. On the other hand, places named after Washington take up 8,5 columns and number approximately 885. In terms of area and population numbers Pulaski is outdistanced dramatically by the commander–in–chief and the first president of the United States. However, what we have is by no means negligible. Pulaski lends his name to seven counties, in the same number of states, with the population numbers ranging from 8,600 in Pulaski county in Georgia, 10,000 in Virginia, 13,000 both in Illinois and Indiana, to 50,000 in Kentucky and Missouri and 356,000 in Arizona. Altogether — according to the data in the *Gazetteer* — over half a million people inhabit towns and counties named after Pulaski. the place names appear in multiple combinations and crop us in the names of municipal and county courts, electoral districts, schools, post offices, parks, cemeteries and other units administered by counties. Localities (including what is termed by the *Gazetteer* as locales, populated places and census areas) bearing Pulaski in their crest number 40. Among them are: Pulaski, a town of 50,000 in Wisconsin, Pulaski Township (appearing on the map in the states of PA, ND, SD, AR, MI, MN, ON, TN), Pulaski Heights (Arizona), Pulaski (NY), Pulaskiville (OH), Pulaskifield (Missouri). Moreover, *the Omni Gazetteer* lists 16 Pulaski schools and 15 parks. We must be forewarned here. The names are mostly derivative. These are not necessarily schools and parks named to commemorate the general. They are simply located in counties, towns and localities bearing his name and administered by the same. Even Pulaski Academy is not specifically named in honor of Pulaski. Its full name is Pulaski Academy — Giles School and it services the two respective towns. The Pole is memorized merely indirectly, as is the case with Dunbar-Pulaski Middle School educating children living in the adjoining towns of Dunbar and Pulaski. Similarly, the locality named Pulaski Arkansas Battery in Missouri commemorates Pulaski battery which was

moved there from Arkansas. Therefore it was not named directly after the general
even though it perpetuates his memory. Pulaski Reservoir, an artificial lake in
Virginia, is named after Pulaski because of its location in Pulaski county. Pulaski
Baptist Church is located on Pulaski Street or Drive. Pulaski Park, if not situated in
a Pulaski locality, may imply a Pulaski statue or bust is located there — and more
often than not it can be traced to a local Polish community.

Pulaski's name marks other geographic features. Pulaski Mount in Idaho, Pu-
laski lake in Minnesota. In the river network of Illinois there is Pulaski Slough; in
Oregon and Texas — Pulaski Creek. Pulaski Shoal is located in Florida in Monroe
County.

It remains to be considered to what extent Polish Americans were involved in
the naming process. In the south, Pulaski place names are sediments of history.
They are connected with Pulaski's following in Georgia which survived until our
time. The very abundance of places named after the Polish general, confirmed by
our sources, is part of *couleur local*: Pulaski Lookout Tower, Pulaski Fort dating
back to the Civil War. Pulaski School near Savannah is a rare example of a school
really named after Pulaski to commemorate the heroic Pole. Likewise in Pennsylvania and New Jersey where the names were authenticated by their proximity to
Pulaski's battle trail.

On the other hand, a cluster of three names — Pulaski, Township of Pulaski and
Pulaskiville — in Ohio, named so after the hero at a later date, is linked to the Polish
settlements in the area. This is a conscious act of identifying one's Polish heritage.
It would be an impossible task to record and analyze numerous streets, circles,
squares, plazas and malls, and trace how the Polish presence was reflected in local
place names. Pulaski is omnipresent in the names of Polish-American patriotic,
military and sports societies, ball teams, bands, cultural clubs drama societies,
festivals, foundations and their headquarters and newsletters, memorial com-
mit-tees and Pulaski Day and parade Committees. A few examples will have to
suffice. Pulaski Cadets, open to Americans of Polish descent schooled at West
Point. Pulaski Legion. Branch No. 98 in Wilmington, Delaware — it had evolved
from a merger of several societies but continues to trace its origins to the Pulaski
Legion organized in 1904 for training in *militarism, music, athletics and dramat-
ics, upholding health, spirit, honor, and the Polish language* — and reshaped as a
fraternal insurance society and functioning primarily as an organizer of patriotic
festivities at a local parish. Pulaski Democratic Club in New Britain, Connecticut,
was named so mostly because of its Polish membership.

Numerous local organizations with Pulaski in their name are no more than
social groups interested in promoting their neighborhood ties and in emphasizing
their Polish origin. Occasionally, they are capable of rising above these interests
and an impulse to do so does not necessarily come from the outside. As examples
of what I mean, the following will serve.

A group in Nebraska in the 1930's was able to produce a monthly guide: *The Pulaski Magazine and Digest for American Poles*, for five years. The Pulaski Foundation in Newark was established in 1943 to issue a periodical under the title *The Pulaski Foundation* to promote the Polish cause during the war.

New York's Pulaski Committee, organized and headed by John A. Pateracki, published a popular biography of Pulaski, entitled *Soldier of Liberty* (1945) by Clarence A. Manning, which was believed to have influenced the American community and prepared them for acceptance of post-war veteran emigrants. The Pulaski Memorial Monument Committee in Hartford, Connecticut, was active for twenty years, collecting funds (about US $120,000) to build an equestrian statue for Pulaski in time for U.S. bicentennial in 1976.

A most recent attempt to consciously reshape the Polish American culture focusing around Pulaski was the creation of a loose' Center for Polish American Arts' and culture in Bethlehem, Pennsylvania in 1981–91 Organized under the impact of the Solidarity movement, it combined local antiquarian interests (Sun Inn Preservation Association) and resources of local colleges like Moravian College and Lehigh University.

This year, during the 61st Pulaski Day Parade in New York we witnessed an attempt to revolutionize from the inside the traditional parade which is a review of Polish groups and organizations, by injecting a political message. The Pulaski Day Parade marched in support of Poland's attempts to join NATO, and was organized enough to invite allies and diplomatic representatives and have its own press information office.

* * *

One may reflect that naming as such gives one a sense of belonging and ownership, it also signals one's presence, puts one's mark on the landscape. Thanks to Pulaski and his sacrifice we, the Polish people, are there at the origins of the American national identity as mirrored in the landscape.

The process of securing the fast-fading traces of the Revolution had started with Lafayette on this return to the United States. In 1826, the aged general was present at Savannah laying a cornerstone of the Pulaski Memorial, finally built in 1853. The lapse of time between the resolution to build it, dating back to the general's death, and the final execution should not be viewed as neglect. We may remember that the urban development plan of the capital city named after General Washington himself, outlined by Prosper L'Enfant in 1791, was still in disarray in 1884. In Philadelphia, the cradle of Liberty, the concept of creating monuments to foreign generals of the Revolutionary war emerged in 1890 thanks to General William M. Reilly of the Pennsylvania national Guard who established a trust fund. In his last will he mentioned „Lafayette, Montgomery, Pulaski and Von Steuben" (in that order). The project was begun after the trust fund reached $12,000 in 1938. The sculpture of Pulaski was created in 1947. In 1956, the American Legion started the tradition of wreath-laying by the monument to mark the anniversary of this heroic death. This event was date incorporated as part of the annual Pulaski Day Parade in Philadelphia.

The tradition of parades to honor Pulaski in numerous towns inhabited by a sizable number of Polish Americana, originated in the area of the centennial observation of his heroic death, around 1879. In Philadelphia, the Pulaski Day Parade originated in 1897, the date of the Convention of the Polish National Alliance held in Philadelphia. The delegates to the Convention proceeded from their place of deliberations in Center City to the Independence Hall to hand portraits of Kosciuszko and Pulaski ceremoniously for housing in the portrait collection in Independence Hall. The Originals were later deposited in the Library of Congress and copies were kept in the collection housed in the Second Bank.

It may be remembered that the PNA was established in Philadelphia in 1880. The PNA is an achievement of the generations of immigrants who participated in the November and January Uprisings – as was another organization – the Polish Roman Catholic Union. The PNA was a national organization, it featured an Education Department, the Polish Library and Museum. It was designed as a political agency of and for Polish Americans and was relieved of that function only upon the formation of the Polish American Congress during the World War Two. Twenty years into its existence, in 1903, PNA embarked on the coordinated campaign to erect the monuments to Pulaski and Kosciuszko in the capital city of the United States. The U.S. Congress had passed a resolution dated November 29, 1779 to build the monument upon hearing the news of Pulaski's death in Savannah, but the resolution was never realized and by 1903 was quite forgotten. The PNA made Congress renew the bill by offering to erect a Kosciuszko statue in Washington. This proposal was spurred by Prussia's gift of the Frederick the Great Statue to the United States. The statue was perceived as an affront to Polonia. PNA's clever campaign involved sympathetic politicians. Of great assistance to the PNA was Congressman A.L. Brick from South Bend, Indiana, who petitioned the Congress on behalf of his constituency to execute the dormant 1779 bill. Considerable support came from Georgia. Congress was flooded with letters and appeals from Georgian scientific, commercial and political societies. On the designated spot in Lafayette Square facing the White House there was no room for an equestrian statue. Polish Americans would not agree to „demote" Pulaski to foot infantry. It was proposed to place the Kosciuszko Statue in Lafayette Square (This statue became the hub of the Polish demonstrations in Washington throughout the 1980's) The Alliance taxed its membership for the costs of building the monument at a rate of 5 cents a month, transferred from their accounts into a special fund. The competitions for the statues were opened and projects were invited. In 1907, in Baltimore, the PNA convention resolved to call the First national Congress for Poland which since partitioning was deprived of representation. The unveiling of the monuments in 1910 was really *a great day in the hospitable American land* — as reporters wrote — with President Taft participating and a military parade staged in the presence of Brigadier General Tasber H. Bliss. Next year, a monumental edition was printed in Chicago to document the unveiling ceremonies and record the proceedings of the Congress, including congratulatory letters and cables arriving from every corner of the former Polish territory. In view of the approaching World War and Polish American war effort, the propagandist function of the unveiling ceremonies could not be underestimated.

The 150th anniversary observance of Pulaski's death in 1929 became a prestigious event due to the participation of the diplomats from the recently reborn Polish Republic. President Moscicki assigned Minister Filipowicz as a special envoy in charge of Pulaski observances in the USA. Colonel Ignatius K. Werwinski who chaired the American National Committee, offered a Pulaski bust on behalf of his Committee for the Senate of the Republic of Poland in Warsaw. The observances were spread over a month and were held in all major centers of Polish emigration. The Pulaski Monument was built in Northampton, Massachusetts. Detailed reports were printed in *Polonia* — an organ of the Polish American Chamber of Commerce in New York. In Philadelphia, a magnificent Pulaski Day Parade led from the nineteenth century City Center to the square in front of the Independence Hall in the old section of the city.

One would think that Pulaski's memory was by then sufficiently well grounded. An unpleasant reawakening was the omission of his name on the 1917 arch commemorating Washington's generals on the battleground in Valley Forge. Admittedly, the attention of Polish Americans was focused on another war theater — as World War One was raging in Europe. In 1950, on the initiative of Edward Dybicz, local historian and reporter from Swedesburg, Pennsylvania, the listing was corrected. Pulaski's name closes the engraved list, out of the alphabetic order, placed there by the decision of the Pennsylvania State Congress. The state of New Jersey, a great sits of multiple battlefields of the Revolutionary war, dedicated a great hanging highway connecting Jersey City and Newark to the memory of Pulaski as „Pulaski Skyway" in 1933 and the dedication on September 10 was attended by Governor Harry Moore. However, the Pulaski Skyway was routinely abridged in name to „Skyway". Its full name was reinstated merely in 1978 when the inscription was renovated by decision of the 31st New Jersey State Congress thanks to Congressman Stephan R. Kopycinski, presiding over the Pulaski Memorial Committee.

In preparation for the U.S. bicentennial observances to be held in Philadelphia in 1976, Philadelphia's historic section was dramatically reshaped. The nineteenth-century buildings in the historic area were demolished to free the authentic cradle city centered on the city hall, originally built to house the colonial administration and where the new concept of state government was first realized. The National Independence park, a zero–class historic area, became a counterpart of the Washing-

ton Mall, which was first designed by the French architect L'Enfant and not
completed until the end of the nineteenth century. Polish Americans profited by
these transformations gaining Kosciuszko Museum, housed in the corner house at
Third and Pine Streets where the general had stayed in a rented room during his
last visit to Philadelphia. there were some expectations that the North–South axis
of the Independence Park between the Liberty Bell pavilion and the Independence
Hall might harbor monuments to the Revolutionary war heroes. These were tucked
away in the 1950's in the Garden of Heroes behind the Philadelphia Museum of
Art, depriving the warriors prime place in the Quaker city. Pulaski Statue, one of
the six, located in a scenic spot at the Museum is easily overlooked by outsiders.

The Pulaski Day Parade annually writes the hero's name on the map of Philadelphia, taking the route from Logan Circle with Franklin Institute and SS. Peter and
Paul Cathedral (where Cardinal Krol ashes rest in the underground crypt) to
Independence Hall. Casimir Pulaski, who is the „pride of Polonia" and legitimizes
the Polish presence in the unique moment of the formation of the new American
state and government is but a moveable element on the map of the National
Independence park.

The Philadelphia parade honors Pulaski as a founder of the American cavalry
which preceded today's motorized army and preserved some elements of a military display. Only recently, in view of road damages, cannons wee banned from the
parade. The parade features a military guest who is an U.S. officer of Polish descent,
a regimental band of the Pennsylvania national Guard, troops and veterans, and
mounted police. In addresses, the slogan *for our freedom and yours* ins recalled
and liberty-inspired rhetoric is plentiful.

The social and organizational review of the Polish community continues to be
the basic feature of the parade. Polish parishes gather, school children march,
dance groups and singing societies perform national and folk dances and songs.
The parade is a colorful folk festival, a showcase for Americans of Polish descent
looking to Pulaski ... and elsewhere ... for their roots.

Edward Pinkowski

General Pulaski's Body

Nobody in Poland and very few in the United States have laid eyes on the skeleton of General Casimir Pulaski, but all would be, I suppose, as eager as a medical class to examine it, or as much of it as is left, and see how much the bones were torn up by a lifetime of fighting on horseback.

When I received your invitation to take part in this conference and to talk about the bones found in a brick–lined vault under the Pulaski Monument in Savannah, Georgia, I asked Dr. Karen Burns, an anthropologist at the University of Georgia, if she would like to come to Warka and discuss the challenge she faced when she took the bones, one by one, out of a small iron box on September 27, 1996. I am sorry to state that I received no reply. After that, I sent her pictures and historical evidence to use in her work, and still have not heard from her. As a result what I have to say today about General Pulaski's body which I have seen twice is uncensored and unauthorized.

The purpose of the present forensic study in Savannah is to prove by DNA and other tests that the bones from the iron box of 1854, inscribed with the name Brigadier General Casimir Pulaski on the cover, are Pulaski's remains. The scientific findings, of course, will not be disclosed to the public until the famous coroner of Savannah, Dr. James C. Metts, who is in charge of this work, is ready to issue a report.

Because so much inaccurate information on the remains has already been reported to the Polish people, Dr. Metts was irritated by the confusion and un-founded reports from Poland. For one thing, he wrote to me: *I know you are aware that the Pulaski remains are, and at all times have been, treated with the greatest respect, care, and security. At the present time the remains are in a locked, guarded, and secure area under my direct authority. No one may enter that area without my specific authorization.*

It is often difficult, if not impossible, to know everything about a person's past life from a rusted box of old bones — at least, without a great deal of study. In this case, working with Dr. Metts, not officially but independently, I know that a long chain of physical and historical evidence will fill in many gaps in the story of the most famous Polish name in American history.

At the same time, on a second front, I have also arranged to send blood samples of likely maternal Pulaski descendants to the laboratory which has General Pulaski's DNA results for analysis. By coming to Poland, I hope not only to tell Pulaski's countrymen more about the discovery of his body in Savannah but also to track down other women, living or dead, who have a direct link to General Pulaski's mother. Beginning in 1992, when I found a copy of Sławomir Górzyński's work *Pułascy Herbu Ślepowron* which appears in this book, I looked for church records, family histories, and other documents to correct the mistakes made in previous years in General Pulaski's biographies. When I began to search for the graves of Pulaski's mother and her daughters, Górzyński's study proved invaluable to me. Finding one of them might be like finding a needle in a haystack. Hopefully, in the coming months, when the quest is publicized, someone may get in touch with me. I look forward to your cooperation. Possibly that is one way we'll end the false claim of Pulaski's burial at sea, which as it was repeated in newspaper articles perpetuates a lie.

Looking back, if you want to know exactly where the Polish general of the American War of Independence died and trace his body from then on, imagine yourself on a dirty, smelly, 14-gun privateer, known as the Wasp, that was owned by Joseph Atkinson, a merchant of Charleston, South Carolina, and privately manned under Captain Samuel Bulfinch, who took up sailing the seven seas in Boston at an early age. Sit back and forget most of what you have heard of the ship (no USS Wasp, please).

For at least two days the black-painted Wasp, sails furled, was tied up at the wooden pier of the Bonaventure plantation in Georgia, where Vice Admiral Charles-Henri d'Estaing, who commanded a French squadron of forty-three ships and an army of 4,456 men, set up a field hospital and based his artillery in September, 1779. His engineer called the place, separated from old Savannah by a few miles of woods, Thunderbolt Bluff after the river of the same name. Today the river is known as Wilmington. When the Wasp arrived there to load the French artillery guns used in the siege of Savannah and to transport sick and wounded bodies to Charleston, South Carolina, the evacuation of the American and French army camps at Savannah was almost done. There were no doctors left at the Bonaventure pier and „only" one lad, as Captain Bulfinch called him, to take care of the sick and wounded on his brigantine. One of the last two hospital cases to reach the Wasp was Pulaski.

By the afternoon of October 15, 1779, Captain Bulfinch had no room to take any more passengers. When another wounded officer, Lt. Cornelius Van Vlieland, who had lost an arm in the siege of Savannah, asked him for passage to Charleston, Bulfinch arranged to send him on another ship. In the sequence of events, it looked as if the visit of Lt. Van Vlieland came before the death of Pulaski. Otherwise, Pulaski's death created a vacancy on the Wasp, and had the young lieutenant waited, Bulfinch would have had space for him.

Partly because of his occupation with the one-armed officer, Bulfinch was not entirely aware of the preparations on the Wasp to make a coffin out of pine boards either at hand or on the plantation for Pulaski's body. From the evidence of their work, as was seen in 1853 and 1996, the officers and crew of the Wasp prepared to bury Pulaski's body in his military uniform with a flag draped over it.

What happened next?

Historians didn't pay much attention to Pulaski in America until Jared Sparks, who left the pulpit of a Unitarian church in April, 1823, to edit the North American Review in Boston, received a 38-page pamphlet from Paul Bentalou, a French captain in the Pulaski Legion. In reviewing it, Sparks quoted sections from the pamphlet and tied it with General Lafayette's return to America at that time[1]. For the next two decades, until he completed the biography of Pulaski in 1844, Sparks picked up where Bentalou left off, questioned survivors of the American Revolution, visited Europe on several occasions in search of documents on Pulaski, and repeated Bentalou's false claim that Pulaski was buried at sea.

Significantly, the two misled generations of Pulaski's friends and admirers. I was misled, too. For more than a century and a half Bentalou and Sparks were the authors from whom many writers drew a great deal of their information on Pulaski's would-be grave. They also stated that the Wasp was a United States warship. Many newspapers, magazines, and books, including speakers at anniversary programs, still perpetuated the lie as well as the manufactured date of Pulaski's birthday.

For some reason, partly because of working in bootleg coal holes in Pennsylvania during the Great Depression of the 1930s to keep body and soul together, I learned that I had to dig and dig, not in coal veins, but in mountains of paper work, in order to find out what I wanted to know about Pulaski's grave. After years of nibbling at historical records and not finding a certificate of burial, I turned to a large body of official records, letters, logs, and other material left by the French expedition under Admiral D'Estaing in Georgia. Among the depositories, the Library of Congress in Washington had microfilm records of the expedition.

When I called for part of the French collection, a staff member there told me that someone in the reading room already had loaned it, and I was introduced to a Hungarian expatriate, Mrs. Ellen Szaszdi, who offered to help me with the story of a Polish freedom fighter.

As a result of our conversation, she immediately found the owner of the Wasp in a French letter dated September 12, 1779. In it, J. Plombard, the French consul at Charleston, wrote to Count d'Estaing:

M. Atkinson, a businessman of this town and owner of the brigantine Wasp, Captain Bulfinch, leaves this morning to be at the orders of M. le Comte. This brigantine is armed with fourteen cannons and it will help to fulfill the object of M. d'Estaing for some small armed craft[2].

---

[1] Jared Sparks, Count Pulaski, „North American Review", April, 1825, vol. 20, p. 388.

[2] Plombard to Count d'Estaing, Sept. 12, 1779, Archives Nationales (France), Marine B4 168, p. 120.

The French consul's letter was like a guided missile. Of all the officers and men who served on the Wasp in the fall of 1779, only three have been identified — Captain Samuel Bulfinch, Lt. William Main, and Eleazar Phillips, the purser and steward, who was in peacetime a carpenter and cabinet maker. The first two died within thirteen years of each other, Bulfinch in Philadelphia on Feb. 27, 1813, and Main in Charleston on April 15, 1800, none of them leaving published accounts of their services in the disastrous siege of Savannah. Lt. Main was second in command, a position of such rank and importance that only ships with a fair sized crew were entitled to one. In his two responsibilities, Phillips not only relayed orders to the crew and transmitted signals to other ships but also received money from the Navy Board of South Carolina to provide stores for the captain and officers of the Wasp.

At some point, Bulfinch dispatched an officer to open a recruiting station in Charleston, South Carolina, to enlist a crew for the Wasp. Each one who enlisted to serve on the masted ship at least six months got a bounty of $100, and prior to that time it was $30. Slaves were not entitled to any money. Their owners hired them out to the Wasp and received the pay of forty dollars a month for each slave. Other sailors received five dollars more a month. The petty officers, from the boatswain to the gunner, each received sixty dollars a month. The captain was paid four dollars a day and two dollars for his table[3].

Little did this crew know that some of them probably would become pallbearers for General Pulaski. Were slaves pallbearers? No one knows. They were in the pool from which pallbearers and gravediggers were taken. At that time, when most of the people of African descent in the South were held in bondage, they had no interchange with purveyors of news.

The more I probed, the harder it was to find recollections of the General Washington's generation to unlock the gates of Pulaski's Valhalla. If Bentalou were the other officer who was brought to the Wasp on October 15, 1779, he was unable to follow the body away from the ship. Still hidden in the dusty files of the National Archives were the papers of Martha Miller, who was married to Eleazer Phillips in 1786. After her husband died in November, 1826, she applied for a government pension, and in her papers I discovered that Eleazer Phillips, the purser of the Wasp, made the coffin for Pulaski's body[4].

I did not find evidence that Pulaski was not buried at sea until 1971, after years of searching for the Wasp's logs, which I did not find, and other records, I found a letter that Bulfinch wrote by candlelight to General Benjamin Lincoln, who commanded the American forces in the South, on October 15, 1779, at Thunderbolt Bluff. Lincoln made no fuss over it. He stuck the letter into a leather pouch. If Lincoln tried to hide Pulaski's death from the British, he wasn't successful. Within

---

[3] „Journal of the Commissioners of the Navy of South Carolina", July 22, 1779; March 23, 1780, vol. 2, pp. 14-15.
[4] Chovine R. Clark, Count Cassimir Pulaski, „Transactions of the Huguenot Society of South Carolina", No 82, 1977, pp. 114-116; Pension Application R 8205, Roll 1927, National Archives, Washington, DC.

three days Prevost knew of Pulaski's death. Not until Lt. Col. Charles-Frederic Bedaulx, whom Pulaski appointed second in command of his independent corps on Nov. 13, 1778, mention it, did Congress know of Pulaski's death. Less than two months later, Bedaulx, a tall, blonde, 25-year-old Swiss soldier of fortune, died in a hospital at Charleston of a lingering illness. Prior to that time, and even later, the word was that he was killed in action helping Pulaski in the siege of Savannah. Unlike Pulaski, however, the register of St. Phillips Church in Charleston showed that Bedaulx was buried in the parish cemetery on December 8, 1779.

When Lincoln left the army in 1781, Bulfinch's letter was stored in his farmhouse at Hingham, Massachusetts. The large bulk of his papers, preserved during his life, and kept out of strange hands for over a century and a half, were taken out of the Lincoln homestead and deposited in Boston where they were microfilmed in 1963 by the Massachusetts Historical Society. As soon as this treasure trove of primary source material was available, I spent endless hours going through it, by means of a rather poor microfilm reader, to look for the activities of Pulaski at or near Savannah. As was his habit, Lincoln kept rough drafts of letters that he wrote to Pulaski and d'Estaing, but none to lesser figures. The day I found Bulfinch's letter to him from Thunderbolt, or Tunder Bolt as he spelled it, was especially important. I made a major discovery. I marked it in red on the calendar. With or without a magnifying glass, I could not make out certain words in the letter. Thirteen years later, with improved copy machines in use, I made a positive copy and enlarged sections of the letter until the murky words were clearer.

On October 15, 1779, Bulfinch wrote:

Sir,

I beg leave to acquaint you that agreeable to your orders I took on board nine pieces of the artillery which was the most I possibly could take on. Mo'over, I even was obliged to put some of the carriages on board the Schooner that carry the French wounded. I likewise took on board the Americans that was sent down — one of which died this day and I have brought him ashore and buried him. They have put only one lad on board to attend the sick. I should be glad your Excellency would order some others on Board to attend them. Capt. Vlyanland (sic) came down this afternoon. There was no place to put him. The Eagle whom he was to have gone on board, went away this morning and left him. I made interest with the French Gentleman who has the directions of putting the wounded on board the other schooners for Charleston and got him on board one of them. I am with the highest esteem,

Sir, your most Re Obdt Sevt

Sam Bulfinch[5]

---

[5] Benjamin Lincoln Papers, Massachusetts Historical Society, Boston, Mass, Film 1673, Roll 4, frame 743.

Immediately after the Wasp left Thunderbolt Bluff at high tide the following morning, quite possibly the only remaining people who knew where Pulaski's body was buried were the denizens of Greenwich plantation, across the road from Bonaventure, holding Mrs. Jane Bowen, her four children, her brother, and their servants. At the time Bonaventure was not occupied by the plantation owners. During the British occupation of Savannah, the Tattnalls and the Mulrynes, who owned the plantation, fled to Savannah or one of the British islands in the Atlantic for safety.

Samuel Bowen, who bought Greenwich plantation in 1765, planted on it between marshes and tidal streams soy beans which he smuggled out of China and started a whole new industry in the country. Within a short time he married a member of Georgia high society, Jane Spencer, daughter of Savannah's Collector of Customs, acquired many slaves, and trained them to press oil and vermicelli from soy beans and boil sweet potatoes to make sago powder. He found the Thunderbolt River — so named because a thunderbolt fell and left a smell where James Oglethorpe, in 1733, went for a drink of spring water — more pleasant and convenient than the sandy road to Savannah and built a landing dock on the river for his own use. He crossed the Atlantic many times in his own ships to sell his new foodstuffs in England.

As a result of his death in London December 30, 1777, it was Jane Bowen's fate to become involved, with far reaching consequences, in running the Greenwich plantation during the second battle over Savannah. The French used the equally beautiful neighboring plantation, Bonaventure, for a hospital, but Count d'Estaing truly favored Greenwich and a large tent in the midst of the surrounding camp for official business. Two of his naval officers boarded with the Bowen family during their stay in Georgia.

Up to December, 1853, Pulaski's body laid in a beautiful setting along the river and in a moment you'll get a better description. At night, while slaves held burning torches to shine light on the proceedings, Mrs. Bowen showed her slaves where to bury the body between her mansion and the river and later her family and servants and those who succeeded them took care of the grave. When Jane Bowen died in 1782, she left 26 slaves to four children, 15 cows and two oxen, pigs and calves, iron boilers and sago machines, sage to make starch, sago powder to make pudding, but nothing more important than memories of General Pulaski and Count d'Estaing to enrich the historical lore of Greenwich. New recitals of the legends continued to grow. It could not help but grow if you multiply 26 slaves by four children and ponder the number of times the anecdotal history was passed on from one generation to the next.

Because of Bentalou, Jane Bowen's grandson, Major William P. Bowen, who opened the grave and moved the remains to Savannah, had an increasingly difficult time to convince most Americans that he rescued Pulaski from oblivion. The reality was, though, that had he and his associates not placed the bones in an iron box,

21 inches by 11 inches in size, and hid them and two cornerstones in a brick vault in Monterey Square, no one would have known he had a better knowledge of Pulaski's first grave than Bentalou.

Shortly after the cornerstone of the Pulaski Monument was laid, Bowen heard that a 66-year-old Jewish cotton dealer, Jacob Clavius Levy, who had moved from Charleston, South Carolina, to Savannah in 1848, knew a Polish Legionnaire named Bogusławski who had visited the grave in 1803 or 1804. Back then, when Bowen was just a tot, his aunt, Elizabeth Ann Beecroft, an eye-witness to Pulaski's burial, owned Greenwich plantation and always kept flowers on the grave until her death in 1816. The oldest daughter of Samuel and Jane Bowen, she was married to a British army surgeon, Dr. Samuel Beecroft.

Levy spoke in French to Captain Jacob Ferdinard Bogusławski, who posed as General Pulaski's nephew and prior to that time, served in a grenadier company in the French expedition to Haiti.

I remember him well — Levy wrote to Bowen — and we became intimate, as far as a boy of fourteen or fifteen could be with a man past the meridian of life. After some time he took leave of us for the purpose, as he said, of visiting the grave of his uncle. He returned to Charleston and mentioned that he had accomplished the object of his visit[6].

General Kazimierz Małachowski, who led a demibrigade in the ill-fated French expedition to keep Negro slaves from declaring their independence in Haiti, also wrote about Bogusławski and other Polish legionnaires who visited Savannah in his memoirs and a character in one of Henryk Sienkiewicz's stories was based on Bogusławski. Who exactly told him of Pulaski's grave is, up to this point, a mystery.

Jumping ahead to twiddle your Polish pride, on June 1, 1858, just before he died, Bowen, the father of the Pulaski Monument in Savannah, rode back to Greenwich plantation with a Polish sculptor, Henryk Dmochowski, who had just arrived in Savannah to exhibit his marble bust of Pulaski in the library of the Georgia Historical Society. Now, for the first time in 139 years, Dmochowski's letter, which I found in an obscure collection in your National Library, pinpointed Pulaski's gravesite.

Yesterday — Dmochowski wrote on June 2, 1859, from Savannah — I went with Major Bowen to the place where Pulaski's grave was. The place is four miles from here on the banks of a little river, which empties into the Savannah (River), where the admiral's headquarters was and where the French landed. The house is splendid and still kept in good condition. For many years it belonged to Major Bowen's ancestors. At present, Mrs. Gilbert, a widow with tuberculosis, is the owner of the house. A handicapped sister lives with her. Major Bowen showed me the trunk of a palmetto tree and an English holly bush, which were growing close

---

[6] Henry Williams, An Address Delivered on laying the Corner Stone of a Monument to Pulaski in the City of Savannah, October 11, 1853, Savannah 1855, pp. 43-44.

to the grave, and were the markers he used to locate the grave where Pulaski was buried. The place was thick with bulrushes and bushes. It was so beautiful, very close to the river. On all the trees there was hanging moss and different shapes and festoons decorating them. The house was beautifully kept. The maid was polite and gracious. I saw a few big magnolia trees. Major Bowen planted them. I took a few branches from a magnolia tree, leaves from a holly bush and the grave site, other momentos, including bark from a palmetto tree and moss. All this should be sent to Poznań or elsewhere. They are going to be rare souvenirs[7].

Incidentally, despite his biography in *Polski słownik biograficzny*, Dmochowski did not do any of the stone carving on the Pulaski Monument in Savannah.

In the steady flow of articles on Pulaski, certain parts of the story were often overlooked. Very few, quite possibly only Major Bowen and his medical friends, mentioned what was transferred from the grave at Greenwich to the brick vault in Monterey Square in Savannah. In fact, when the remains were first dug up, parts of the coffin that Phillips made on the Wasp were not entirely rotted away. Some of the wood and nails he used were found again in the iron box under the Pulaski Monument in 1996. Dr. Metts allowed James Wermuth, the chief restorer of the 142-year-old monument, to take the pieces with him to Rhode Island for analysis.

Souvenir hunters had a field day the first time the body was exhumed. Among items that suddenly disappeared were the metal buttons which indicated that Pulaski was buried in his military uniform. Beads, quite possibly parts of a rosary, and coins of 1779 were stolen. The lamented hero of Savannah had a full set of teeth when he died. All but a few molars were missing when the iron box was opened last year, but luckily one of the remaining teeth provided DNA results.

In the first ceremony to honor Pulaski in Savannah in 1825, General Lafayette laid a cornerstone in Chippewa Square. Because it was a solid block of stone, the committee in charge of the affair put coins, paper currency, historical documents and other valuables of that day in a box of some kind. The contents were never transferred to the new tomb in 1854. Only the heavy cornerstone was. No one knows what happened to the other valuables.

Most people, I would guess, would be more interested in the skull and gracile bones than in the pieces of metal, glass, pottery, or whatever, that clung to Pulaski's body. If you were to put him side by side with Bulfinch, one of the last persons to see him alive, Pulaski was several inches shorter and four years younger than Bulfinch. He had a small head and narrow shoulders. The captain of the Wasp stood five feet, five inches, in height, and had dark brown hair and a dark complexion.

Edmund Strzelecki would have to climb higher than the tallest mountain in Australia to keep up with the historical and physical evidence piling up with

---

[7] Letters of Henryk Dmochowski to Henryk Kałussowski (in Polish), letter dated June 2, 1859, RPS sygn. III 8322, National Library, Warsaw, Poland (copies in the collection of Edward Pinkowski, Philadelphia, PA).

General Pulaski. For one thing, on January 13, 1770, when Pulaski was ambushed by Russian forces at Grab along the southern border of Poland, he broke his right hand and couldn't write a letter for weeks. The broken hand was documented in two letters. X-rays of the right hand of the remains in Savannah also coincide with this evidence. It also denoted, as is true of every child who ever learned to write in Poland, that he was right-handed.

It was easy to connect the bones in the rusted iron box with Pulaski because, burying his body in a coffin, the spine began to take the same shape as a flat bottom from 1779 to 1853. No body that was laid to rest without the benefit of a pine box only a generation before could assume such flatness as one that was in a coffin for 74 years.

The study of other bones, though mostly quietly, suggest, from pure speculation, that Pulaski slept so much on his saddle rather than face ambush in a lonely farmhouse that he developed a crooked neck. Somewhere in a biography of the Polish hero of two continents I read that Franciszka Krasińska gave him a medallion with an image of St. Casimir, known in Poland as a ryngraf, to wear around his neck for good luck. If so, it could have saved his life on one occasion, for under the spot where the medallion would normally hang Pulaski suffered a slight wound.

I have asked the caretakers to check red specks I saw on the bones for vestiges of dyed material, and I suppose the color was a sign of an American flag that had rotted away. Under the beads found in 1853 on the body, there were very small bones, quite possibly the ends of fingers, and it is not certain that they were saved. The beads were not — someone no doubt added them to a private collection. Could it be that gloves were stretched over Pulaski's hands?

The answers are not easy to come by. Each time the body was exposed the press devoted little attention to it. Right after the iron box, which the press called a metal container in 1854, was taken out of the brick vault, the „Savannah Morning News" devoted only nine paragraphs to the story, and even less in 1853 when workmen left shovel marks on the bones at Greenwich plantation. One person in Georgia, and perhaps others, thought it was morbid when „Życie Warszawy" showed in its issue of October 13, 1996, a photograph of Dr. Karen Burns with part of General Pulaski's leg in her hands and in front of her the skull and other bones on top of a pile of iron-filled rubbish. Naturally the anthropologist didn't like it and the photographer who took the picture and sold it to the Associated Press was virtually ostracized from Savannah.

The remains, however, opened a new challenge to the scientific community, and Dr. Burns drove as often as necessary more than 100 miles in an old car from her campus to Savannah to examine the bones by herself and with others, including a bone doctor from Arizona, Dr. Charles F. Merbs, who has a Pulaski connection in some way but doesn't know the details.

While they kept mainly quiet on their work, the press had reports of the search for a female descendant of Pulaski's mother for comparison. The bones of Pulaski's nephew, Józef Suffczyński. who died of yellow fever May 17, 1803, were reported in Les Cayes, Haiti, and the death of his grandniece, Josephine Jarocka, took place in Brooklyn, New York in 1896. With increasing frequency, the Pulaski family tree is still growing. Let no man think for a moment that Pulaski isn't the most popular Polish name in America. At last count, there were nearly 21,000 telephone listings with Pulaski in them.

Of fully as much value to Savannah as identifying Pulaski's body was the monument Robert Launitz designed for him in Monterey Square. Had Launitz built it better, it would never have deteriorated as fast as it did. Unquestionably many a reader of this story, wanting to contribute to the restoration of the monument but not knowing where to send the money, was influenced by the progress in the historical and physical end. No one knows when all is said and done whether or not the body, or what remains of it, will be lowered again into the brick vault and twenty tons of marble laid and cemented over it, block by block, as straight as a tapered arrow, to the height of 55 feet. No one knows how many people have visited the Pulaski Monument in Savannah with the lady of liberty on top of everything and never knew the incredible story that Pulaski's body was underneath it.

Postscript

At the turn of the 19th century Poland underwent the most important and grievous experiences in its history: partitions and the subsequent loss of independence. They left a deep imprint upon the consciousness of the Poles. That mark was additionally intensified by the fact that, during the last decades of the statehood in the 18th century (since the time of the Confederation of Bar) Poles undertook a number of desperate but unsuccessful endeavors to salvage the sovereignty of the state and to reform it from within. Such activities led to deep transformations of social awareness and the comprehension of the very essence of the nation, as envisaged by collective psyche.

For this reason, the experiences in question cast a deep shadow on the whole Polish history, in a way dividing it in two distinct parts, before and after partitions. At the time when the old Poland was perishing, the new Poland was being born. The new Poland was no longer necessarily associated with a state but, predominantly, with a community of people regarding themselves as Poles (that sentiment is expressed in the first words of the national anthem). The Romantic generations of Poles became fully aware of the fact that a new, morally better Poland was born amidst defeat (a conviction expressed in the literature created by them). That belief actually originated at the end of the Napoleonic era, which closed a certain stage in Polish history. That period could be named „holy" if we agreed to adopt the approach of Eliade. It is worth noting that the upper caesura of the period remained open, and soon encompassed two main Polish uprisings of the 19th century). For the time being, this period was marked by the Russian abduction of Polish senators at a session of the 1767 Parliament and the death of Prince Józef Poniatowski, drowned in the Elster in 1813.

„The holy time" is situated at the outset of the history of a nation. Its components — legends and myths — are endowed with a force constituting those nations into entities (ancient Greeks being a classical example). The old Poland also possessed a myth of its beginnings, which contained some legendary histories and documented events of the past. However that myth was subject to some criticism during the Enlightenment and later proved to be insufficient in the post- partition period of the Polish history. That is why a new myth emerged to equip the Poles with symbols proportionate to their experiences. The ultimate codification of those symbols coincided with the time of the November Uprising of 1830.

Not always are we aware of the fact that the majority of symbols which enable us to recognize each other as Poles, originated precisely during that period. Only the state coat of arms possesses a Piast genealogy. The national anthem or colors (approved by the insurgent Parliament of 1831) date from the November Uprising. The same holds true primarily for the new pantheon of national heroes, which includes, among others, Casimir Pulaski, Tadeusz Reytan, the authors of the Third May Constitution, Tadeusz Kosciuszko, Jan Kiliński, Bartosz Głowacki, Jakub Jasiński, Jan Henryk Dąbrowski, and Prince Józef Poniatowski (subsequently accompanied by the participants of 19th century uprisings). Those men relegated their predecessors (for example the Army Commander Stanisław Żółkiewski) to the margin or simply replaced them. Such figures as Stanisław Ledóchowski, Marshal of the Tarnogród Confederation, popular and highly esteemed until the beginning of the reign of Stanisław August are no longer a part of the national pantheon in the 19th century. Similarly legendary events, frequently of questionable historical merit, such as the Rebellion of Gliniany, which played an essential part in the consciousness of the Sarmatian period, were replaced by the Confederation of Bar, the Great Seym, the Kosciuszko Insurrection or the Polish Legions. Already during the 19th century, the anniversary of the Third May Constitution became our foremost national holiday.

What rank did Casimir Pulaski hold among those heroes? He was certainly preceded by more famous individuals honored by burial at Wawel Castle: Tadeusz Kosciuszko and Prince Józef. The place assigned to Pulaski is located somewhere next to Jan Henryk Dąbrowski, although his deeds did not become the theme of literature, in contrast to the creator of the Legions, lauded by Wacław Berent. In turn, Pulaski supersedes numerous heroes whose fame proved to be passing, such as Sawa or Father Marek. They, like Berek Joselewicz, gained renown only among certain social groups or were from the very beginning overshadowed by others, as was the case with Józef Wybicki or General Kniaziewicz, surpassed by Dąbrowski.

The position occupied by Pulaski in the national pantheon is special for a number of reasons. In the first place, he was active - together with other participants of the Confederation of Bar - during the above mentioned „holy time" which made him a part of the independence myth. Pulaski also belonged to another tradition that would call „gentry" legend. The „gentry" legend was significantly different and to some extent competitive with the independence myth. The first one was founded on a utopian, nostalgic depiction of the past, which, in contrast to the independence–oriented myth, was devoid of a force capable of stimulating activity. Although Pulaski played a role marginal in relation to such figures as Karol Radziwiłł „Panie Kochanku", note should be made of his presence within the framework of this particular legend in view of the fact that none of the more celebrated heroes of the new national pantheon were included therein[1].

---

[1] I propose a more extensive examination of the issues mentioned above in: J. Maciejewski, *Legenda*

Naturally, Casimir Pulaski appeared within the „gentry" legend unambiguously as a representative of Sarmatian mentality. A certain axiological ambiguity - the fact that at times (and only in the initial period) his golden legend was accompanied by its black version - was, however, his unique feature. Our hero was charged with participation in an abduction of the King during the closing stage of the Confederation, an accusation never confirmed but, nonetheless, quite probable. At the time, the presumed deed was described as attempted „regicide", for which the parliamentary tribunal sentenced Pulaski in absentia to the death penalty. This issue did not play a great part in the national consciousness of later periods, albeit at the end of the eighteenth century it was still regarded as essential. Efforts aiming at clearing the name of Casimir were pursued by his brother Antoni, who, with time, proved to be one of the most loyal pro–Russian and avaricious leaders of the Confederation of Targowica. Antoni would certainly not have escaped the gallows had he found himself in Warsaw or Vilnius during the Kosciuszko Insurrection. Since, however, no one can be held responsible for the conduct of his brother, the blemish of the memory of Antoni never tainted the portrait of Casimir. All those facts could have blurred the likeness of our hero at the very outset of molding his legend. Nonetheless, as has been mentioned, during the 19th century the question of „regicide" was no longer regarded as important.

Nor did it comprise an obstacle for the creation of the Pulaski legend, especially considering that also other figures, including those occupying more elevated places in the new national pantheon, were by no means blameless (for example Prince Józef Poniatowski, disgraced by the debauched revelries held in the „Pałace pod Blachą" prior to 1806). I mention this problem since it affected the later reception of the legend, it is discussed in greater detail by Magdalena Rudkowska in her article.

More essential for the ultimate shape of the legend were other characteristic traits, which distinguished Pulaski from the remaining members of the new national pantheon. This distinctness was founded predominantly on two, almost totally unconnected biographic episodes: the Confederation of Bar and participation in the War of Independence of the United States of America. It is highly symptomatic that only those two episodes engendered the legend, and not, for example, the long months spent in Turkey after 1773, or fragmentary events from early youth. Naturally, the biographies of other heroes, for instance, Kosciuszko, were also composed of numerous episodes. Nevertheless, they comprised a certain

---

konfederacji barskej w literaturze polskiej XIX wieku (The legend of the Confederation of Bar in Polish literature during the nineteenth century), „Prace Polonistyczne", series XLIII, 1986, p. 12; *Sejm Czteroletni i upadek Rzeczypospolitej w świadomości i literaturze polskiego pozytywizmu (The Four Years' Seym and the fall of the Commonwealth in the consciousness and literature of Polish Positivism)*, in: *Sejm Czteroletni i jego tradycje (The Four Years' Seym and its Traditions)*, ed. J. Kowecki, Warszawa 1991).

unity, while in the Kosciuszko example his participation in the War of Independence was a preface to further activity in Poland and Europe.

In the case of Pulaski, such episodes remain separate; even more, in Poland and the United States they occurred in two and even three different socio-territorial domains. Also in the United States, they functioned differently among Polish immigrants and Americans of other ethnic roots. In Poland, the predominant legend was associated initially with the Confederation episode in the Pulaski biography; this part of the Bar legend proved to be extremely capacious at the end of the eighteenth century and especially during the Romantic era. The situation changed at the end of the nineteenth century, when the American episode took precedence and remained of the primary significance during the World War I and the interwar period.

That shift was connected with the diversified ideological usage of two episodes in Pułaski's biography. According to Stanisław Makowski in the Romantic legend the Bar phase acquired some features that were fully acceptable for admirers of thoroughly Polish qualities who were inimical towards all forms of cosmopolitanism. Even more, to a certain degree it was rendered an element of the nationalistic ideology which assumed shape at the end of the 19th century. The American episode in Pulaski's life, was marginal in the Romantic legend, later however it was recalled more frequently by the pro-independence movement, which was unfavorably inclined towards nationalism. For Americans the last years of Pulaski's life constituted the only significant part of his biography. (This topic is examined more widely in the *Introduction* by Ewa Bem–Wiśniewska). On the other hand, the awareness of Pulaski's place in history was much more vivid among Polish Americans, for whom the participation of Pulaski and Kosciuszko in the War of Independence comprised an important advantage in relations with other Americans. Among the latter, memory about Pulaski was, and remains incomparably smaller than among the Polish American community. The resultant regret and awareness of an insufficient appreciation of the role played by Pulaski are demonstrated in the article by David Stefancic. It seems, however, that the size of the ignorance about Pulaski among average American students, as described by Stefancic, is the same as in Poland, and constitutes evidence of our times when the lack of interest in history on the part of contemporary teenagers is a trait typical for the described environment regardless side of the Atlantic. The paper presented by Regina Gorzkowska speaks in favor of America: the number of cities, squares, streets, rivers and institutions bearing the name of Pulaski is certainly larger than that of their counterparts in Poland.

A summary of this part of our reflections entitles us to say that we are dealing with two almost different biographic legends of Pulaski. In Poland, the coexisting Confederation of Bar and American episodes fulfill assorted functions, while in the USA only the second is present. Finally, the last feature discernible against the backdrop of heroes featured in the new national pantheon created at the beginning of the nineteenth century: the exceptionally small number of preserved documents and information confirmed upon their basis. Absent facts were supplemented by legend. It was the Romantic legend (broadly outlined by Stanisław Makowski) which turned the marshal of Łomża into a God-fearing Sarmatian (no different from the average Confederates as regards observed values) and a knight of the Holy Virgin Mary, hostile towards all foreign novelties, and thus the Enlightenment. Later variants of the legend modified this likeness, but solely by means of elimination and contrast (certain traits were no longer mentioned and interest was shifted to the American part of the biography). That stereotype remained unchallenged. Should we, therefore, compare it to the few known facts, and upon this base draw further conclusions, especially considering that both the paper by Magdalena Rudkowska at the conference in Warka, and the subsequent discussion mention such a possibility?

Was Casimir Pulaski a Sarmatian? True, he took part in a sociopolitical movement which, *en masse*, was the last great manifestation of Sarmatian consciousness. Nonetheless, we must keep in mind the fact that this manifestation was marked vividly by a crisis of values associated with the Sarmatian cultural formation, a crisis which led to the acceptance of the Enlightenment[2].

Second, numerous representatives of Enlightenment culture also joined the Confederation, even became its leaders. Enlightenment categories were applied by the main ideologues of the Confederation of Bar: Bishop Adam Krasiński and Michał Wielhorski[3]. Behavior typical for representatives of the new formation was demonstrated by Józef Zaremba, commander of Great Poland and the most outstanding leader of the Confederation next to Pulaski. For at least two generations, Enlightenment elite in Poland coexisted with the Sarmatian gentry and were capable of mutual tolerance. Russian assault and looming threats to independence inclined all Poles to support an armed protest.

Casimir Pulaski was a graduate of an elitist Theatine college (whose earlier students included Stanisław Poniatowski, the future King of Poland). The Theatine order supported the Piarists in propagating the Enlightenment. We know that Pulaski was taught fluent French (which he not only spoke, but also wrote, as evidenced by some of his military reports). At the time, French was the most important determinant of the new formation throughout the whole of Europe. As a rule, adherents of the Sarmatian current preferred Latin. Presumably, from the viewpoint of culture, Pulaski was a man of the Enlightenment, an affiliation which,

---

[2] I wrote about those questions in more detail in my book: *Dylematy wolności. Zmierzch Sarmatzymu i początki Oświecenia w Polsce* (*The Dilemmas of Freedom. The Twilight of Sarmatian Ideology and the Onset of the Enlightenment in Poland*), Warszawa 1994.

[3] One of the determinants of the Enlightenment in the culture of eighteenth–century Europe were Masonic lodges. One of them was established in Preszów by members of the Generality of the Confederation.

after all, did note exclude his unquestioned religious convictions. On the other hand, we may doubt whether his faith was of the Sarmatian–devotional nature suggested by the Romantic legend.

Scarce and frequently uncertain biographical facts have been recently supplemented by two important corrections; a discussion about them constituted a considerable part of the Warka conference. The first correction concerns the date of Pułaski's birth. Following the information provided by his first biographers it was accepted for over two hundred years that Casimir Pulaski was born in 1747 (hence the date of the conference, which was to be held on the 250th anniversary of the birth of „the hero of two continents"). Wacław Szczygielski while working on the biographical note about Pulaski for *Polski słownik biograficzny* (*Polish Biographical Dictionary*), decided to investigate parish registry books in Warka (the parish of the Pulaski family) and discovered an inscription testifying that Casimir was born in 1746[4]. That date also proved to be erroneous. The true date was discovered accidentally by Władysław Rudziński who, while collecting material for his book *Rudzińscy herbu Prus trzeci* (The Rudziński Family of the Prus the Third Coat of Arms), examined the archives of the Holy Cross parish in Warsaw, where he came across original baptismal registers of all the children of Józef Pulaski, including Casimir. These records, which constituted part of an archive that survived wartime conflagration, made it possible to place the birth of Casimir Pulaski at the beginning of March 1745. At present, archival research is being conducted, i. a. in Warsaw and Warka by Rev. Zdzisław Makarewicz, another author attending the Warka conference, whose studies contributed to the determination of facts and a discovery of the cause of the mistakes committed by his predecessors. Apparently, the Pulaski family had two residences — a manor in Winiary near Warka and a house in Warsaw. Mrs. Pulaski must have placed greater trust in the skills of Warsaw midwives than in those of local peasant women, since in anticipation of the births of her successive children she was in the habit of leaving for the capital. Hence the original baptismal records of some members of the Pulaski family were kept in the parish of the Holy Cross. On the other hand, the parish priest in Warka decided that his registers should also contain information about the offspring of Józef Pulaski, the patron of the parish, and prepared the collective entry found by Wacław Szczygielski. The note was obviously belated by many years, and thus included incorrect dates of the births of all the older children of the starosta of Warka.

The second significant correction discussed at the Warka conference pertains to the circumstances of the burial of Casimir Pulaski. The version binding until recently claimed that Pulaski, wounded during the battle of Savannah, was transported on board The Wasp, where he died, and was buried at sea in accordance

---

[4] See: W. Szczygielski, *Pułaski Kazimierz h. Slepowron (1746–1779) Pulaski Casimir, of the Slepowron Crest (1746–1779)* in: *Polski słownik biograficzny*, vol. XXIX, Wrocław 1986, p. 386.

with maritime tradition. This information, from a report written many years later by Paul Bentalou, a veteran from Savannah, was repeated by Jared Sparks in the first historical study on the participation of our countryman in the struggle for American independence. Finally, the same account — apparently, the product of sheer fantasy — served as a basic source for all historians dealing with the War of Independence and the biographers of Pulaski.

Actually, the General died soon after being boarded onto the hospital-ship; his body was carried ashore and buried in a nearby estate. The coffin was moved to Savannah and placed below the Pulaski monument erected many years after his death. Existing documents confirm those facts[5], albeit historians have remained rather indifferent to the investigations. Several years ago, a truly sensational discovery was made during the conservation of the monument, which led to the unearthing of a coffin with the ashes of Pulaski and bearing his inscribed name. The study by Mr. Edward Pinkowski devotes special attention to this particular issue. My reference accentuates the fact that fundamental biographic data can be set straight some two hundred years later. Both corrections granted a special character to the conference debates (and especially to press, radio and television reports), although, obviously, the majority of the papers and discussions concern the basic object of the interest of the historians and representatives of literary studies gathered in Warka: the existence of knowledge about Pulaski in the consciousness of the two nations with which destiny linked him.

Janusz Maciejewski

---

[5] They were discovered by W. Konopczyński while writing his monographic study about Pulaski, *Kazimierz Pulaski, Życiorys (Casimir Pulaski. Life)*, Cracow 1931, p. 396). Konopczyński took them into consideration alongside yet another, third version of the burial. Ultimately, he recognized Paul Bentalou to be the most reliable source, suspecting, similarly to the few American historians familiar with the facts, that the coffin lying underneath the Savannah monument contained the remnants of another fallen soldier. The purpose of the currently conducted DNA studies, described by Edward Pinkowski in his talk, is to dispel such doubts.

Spis treści

Kazimierz Pułaski
w polskiej i amerykańskiej świadomości

Table of contents

Casimir Pulaski
in Polish and American Consciousness

Awers i rewers medalu z wizerunkiem Jerzego Waszyngtona, Kazimierza Pułaskiego
oraz Tadeusza Kościuszki, wg: „Tygodnik Ilustrowany", 1906
*Obverse and reverse of the medal portraying George Washington, Casimis Pulaski
and Thaddeus Kościuszko („Tygodnik Ilustrowany", 1906)*

Portret Kazimierza Pułaskiego
Portrait of Casimir Pulaski

Herb Ślepowron, *Herbarz Polski*, Kasper
Niesiecki, t. VIII, Lipsk 1841, s. 397
*The Crest of Ślepowron (Blind Crow) [in]
Herbarz Polski, Kasper Niesiecki, t. VIII,
Lipsk 1841, p. 397*

Pomnik Pułaskiego w Filadelfii, stojący wśród monumentów innych
cudzoziemskich bohaterów amerykańskiej wojny o niepodległość
(m. in. Lafayette, Montgomery, Von Steuben). Fot. Regina Gorzkowska
*Pulaski monument in Philadelphia is located among monuments
of other foreign heroes of the War of Independence (Lafayette,
Montgomery, Von Steuben). Fot. by Regina Gorzkowska*

Pułaski upadający z konia po śmiertelnym zranieniu kartaczem. Fragment
pomnika w Savannah (aktualnie w trakci restauracji) Fot. George Szymanski
*Mortally wounded Pulaski is falling of the horse.Apart of the Pulaski
monument in Savannah. Fot. by George Szymański*

Pomnik Kazimierza Pułaskiego w Waszyngtonie. Fot. Sławomir Górzyński
Casimir Pulaski monument in Washington. Fot. by Sławomir Górzyński